王権と神祇

今谷明　編

思文閣出版

王権と神祇◆目次

第一部　古代王権と神祇

古代神祇祭祀と杵築大社・宇佐八幡

岡田莊司

はじめに

古代の律令神祇祭祀制から平安神祇祭祀制への展開過程については、近年様々の角度から研究が進められている分野であり、「王権と神祇」の関係を考察する上で重要な研究課題となっている。(1)その中で核となる天皇祭祀は、天照大神を中心とする伊勢祭祀を基本とした。年中恒例祭祀の九月神嘗祭は天皇祭祀権に関わる伊勢神宮への祭祀であり、年中の神今食・新嘗祭、代替わりの大嘗祭は、ともに天照大神を祭神として迎える天皇親祭である。これら伊勢を中心・優位とする祭祀は、宮廷社会における共通した理解であった。

しかし、古代祭祀制において、伊勢神宮・天照大神のみが最上位に置かれていたことは確かであるが、すべてに優越する絶対的存在としては位置づけられていなかった。伊勢に相対する神祇として、出雲国の杵築大社（現社名・出雲大社、『出雲国風土記』『延喜神名式』の呼称による、以下これを用いる）・豊前国の宇佐八幡の二社が、奈良・平安前期における神祇祭祀制の展開の中で、特異な存在感を示している。杵築大社から宇佐八幡への変容・

展開は、古代神祇祭祀制の性格を明確にできる重要な視点となる。

本論文では、はじめに杵築と宇佐の、二つの神社の異なる事例を紹介し、奈良・平安前期の神祇祭祀制の展開において、朝廷側の対応に二つの異なる潮流・方向性が認められることから論じて理解を深め、その祭祀制変化の分岐点にあたる天長・承和年間の展開を指摘することにしたい。

一　杵築大社神殿の創建

古代の杵築大社と祭神大己貴神（大国主神）は、神話・儀礼・建築において特別の存在を表現している。記紀神話の基本構想は高天原〈天つ神〉世界と天下（出雲）〈国つ神〉世界との二極相対の構造をもっている。出雲地域は根国・底国につながった異郷世界として映し出され、地理的にも、都（大和地域）を中心に、天照大神を祀る伊勢神宮が東方に位置するのに対して、その対極の西北の彼方に出雲が置かれている。しかも、その地域は、朝鮮・韓半島との結びつきが顕著であり、大陸交流の窓口であった。中央朝廷の視角から見ると、出雲の地は死の国のイメージ、伊勢の対極にあたること、東北蝦夷・西方・大陸へとつながる交流点という、三つの特色をもっており、出雲は中央から見ると異郷空間として創出された世界といえる。

天の下の国作りをすすめた大己貴神は、葦原中国を天つ神に献上する。いわゆる「国譲り神話」である。天つ神高皇産霊尊は大己貴神に勅して、大己貴神の治める顕露の事は、天つ神の皇孫が治め、大己貴神は神事（幽事）を治めること、そして大己貴神の住むべき「天日隅宮」の創建を約束し、その建物は「千尋の栲縄を以ちて、結びて百八十紐とし、其の造宮の制は、柱は高く太く、板は広く厚くせむ」（『日本書紀』神代下、一書）とある。これは中央の宮殿〈天宮〉に対応した西方の隅の宮殿として設定されたものであろう。この祭祀には天つ神から遣わされた天穂日命（出雲国造出雲臣氏の祖神）が司どることとされた。大己貴神の祭祀を担当するのは、国つ神系ではなく、天つ神から命じられ、遣わされた天穂日命の子孫が選ばれた。

このように葦原中国の統治は、天つ神の皇孫（皇御孫命）の権限であるとされ、国家統治の正当性を主張するために国土の譲渡を構想して、大己貴神の鎮まる神殿の創建が語られ、その譲渡神話の地上的再現が、出雲における杵築大社の創立へとつながる。

近年、杵築大社の境内から、鎌倉中期頃と推定される神殿の巨大柱（三本の巨大柱を束ね一本にしたもの）が発掘された。この柱の太さから高層の大社建築が想定できるが、その神殿創建は、中世や平安期にはじまるものではなく、先の記紀神話の記述を採用するならば、律令制初期以前まで巨大神殿の創建時期は遡るであろう。

大社の創建年代に関しては、諸説出されているが、その一説として、出雲国造による神賀詞奏上の国史上の初出である霊亀二年（七一六）以前の、記紀成書の最終段階である『古事記』が撰上された和銅五年（七一二）の前頃から、という意見がある。(2) しかし、この限定は正しくない。杵築大社の鎮座地である出雲郡杵築郷の地名は、『出雲国風土記』（天平五年〈七三三〉編纂）によると、「天の下造らしし大神の宮を奉へまつらむとして、諸の皇神等、宮処に参り集ひて杵築きたまひき、故れ、寸付と云ふ」とあり、その郷名は大社神殿の柱の根元を衝き固めたことに由来する建物の創建に基づいて名付けられている。

この「杵築」の郷（里）名は藤原宮木簡に、

「出雲評支豆支里大贄煮魚　須々支」(3)

と記されている。出雲評（郡）の「支豆支」（杵築）里より、持統朝の藤原宮造都（六九四年）以降、大宝律令制定（七〇一年）以前に、大贄として鱸（須々支）の煮魚が貢納されており、神殿創建と深く関わる「支豆支」（杵築）の地名は、持統朝には用いられていたことになり、これにより巨大神殿の創建も、持統朝以前のことであったと推測できる。『古事記』上巻の国譲り神話には、大国主神が出雲国多芸志浜に天つ神のために天の御舎を建て、「釣為る海人が、口大の尾翼鱸、さわさわにひきよせ騰げて、打竹のとをとをに、天の真魚咋を献る」とあり、天の御饗として鱸の魚料理を献じて服従する神話が描かれているが、これは、出雲杵築から天皇供御のための鱸の貢納が行われていた史実を前提として神話が伝承されている。鱸は杵築の地の前に広がる神門水海から収獲されており（『出雲国風土記』に「須受枳」と記す）、近世には松平不昧公の好んだ郷土料理の奉書焼き（宍道湖で獲れた鱸を、腸をとらずそのまま濡れた奉書で包み、ほうろくで焼く〈『食材図鑑・魚』より〉）の素材として知られている。

国つ神のなかで代表的神とされているのは、大己貴神（大穴持神・大汝神・大国主神）と大和の大神大物主神とである。『令集解』職員令神祇官伯条の「古記」、および『令義解』神祇令天神地祇条には、「地祇者、大神、大倭、葛木鴨、出雲大汝神等是」とある。大神神社の祭神・大物主神と杵築大社の祭神・大己貴神（大国主神）とは、本来、別々の神であった筈である。ところが、『日本書紀』神代上の一書によると、大国主神の「亦名」を大物主神としている。大和の宮都（飛鳥など）近くに鎮座する大神神社と、最果ての出雲に創建された杵築大社の祭神とが、同一神として編成されたことになる。『古事記』上によると、大国主神が国作りにあたって、一緒に国作りに協力する神を求めたところ、大和の東の山に祀り仕えるようにいわれた。この神は「御諸山の上に坐す神」であるという。これが『日本書紀』神代上になると、一層明確になる。大己貴神の幸魂・奇魂は「三諸山」に住みたいと言われ、この地に宮殿が造られた。ここに鎮まる神が三輪の神であるという。本来、別神であった二神が、大和宮都の大王（天皇）守護神として緊密な関係をもつことになり、〈伊勢神宮―大和・大神神社―出雲・杵築大社〉の東西軸が出来上がる。

天智朝において宮都である近江大津宮の守護神として、近江国日吉社の大宮（西本宮）に三輪の大物主神が勧請される伝承があるが[(4)]、これは先帝である母斉明天皇の祭祀を天智天皇が引き継いだことになろう。

奈良時代に出雲国造が都に出て奏上した「出雲国造神賀詞」（『延喜祝詞式』）には、天皇の御世が永く続くように祈念し、国土を造営した大穴持命を鎮めて、現実の政事を譲らせたこと、その時、大穴持命は皇御孫命（天皇）の鎮まる場所は大和国であるといい、自身（大穴持命）の和魂を鏡にとり付けて「倭大物主櫛𤭖玉命」という名を称えて、大三輪の神奈備に鎮め、御子の阿遅須伎高孫根命の御魂を葛木の鴨の神奈備に鎮め、事代主命の御魂を宇奈提に鎮め、賀夜奈流美命の御魂を飛鳥の神奈備に鎮め、それぞれ皇御孫命の「近き守り神」として定め、大穴持命自身は出雲の杵築大社に鎮座したことが奏される。ここに出雲に創祀された大穴持命の神霊が三輪の大物主神と密なる関係を遂げることになり、大和の大物主神は異郷世界の出雲地域から特別の霊威を受けることで、一層の神威強化が図られる。これら天皇の「近き守り神」は飛鳥地域の宮都を囲んで、およそ東北に三輪の神のほか、西南に葛上郡の葛木鴨、西北に高市郡の宇奈提、東南の飛鳥川上流に「加夜奈留美命神社」（『延喜神名式』大和国条）が鎮まり、天皇を囲んで守護する配置になっている。この四隅の神々の配置から見れば、この区域内に収まるのは、藤原京と飛鳥の諸宮であり、「神賀詞」詞章原形の成立は、持統朝以前の天武朝・斉明朝まで遡ることが可能であろう。

ここで注目される杵築大社の神殿創建に関わると考えられる記事が、『日本書紀』斉明五年（六五九）是歳条に見える。

是歳、命二出雲国造一闕名、修二厳神之宮一、狐嚙二断於宇郡役丁所レ執葛末一而去、又狗嚙二置死人手臂於言屋社一、言屋、此云、伊浮瑯、天子崩兆、

斉明天皇は出雲国造に命じて、神の宮を造営した。この時、狐が材木を繋ぐ葛の綱を切断したという。この「神之宮」創建には出雲国造の本拠地である意宇郡の役丁が動員されているので、これを同郡内の熊野神社に比定する説があるが、とくに天皇が天穂日命の後裔である出雲国造に命じていること、神話の構図等から考えれば、

やはり杵築大社の方が妥当性が高い。[5] また、言屋社（『延喜神名式』意宇郡「揖夜神社」、『出雲国風土記』は「伊布夜社」と記す）の神域に狗が死人の手を置いていったという。社名の「イフヤ」は、『古事記』上の「黄泉比良坂は、今、出雲国の伊賦夜坂と謂ふ」とある地名に通じており、この場所が黄泉国への入り口とも理解されていた。これらが、二年後に迎える斉明天皇崩御の前兆であると『日本書紀』には書き込まれている。

杵築の神殿創建に関しては、『古事記』中、垂仁天皇条に、出雲大神の祟りにより、本牟智和気皇子が成人しても言葉を喋らなかったため、天皇の御舎の如くせば、御子、必ず真事とはむ」と天皇の夢に諭した。出雲大神の神殿には、天皇の宮殿と同様の立派な建物の造営が求められている。垂仁天皇記の皇子伝承は、神殿創建の前年、斉明四年（六五八）五月、八歳で亡くなる斉明天皇の皇孫、建王（中大兄皇子の御子）と重なりあってくる。天皇は自身の没後、陵墓に建王との合葬を詔されるほど悲しんだ。建王は『日本書紀』天智七年条に、「唖にして語ふこと能はず」と記されている。皇孫建王の死は、斉明天皇をして、杵築における神殿創建の契機となった。

これより先、斉明天皇は斉明二年（六五六）飛鳥の岡本に宮殿を建て、「後飛鳥岡本宮」と呼んで、ここに天皇は遷られた。さらに「田身嶺」の頂上に垣根を巡らし、嶺の二本の槻の木の側に、「観」（タカトノ）を建て、ここを「両槻宮」とか「天宮」と呼んでいる（『日本書紀』）。近年、飛鳥から発掘されている亀石の石造物をはじめ、石垣などの酒船石周辺遺跡（伝飛鳥板蓋宮跡の北東）は、斉明女帝の「両槻宮」との関連が指摘されている。「天宮」とも呼ばれた「観」は、高層の建造物であったことが推測されるが、その三年後に杵築の神殿創建が進められており、天皇の宮殿「天宮」＝「天皇之御舎」に対応した神の御舎として出雲に造営されたものであろう。[6]

杵築の神殿創建は、出雲側による主体的な造営ではなく、中央朝廷から照射された出雲（神話）世界の象徴物として創建された、時の斉明天皇の意向をうけた国家的プロジェクトであった。国譲り神話や本牟智和気皇子伝承にある宮殿・神殿の創建は、大和側（中央朝廷）が主体になって造営のことが語られており、先の斉明天皇の命により創建されたこととも一致する。このことは、出雲大神・大己貴神を祭祀する杵築大社の創建であることが濃厚であり、熊野神社説は成り立たないように思われる。なお、杵築における高層神殿の創建は、斉明五年であったが、杵築における祭祀の起源は古く、境内の祭祀遺物などから古墳時代前期以前まで遡る。

神殿創建の前年、『日本書紀』斉明四年是歳条には、出雲国から北海の浜に大量の魚が打ち上げられたことが報告されている。これは、「或本」によると、庚申年（斉明六年＝六六〇）に百済が滅亡する前兆であるという。対朝鮮半島の動静に関わって、出雲国内の変異が中央に報告されていることは、出雲の地が対新羅防衛のための大陸交流の窓口・拠点として意識されていたのであろう。あわせて、斉明朝には東北経営が行われ、斉明四・五年にかけて、阿倍比羅夫は東北蝦夷征討のため日本海の海上交通によって軍船を動かしており、神門水海の良港に面した杵築の地は、日本海航海において重要な動脈であり、これら幾つかの要因が神殿創建へと繋がった。

二　出雲国造入朝、神賀詞奏上儀礼

古代出雲は神話と神殿に代表される特質すべき内容とともに、この祭祀に預かった出雲国造の入朝、就任、神賀詞奏上の儀式(7)が重要な項目にあげられる。出雲国造の就任にあたって、①最初に任命の儀が太政官曹司庁において執行される。弁大夫が「其位其出雲国造爾任賜天」と宣し、出雲国守・任人（新出雲国造）が称唯して、再拝両段、拍手を行う（『儀式』一〇）。つづいて神祇官庁において、弁・史、神祇伯以下が座につき、出雲国守と出雲国造が版位につき、金装横刀・糸・絹・調布・鍬の負幸物を国造に賜る（『延喜臨時祭式』35負幸条、『延喜太政官式』132出雲国造条）。

一旦、出雲に帰国し、一年斎戒して、②国司は国造・祝部・郡司子弟を率いて入朝し、玉（水晶・瑪瑙）・横

表1 出雲国造入朝儀礼

国造名	①補　任	②神賀詞〈第一次〉	③神賀詞〈第二次〉
果安		霊亀二(七一六)二・一〇	
広嶋		神亀元(七二四)正・二七	神亀三(七二六)二・二
弟山	天平一八(七四六)三・七	天平勝宝二(七五〇)二・四	天平勝宝三(七五一)二・二二
益方	天平宝字八(七六四)正・二〇	神護景雲元(七六七)二・一四	神護景雲二(七六八)二・五
国上	宝亀四(七七三)九・八		
国成		延暦四(七八五)二・一八	延暦五(七八六)二・九
人長	延暦九(七九〇)四・一七	延暦一四(七九五)二・二六〈遷都による〉	
〈名欠〉		延暦二〇(八〇一)閏正・一六	
門起		〈延暦二四(八〇五)九・二七叙位〉	
旅人		弘仁二(八一一)三・二七	弘仁三(八一二)三・一五
豊持	天長三(八二六)三・二九	天長七(八三〇)四・二	天長一〇(八三三)四・二五

注：『続日本紀』『日本後紀』『続日本後紀』『類聚国史』に基づいて作表し、田中卓論文(注5)掲出の表を参照した。

刀・鏡・倭文・馬・鵠・御贄の献物を供進、国造は大極殿南庭で神賀詞を奏上する(『延喜臨時祭式』36神寿詞条、『延喜中務式』48出雲国造条)。終わると帰国し、後斎一年ののち、③再び入朝して、もう一度神賀詞奏上をはじめ諸儀式が行われる。国造就任の儀式は三度入朝しており、最短でも三年以上にわたる儀式である。

出雲国造の職を世襲した出雲臣氏の祖神天穂日命は、『日本書紀』神代下によると、葦原中国の平定のために派遣されたが、大己貴神に媚びて、三年になるまで復命することがなかった。就任儀礼が数年以上にわたり、任命のほか二度入朝して奏上する儀礼は、神話伝承において復命がなかったことに対応する儀礼として構成されているのであろう。天つ神から天穂日命が遣わされて、出雲に赴いたように、朝廷は天穂日命の後裔、出雲臣氏を出雲国造に任命、派遣したのち、二度の神賀詞奏上がある。これは朝廷外部者が服属してきたものではなく、中央からの任命・派遣の形式をとるところに特色をもつ。

国造儀礼の国史上の初出は、霊亀二年（七一六）二月の出雲果安の神賀詞奏上である。

> 出雲国々造外正七位上出雲臣果安、斎竟奏㆓神賀事㆒、神祇大副中臣朝臣人足、以㆓其詞㆒奏聞、是日、百官斎焉、自㆓果安㆒至㆓祝部㆒、一百一十余人、進㆑位賜㆑禄各有㆑差、（『続日本紀』）

この儀式は、『儀式』によると、出雲国司が国造・祝部を率いて、積極的に関与する。儀式成立に関しては、和銅元年（七〇八）三月に出雲守に就任する忌部宿禰子首が深く関わっていたと考えられる。神祇氏族である忌部氏が和銅年間に出雲守に在任していたことは、太政官・神祇官の二官が関与する就任儀礼が、この時期に成立していったことを証左するものであろう。霊亀二年の果安の例が、神賀詞奏上の初例と見られる。奏上の日程は、八世紀の事例の殆どが、祝部が入京して行う二月祈年祭の月に集中していることは注意してよい。

神賀詞奏上に際して、天皇の臨席が確認できる最初は、天平勝宝二年（七五〇）二月出雲弟山の時、大安殿で行われている。こののち、神護景雲元年（七六七）の「東院」、弘仁三年（八一二）・天長七年（八三〇）・一〇年の三度は「大極殿」において天皇臨席のもと行われている。

二次にわたる入朝に際して、出雲からの神宝の献物があるが、その初見は神亀三年（七二六）二月の出雲広嶋の時、「献㆓神社剣鏡并白馬鵠等㆒」（『続日本紀』）、天長七年三月の出雲豊持の時、天皇は大極殿に出御され、「所㆑献㆓五種神宝㆒、兼所㆑出㆓雑物㆒」（『類聚国史』）の御覧がある。出雲からの「神社剣鏡」の献上は、出雲の神々（国つ神）の統治権を天つ神・皇御孫命・天皇・朝廷へ譲渡・移譲する象徴的儀礼として創出されている。

この儀式は成立の当初より出雲国から祝部たち一〇〇人以上が参加している。神亀三年二月は「自余祝部一百九十四人」、神護景雲二年（七六八）は「祝部男女百五十九人」（『続日本紀』）とあり、天つ神より遣わされた天穂日命の子孫出雲国造が出雲国内の神社祝部を引率して入朝、参内している。

出雲の国内神社の官社数は、『延喜神名下式』24出雲国条によると、一八七座（神社数も座数と同数）、『出雲国風土記』では一八四所（神社三九九所の内訳は、「在神祇官」すなわち官社は一八四所、「不在神祇官」は二一五所）、『延喜祝詞式』29出雲国造神賀条の「神賀詞」には「百八十六社坐皇神等」とあり、官社制が確立していった奈良前期の天平年間には、既に官社数は一八〇余社に達している。これらの官社数に匹敵する祝部が、大和入朝へ参加する人員の中心になっていたと考えられる。

「百八十」の数は、「八十」「八百万」などとともに、多数の量を示す場合に使用される。『古事記』上では大国主神の御子を「僕子等百八十神」と記し、『日本書紀』神代上の一書にも、大国主神の異名（大物主神・国作大己貴命など）を記したのち、「其子凡有一百八十一神」とある。神賀詞奏上儀礼開始の初期において、『出雲国風土記』によると、出雲国内の神社数が四〇〇近く存在しながら、官社数が一八〇余に選定されているのは、記紀神話に記された大国主神の御子「百八十神」の数字を前提として、官社が選ばれており、出雲国内の官社制は出雲神話に対応した構図が基底にある。出雲国内の神社祝が国造とともに、入朝して、天皇の面前において神賀詞奏上と献物奉献をするのは、出雲の国譲り神話の地上的表現であり、律令祭祀制のもう一つの柱として、国つ神、出雲の世界が機能した。

国造儀礼は、基本的には、①出雲国造の任命・負幸物の下賜、②第一次、献物の奉献・神賀詞奏上、③第二次、献物の奉献・神賀詞奏上、の中央朝廷に入朝して三度の儀礼を執り行う就任儀礼であるが、例外的に平安京遷都の翌年、延暦一四年（七九五）に遷都が理由で神賀詞の奏上が行われている。①と②の間に出雲に帰国して前斎、②と③の間に出雲に帰国して後斎が行われる。国造は二度にわたる重い斎戒を経ることにより、国つ神の祭祀者として、天皇を言寿ぐことのできる呪能を身につけることができた。

この他にも出雲の特質がある。一〇月を神無月という。これは出雲が神々の祭祀月である神在月に対応していた。『神祇令』の年中恒例祭祀には、伊勢祭祀の九月神嘗祭と宮中天皇祭祀の一一月大嘗祭（新嘗祭のこと）に挟まれて、一〇月の祭祀は空白になっている。一〇月は秋の収穫期として大事な季節であったが、この一ケ月は意図的に避けられている。『権記』長徳元年（九九五）一〇月六日条によると、この月、出雲国の杵築・熊野の両神は致斎のため、国司は廃務であると記されている。一〇月は出雲の神々の祭祀月とされていた。九月の伊勢祭祀につづく、一〇月の空白の背景には、田中卓氏の説くとおり[8]、出雲の祭祀月であるという中央律令朝廷の認識があったのではなかったか。

出雲国造の儀礼は、服属儀礼ではなかった。天つ神によって遣わされた天穂日命の子孫によって、神話の故事に基づいて奉仕される、報告儀礼である。榎村寛之氏の論じているとおり、蝦夷・隼人にある服属儀礼としての「饗」が、出雲国造の場合は見えないのであり、「王権秩序の外部から服属してきた者という扱いではない」という指摘は重要である[9]。

神賀詞奏上の国史における最後の記録は、天長一〇年（八三三）四月壬午条に、

出雲国司率二国造出雲豊持等一奏二神寿一、并献二白馬一疋、生雉一翼、高机四前、倉代物五十荷一、天皇御二大極殿一、受二其神寿一、授二国造豊持外従五位下一。（『続日本後紀』）

とある。以後、国史の『文徳天皇実録』『三代天皇実録』には全く所見がない。これらの二書は、年中の儀式・祭祀について、それ以前よりも詳細に記録するようになるが、出雲国造儀礼の記事が見えないのは、中央における儀式が途絶えたことを意味していよう。

杵築大社の祭神は、古代と中世とでは、大己貴神から素戔嗚尊へと大きな変更がみられる[10]。九世紀中後期頃の

成立とされる『先代旧事本紀』一「陰陽本紀」には、伊奘諾尊が「洗二御鼻一之時、所レ成之神、名二建速素戔烏尊一坐二出雲国熊野・杵築神宮一矣」とある。杵築大社の祭神を素戔鳴尊とする初出例である。大己貴神を中心とした出雲神話に基づく理解は、既に無視されている。中央における国造儀礼が中断するなかで、大己貴神祭神論は持続できなかった。

これまで見た、出雲の神話と神殿の創建、神賀詞の制作、国造就任儀礼の成立は、伊勢・天つ神系に対応する古代神祇祭祀制の核心として機能することを意図したが、そうした二極相対による最果ての出雲世界の構図は、平安前期の九世紀中頃になると、もはや放棄せざるをえなかった。

三　宇佐八幡

八幡神が西海道の霊威ある神として顕現したのは、養老四年（七二〇）の大隅隼人の乱においてであった。八幡神に次いで天平五年（七三三）には、比売神が祭神に加わる。

八幡神の国史上の初出は、聖武朝の天平九年（七三七）四月に、伊勢・大神社および筑紫の住吉・八幡・香椎の五社に対して、新羅との外交問題になっていた「新羅無礼」を告げる奉幣を行った。半島との対外関係に際して、八幡・香椎の霊威が浮上する。また、天平一二年一〇月、藤原広嗣乱の平定祈願のため大野東人を遣わした。こうした対外関係の征討神的性格は、奈良前期の段階において、八幡神の祭神が応神天皇（誉田天皇）の御霊であったことを想定できる。[11] 宇佐八幡は応神天皇の母后神功皇后の御霊を祀る香椎廟と対になって奉幣を受ける事例が多い。香椎廟は神亀年間以降、神功皇后信仰の拠点となる。

聖武朝には宇佐八幡への奉幣記事が頻出してくる。天平一七年（七四五）九月二〇日、阿倍虫麻呂をして「八幡神社」へ奉幣を行っている（『続日本紀』）。この奉幣理由は、その数日前からの聖武天皇の不予に原因があると考えられる。これに関しては、翌年「天平十八年、天皇不予、禱祈有験、即叙三位、封四百戸、度僧五十口、水田二十町」（『東大寺要録』四、弘仁十二年太政官符）とあるので、前年の奉幣の報賽として八幡大神に三位が叙されている。神階叙位としては、越前気比神（天平三年、従三位）につづく早い例である。その後、孝謙朝の天平勝宝元年（七四九）一二月、八幡神が上京し、大仏造立助成の神託により、八幡大神に一品、比咩神に二品が奉授されている（『続日本紀』）。

天平勝宝八年（七五六）四月二九日には、日下部古麻呂を遣わして、「八幡大神宮」に奉幣を行っている（『続日本紀』）。数日後の五月二日には聖武太上天皇が崩じているので、その奉幣は病気平癒の祈願の事由であったろう。聖武・孝謙朝には、奉幣記事が集中し、特に聖武天皇の病気に関係した奉幣の二例が注目される。ついで、淳仁朝の天平宝字三年（七五九）八月、六年一一月の二度、新羅征伐祈願のため香椎廟への奉幣が行われている。以後、八幡・香椎二社への奉幣記事は大同年間まで、半世紀にわたって国史に所見はない。

①〈平城〉大同二・正・一二　遣㆔㆑使奉㆓大唐綵幣於香椎宮㆒、（『日本紀略』）

②〈嵯峨〉弘仁元・一二・一六　遣㆘㆓参議正四位下巨勢朝臣野足㆒奉㆗幣帛於八幡大神宮、樫日廟㆖、賽㆓静㆑乱之禱㆒也、（『類聚国史』）〈注：薬子の変の平安報賽〉

③〈淳和〉弘仁一四・一一・二四　差㆓左兵衛督従四位上藤原朝臣綱継㆒充㆑使、奉㆓幣帛於八幡大神、樫日廟㆒、便以㆓大宰府綿三百屯㆒賜㆑使、（『類聚国史』）〈注：大嘗祭後の奉幣か〉

④〈仁明〉天長一〇・四・五　遣㆘㆓従四位下行伊予権守和気真綱㆒、奉㆗御剣幣帛於八幡大菩薩及香椎廟㆖、告㆓新即㆑位也、（『続日本後紀』）〈注：三月六日即位の奉幣〉

⑤〈仁明〉承和四・九・八　勅、令㆘㆓式部少輔良岑朝臣木連㆒、齎㆓幣帛㆒向㆗八幡大神宮㆖、天皇元有㆑

所レ禱、今以奉賽也、（『続日本後紀』）〈注：天皇祈願の報賽〉

⑥〈仁明〉承和八・五・二〇
遣下二従四位下勘解由長官和気朝臣仲世一、奉中幣八幡大神及香椎廟上、（『続日本後紀』）〈注：事由不明〉

⑦〈仁明〉承和一〇・一〇・一八
遣三レ使奉二幣香椎廟一、為レ令二宝位無レ動国家大平一也、（『続日本後紀』）

⑧〈仁明〉嘉祥元・一二・二九
遣三レ使奉二幣香椎廟一、其由不詳、（『続日本後紀』）

⑨〈文徳〉嘉祥三・八・二三
遣下二散位従五位下高原王一、向二豊前筑前両国一、以二宝剣明鏡名香綵帛等一奉中八幡宮及香椎廟上、（『文徳実録』）〈注：即位奉幣か〉

⑩〈文徳〉仁寿元・一〇・一一
遣二大蔵少輔従五位下藤原朝臣良方一、向二香椎、八幡大菩薩宮一、奉二宝幣一（『文徳実録』）〈注：大嘗祭前の奉幣か〉

⑪〈文徳〉斉衡二・九・六
遣二少納言従五位下利見王一、向二八幡大菩薩宮一、策命曰、（以下略）（『文徳実録』）〈注：東大寺大仏修営〉

⑫〈文徳〉天安元・一〇・二九
冷然院南大庭大祓、縁二奉幣八幡大菩薩宮使進発一也、（『文徳実録』）〈注：事由不明〉

⑬〈清和〉貞観元・二・三〇
大二祓於建礼門前一、以二明日レ可発二奉幣八幡大菩薩使一也、

三・一
遣下二散位従五位下和気朝臣巨範一、向二豊前国八幡大菩薩宮一、奉中幣帛財宝神馬等上、告以二即位之由一也、（『三代実録』）〈注：前年一一月即位の奉告〉

宇佐八幡・香椎の両社に対する奉幣記事は、弘仁年間の②以降増加する。③は弘仁一四年（八二三）淳和天皇の即位・大嘗祭を終えた奉告祭祀と推定される。この年四月には、八幡神・比売神に次いで第三殿目に、大帯姫

御殿（祭神・神功皇后、『弥勒寺建立縁起』）が祀られるようになる。

④の天長一〇年（八三三）には、仁明天皇即位奉幣が行われ、和気清麻呂の子、真綱が遣わされている。神護景雲三年（七六九）に宇佐神託を受けた清麻呂により天皇の皇統が守護された故実の再現である。これは国史の確実な即位奉幣の初見であり、また宇佐和気使の初出である。[12] あわせて香椎廟へも派遣されている。同年（天長一〇年）一〇月二八日に「縁二景雲之年八幡大菩薩所レ告、至二天長年中一仰二大宰府一、写二得一切経一、至レ是便安二置弥勒寺一、今更復令レ写二一通一、置二之神護寺一」（『続日本後紀』）とあり、清麻呂の故実に基づき、大宰府へ命じて宇佐八幡弥勒寺へ一切経が納められている。これは和気真綱らの奏言に基づくものであり、宇佐和気使の発遣の創始とも連動している事項である。

このの ち、⑨文徳天皇（祭使・高原王）、⑬清和天皇（祭使・和気巨範）、陽成天皇（祭使・在原友于）、光孝天皇（祭使・和気彝範）の即位奉告へと恒例化する。即位奉告の宇佐使が和気氏に固定するのは、元慶八年（八八四）四月二五日の光孝天皇の時からである。

遣下二従四位下行山城守和気朝臣彝範一、向二大宰宇佐八幡大菩薩宮一、奉中幣帛綾錦等物上、告以二天皇践祚一也、

（『三代実録』）

宇佐使の祭祀儀礼は、④「御剣幣帛」、⑨「宝剣明鏡名香綵帛等」、⑬「幣帛財宝神馬等」の神宝奉納と、⑬の宇佐使発遣の前日、建礼門前大祓が行われていることが確認できる。その儀式次第の具体的内容は、『西宮記』『北山抄』『江家次第』の儀式書を参考に推測することができる。[13]

『西宮記』「進二発宇佐使一事」

御即位時、遣二和気氏五位一、或新叙、又有下遣二他氏一例上云々、御禊後、召レ陣給二宣命一、召二御前一給二下襲・表袴等一、或神宝外被レ奉二神馬一云々、（略）

先一日、覧二神宝一事、当日、上卿奏二宣命草・清書等一、神宝机立二御前一事、立二廂南一間端一、置二御幣筥・御鏡・剣等一、殿上人舁レ机立レ之、殿上四位、若五位、奉二御麻一、返給、宮主着レ座、使着レ座、御禊了出、蔵人撤二御贖物一、御拝、使及殿上四位、使闕腋魚袋、舁二御幣案一、自二右青瑣門一退出、内蔵官人計二預卜部一、召二使於小板敷一給二宣命一、二枚、遣二和気氏及非殿上公卿一之時、召レ陣給、又召二使御前一給二御衣一襲一、蔵人授レ之、拝舞、下レ自二長橋一、出レ自二宣仁門一、

その次第は、前日に神宝御覧があり、当日は上卿が宣命草を奏し、御鏡・剣等の神宝が置かれ、宮主が奉仕して御禊が執り行われる。天皇は御幣御拝（両段再拝）ののち入御、使は御幣案を持って退出。使を小板敷に召して宣命を給わる。和気氏の時は近衛府の陣において宣命を給わる。次に天皇御前（昼御座）に使を召し、御衣を給わり、拝舞を行う。儀式はすべて内裏の内部、天皇の在所で完結しており、内廷における天皇「御願」祭祀の性格が強い。天皇意志を直截に示した「御願」祭祀としては、賀茂臨時祭をはじめ特定諸社の臨時祭があるが、これらは内裏を発遣の場とし、天皇の出御による御禊・御幣奉拝がある。宇佐使発遣儀は、のちの賀茂臨時祭などの「御願」祭祀の原形となるものであろう。

宇佐使が、諸儀の中でもっとも天皇自身に関わる「私」の性格が強いとすれば、その対極に位置するのが伊勢奉幣祭祀である。伊勢神宮恒例の神嘗祭の奉幣使は、八省院の大極殿小安殿において天皇臨御のもと、発遣儀式が行われる。臨時の伊勢奉幣も同様である。これらは国家儀礼としての性格が濃厚であり、律令制に立脚した祭祀儀礼であった。伊勢奉幣と諸社奉幣が合体した十六社奉幣・祈年穀奉幣は、伊勢幣を対象とした天皇の出御する八省院における儀礼があり、還宮ののち、左近陣座から諸社使が発遣される（『北山抄』六）。

宇多朝に開始される伊勢公卿勅使の奉幣使構成は、藤森馨氏の指摘するとおり[14]、令制祭祀が令外の祭祀を推戴する発遣儀に起因し、前代以来の八省院行幸儀に先立ち、祭使は天皇御前（清涼殿）に参上し、宸筆宣命を給わ

る殿上の儀がある二重構造になっている。また、遷宮神宝使発遣儀は、(15) 内裏を発遣の場としているが、式に詳しい記述はなく、国史に記載がないことは、天皇の「御願」に関わる儀礼であったからと考えられている。

神祇への神宝奉献儀礼は、天皇祭祀の根本にあり、伊勢の遷宮神宝、宇佐神宝、そして一代一度大神宝使、国司委任の諸国神祇への初任神拝の神宝奉献があげられる。

一代一度の大神宝使の制度は、宇多天皇の仁和四年（八八八）一一月八日にはじまる（『日本紀略』）。大神宝使発遣に先立ち、清涼殿において天皇より、伊勢内外宮・宇佐・石清水・賀茂・日前国懸の五社（十所）へ奉献される神宝・金銀幣御覧の儀があり、伊勢・宇佐への神馬御覧、御禊などの殿上の儀があり、八省院において伊勢の幣帛・宣命が渡され、使王氏が出発、次に宇佐使をはじめ所々の使に宣命を給わる（『江家次第』）。伊勢は神嘗祭・臨時伊勢奉幣と同じく、八省院を発遣の場とし、王・中臣・忌部氏が使となり、宇佐と京近辺の諸社は殿上人、畿内の大和・河内・摂津は諸大夫、七道には蔵人所の雑色らが充てられた。伊勢神宮をはじめとする五〇社への神宝奉献儀礼は、宇佐使発遣儀に代表される天皇内廷の殿上儀と、伊勢奉幣祭祀に関わる八省院儀との、二儀式を基本構成としている。宇多朝に成立する、伊勢・宇佐をはじめ五〇社（その殆どは名神大社、のち十六社・二十二社、また諸国一宮に列する神社が多い(16)）への即位後の大神宝奉献儀は、それ以前に展開する即位後の宇佐使発遣の儀式次第が核心となって編成されている。ここでの宇佐八幡は、西海道の一社に数えられているのではなく、諸国四八社の上位に立つ、伊勢の次に置かれた。

宇佐八幡の分霊は、貞観二年（八六〇）行教により石清水に創祀される。かつて皇統を守護した故実に基づく八幡神の神威に対し、清和天皇の守護神として宇佐八幡から勧請されたが、直ちに石清水社が宇佐八幡を超越する地位を得たわけではなかった。諸社奉幣において、伊勢に次ぐ地位にあったのは王城鎮護の賀茂社であり、石清水八幡が賀茂社を超えて、その地位を確立したのは、延喜年間以後の十六社の固定化によってである。承平天慶の乱平定の報賽により石清水臨時祭が始まり、宇佐使の宇佐八幡・香椎二社に加えて、「天慶、付二和気氏使一以二別宣命一、幣被レ奉二石清水一、後々有二此例一」（『西宮記』）と、石清水社の三社への儀礼が定着する。ここに皇位守護の石清水の地位が上昇し、後三条朝には石清水放生会が公祭となり、院政期になると、伊勢と八幡とが「二所宗廟」と呼称されるようになる。(17)

四　天長・承和年間における祭祀制の変容

右に掲げた杵築大社と宇佐八幡の二社を対比していくと、地理的関係では、杵築大社は都・伊勢から見ると、西北の遠隔地に位置していて、朝鮮半島・大陸に繋がる要衝地にある。宇佐八幡も西方の遠隔地、ともに都・伊勢との東西軸の最果てに位置する。その社殿配置は、杵築大社の神殿は南面して神門水海の方向に面し、神座は西の方角を向いている。対外関係を意識したものであろう。宇佐八幡は小椋山山頂に南面して神殿が建てられている。これは大隅隼人の住居した南九州を意識したものであり、八幡の神格が祭神応神天皇に由来する対外征夷神信仰に基づいている。(18)二社は伊勢に対極する位置にあることでは共通している。

祭神と祭祀者では、杵築の大己貴神の和魂は三輪の大物主神と繋がり、天皇を守る神として機能する。宇佐八幡も天皇擁護神・皇位継承を認証する神として存在感を増すようになる。その祭祀には、杵築は天つ神から天穂日命が遣わされ、その子孫出雲臣氏が出雲国造となり、出雲の意宇に滞在・居住して杵築の祭祀に奉仕する。宇佐では宇佐使が遣わされ、八幡と天皇との間を執り持った和気清麻呂の後裔（和気氏長者ら）が天皇即位奉告の任にあたった。両社ともに、神話（杵築と出雲神話）と故事（宇佐と和気清麻呂との故事）に淵源を求めている。この大きな違いは、前者が出雲の神宝を天皇に奉献すること、後者は天皇から神宝が八幡神に奉献することであった。

杵築大社と宇佐八幡に関わる、中央天皇と繋がる二つの儀礼のうち、出雲の神賀詞奏上儀礼は、天長一〇年（八三三）四月二五日を最後とし、以後記録から消える。一方の宇佐和気使の即位奉告儀礼は、天長一〇年四月五日を初見とする。ともに二儀礼が同じく天長一〇年を境としていることは、中野幡能氏によって指摘されているところである[19]。

次に天長一〇年に注目しておきたい。この年二月二八日、仁明天皇践祚、三月六日即位、一一月一五日大嘗祭が執り行われる。大嘗祭の翌日、辰日行事において、忌部氏により行われてきた神璽の鏡剣の奉呈儀礼が中止され（「天長以来、此事停止」、『北山抄』五、大嘗会辰日条）、この時から廃絶した。元来、神祇令に規定する践祚の日の儀礼であった鏡剣奉呈が、大嘗会辰日儀礼に移行し数回行われたが、祭儀のたびに、鏡剣を忌部氏に一時貸与することには、治安上の不安があり、重物の神器に対する特別の信仰が増してきた。以後、内侍所神鏡祭祀が重視され、令制儀礼の一つが終焉を迎えている。

平安期の祭祀制は、宇多朝・朱雀朝・円融朝・一条朝・後三条朝の各段階を経て、確立過程を辿っていったが、この始原の時期が弘仁期から貞観期（八一〇～八七七）の間にあり、その中でも、天長一〇年と、その前後の天長・承和年間（八二四～八四八）に、神祇祭祀制の大きな変容を確認できる。

平安期・中世に展開する祈年穀奉幣（十六社・二十二社奉幣）は、奉幣使発遣の場が区別され、伊勢奉幣は大極殿小安殿、諸社使は内裏の陣座から出発しており、この二形式が連動する始原は[20]、延暦七年（七八八）五月二日、伊勢・名神祈雨奉幣（『続日本紀』）、弘仁三年（八一二）六・七月の名神・伊勢奉幣（『日本後紀』）などがあり、そして天長元年（八二四）八月一日「奉二幣名神一、祈レ除二風雨損一也」、一八日「奉幣二伊勢太神宮一、為レ調二風雨一也」（『日本紀略』）の記事に求められる。このあと天長八年八月、天長九年七月にも見えるようになる。これは天皇祭祀の基本となる年穀祈願祭祀の開始期にも繋がり、平安期年穀祈願祭祀の淵源を延暦から弘仁・天長年間に求めることができる。

天皇関与の深い山陵祭祀の別貢幣制においても、弘仁初年に始まり、公卿派遣の制が天長元年に規定され（『類聚符宣抄』四）、建礼門前への天皇臨御が行われ、天長年間に天皇親祭体制は整えられる。[21] また、弘仁一四年（八二三）四月、山陵への即位奉幣が始まるが（『日本紀略』）、これは宇佐使の先の③④の記事とも連動していくものであろう。

天皇玉体の聖性化が強化されていったのも弘仁・天長年間にあたる。六月・十二月神今食の祭祀の前段儀式として、その月一日から御巫による御贖物が行われるが、これは弘仁五年（八一四）六月、嵯峨天皇不予に起因して開始されている（天暦三年『神祇官勘文』[22]）。

天長七年（八三〇）以降、天皇の御在所内裏外郭正門である建礼門の南庭を式場とする臨時の大祓が始まる。天皇の所作をともなう祭祀が穢により延引・中止されたとき執行されている。[23] 内裏の場が重視され、天皇の聖性化の強化が図られ、天皇祭祀の整備が進んでいる。次の承和年間には、仁明天皇外戚の氏神祭祀である梅宮祭が公祭に加列し、以後、天皇外戚の氏神公祭化が恒例となる。また、神階制度が整備され、のちの十六社に加わる諸社の神階上昇が顕著になり、中央の神々の序列化が進められる。

天皇の祈願を担当した祭主祈禱の始まりについて、藤森馨氏[24]は承和九年（八四二）七月一九日条の、

頃者炎旱渉レ旬、秋稼焦枯、詢二諸卜筮一伊勢・八幡等大神成レ祟、命二神祇伯大中臣朝臣淵魚一祈禱焉、（『続日本後紀』）

とある記事に求めている。淵魚は弘仁六年（八一五）、令外官の宣旨職である伊勢神宮の祭主に任命され、のちに神祇伯を兼ねた。祭主祈禱は祭主に就任する大中臣氏が奉仕するもので、「或召二祭主一仰下於二神祇官斎院一可レ祈二申伊勢及諸社一之事上」（『北山抄』六）とある。伊勢大神と八幡大神（宇佐に鎮座する応神天皇の御霊）とい

う、天皇にもっとも関係の深い神の祟りであると判定されたことは、新たに置かれた天皇祭祀の専当職であった祭主の職掌にもっとも相応しいことであった。

この祭主祈禱の淵源に、天長一〇年（八三三）の次の記事を注目したい。仁明天皇の即位後、五月二五日天皇は「聖体不予」となり、六月八日「是日、為㆓聖体有㆒㆑間、使㆘㆓神祇伯従四位下大中臣朝臣淵魚㆒、奉㆗幣於賀茂大神㆖」（『続日本後紀』）とある。賀茂奉幣のあと、六月一〇日「聖体平復」となる。祭主大中臣淵魚の祈願は功を奏し、祭主祈禱を確実なものとする契機になったと思われる。

古代の神の属性は祟ることであった[25]。神の祟りは天皇にもおよぶ。西山良平氏は「天皇の〈身体〉はきわめて〈あやうい〉状態にある」[26]という。神と天皇とは、常に緊張関係にあった。国史の祟り記事は、天長・承和年間に増加する[27]。卜占の結果、伊勢大神をはじめ、地方の諸神まで、天皇に祟りを起こし、聖体不予の事態に陥る。天皇自身に対して、一層の聖性化が求められる。天皇自身に関わる祭祀を中心に祭祀制が展開するのは、祟りへの対応をも意識した、天長・承和年間から、とりわけ現出する事象であった。

本稿では論及を避けたが、中央における神仏儀礼・仏教法会の導入が図られ発展するのも、天長・承和年間である。内裏において仏名会（承和五年）・灌仏会（承和七年）が定例化し、内廷仏事が盛行する。八幡神のもつ仏法を好む神としての性格は、仏法禁忌を貫く伊勢大神との対極にあり、二神の対比的存在が八幡神の地位上昇を導いた。

おわりに

古代神祇祭祀制の大枠は二方向の推移・展開がみられた。寛平年間（八八九～八九八）に国史記事を分類編集した菅原道真撰『類聚国史』の編成において、巻三「伊勢大神」、巻四「伊勢斎宮」「伊勢神郡」、巻五「賀茂大神」「賀茂斎院」「八幡大神・香椎廟・石清水宮附出」を収録しており、平安前期には伊勢・賀茂・八幡が重視されている。賀茂社は王城鎮護の地域地主神として崇敬され、大同年間から天皇祭祀の性格の強い公祭賀茂祭が始まっている。中央における賀茂社の地位は、長岡京遷都以後上昇しており、奈良期以前では、大和の大神神社がこれに相当するもので、東西軸の中央に宮都の地域地主神が配置された。

〈奈良以前〉　伊勢神宮――（大和・大神神社）――出雲・杵築大社

〈平安前期以後〉伊勢神宮――（山城・賀茂神社）――豊前・宇佐八幡

中央宮都守護の神は、大和の大神神社から山城の賀茂神社へと移行する。伊勢と対極に位置づけられる存在が、杵築大社から宇佐八幡へ移行していったのは、律令祭祀制から平安祭祀制への展開と大きく関わっている。神祇祭祀制の新たな形成の背景には、祟りに対応できる天皇自身の安穏を強く意識していた。もはや、古代に行なわれた出雲の神宝奉献儀礼の意義は薄れ、天皇の近くから祭使を遣わす奉幣や神宝奉献の儀礼の方が、神霊を和め、神威の増進を図る作法として重視された。中世祭祀制へと継続する平安祭祀制の構図は、天長・承和年間前後を画期として鮮明に示されることになる。

（1）　岡田莊司『平安時代の国家と祭祀』（続群書類従完成会、一九九四年）、小倉慈司「八・九世紀における地方神社行政の展開」（『史学雑誌』一〇三―三、一九九四年）、三宅和朗『古代国家の神祇と祭祀』（吉川弘文館、一九九五年）、川原秀夫「国司と神祇行政」（林陸朗・鈴木靖民編『日本古代の国家と祭儀』雄山閣出版、一九九六年）、川原秀夫「神階社考」（『古代文化』四九―二、一九九七年）、三橋正『平安時代の信仰と宗教儀礼』（続群書類従完成会、二〇〇〇年）、藤森馨『平安時代の宮廷祭祀と神祇官人』（大明堂、二〇〇〇年）、丸山裕美子「天皇祭祀の変容」、上島享「中世王権の創出と院政」（ともに『日本歴史08　古代天皇制を考える』講談社、二〇〇一年）。

（2）　林一馬『伊勢神宮・大嘗宮建築史論』四二四頁（中央公論美術出版、二〇〇一年）。林氏以前にも、上田正昭

（『日本神話』岩波新書、一九七〇年）・鳥越憲三郎（『出雲神話の成立』創元新書、一九七一年）等は、『出雲国造世系譜』の果安の項に、杵築の地への移転の注記があることから、杵築大社の創建をこの頃に比定している。

（3）木簡学会編『日本古代木簡選』（岩波書店、一九九〇年）。

（4）岡田精司「日吉神社と天智朝大津宮」（『日本書紀研究』一六、塙書房、一九八七年）。

（5）熊野神社説は井上光貞「国造制の成立」（『史学雑誌』六〇—一一、一九五一年）によって唱えられ、井上説への批判の代表としては、新野直吉「古代出雲の国造」（神道学会編『出雲学論攷』出雲大社、一九七七年）がある。杵築大社関係の論文は、岡田精司「出雲神話の神々」（『新版古代の日本　中国・四国』角川書店、一九九二年）、和田萃「出雲大社の成立」（『日本古代の儀礼と祭祀・信仰』下、塙書房、一九九五年、初出一九九一年）、田中卓「日本古代史における出雲の立場」（『神道史研究』四五—四、一九九七年）など数多い。これら諸論文に負う所が多い。

（6）岡田荘司「古代出雲大社神殿の創建」（『神道文化』一二、二〇〇〇年）。

（7）大社町史編集委員会編『大社町史』上（大社町、一九九一年）、瀧音能之「出雲国造神賀詞奏上儀礼の成立過程」（『出雲国風土記と古代日本』雄山閣出版、一九九四年）。

（8）田中卓「神無月（十月）と出雲国との関係」（『田中卓著作集一一巻Ⅰ　神社と祭祀』国書刊行会、一九九四年）。田中氏は「全国神社の祭祀を神祇令にとりこむ際、特に〝十月〟を空けて、出雲祭祀に対する特別の配慮を示した」もので、「律令政府は出雲祭祀のために〝十月〟を提供して全国の祭祀組織を秩序づける代りに、出雲国造に対しては改めて政治的な忠誠の確認を求め、それが〝神賀詞奏上の儀式〟として結実したのではないか」と推測する。

（9）榎村寛之「出雲国造神賀詞奏上儀礼の衰退期について」（『出雲古代史研究』一〇、二〇〇〇年）。

（10）井上寛司「『出雲神話』における古代と中世—スサノヲ論を中心に—」（『出雲古代史研究』一〇、二〇〇〇年）。

（11）天平九年に新羅に関して、宇佐八幡と香椎とに奉幣が行われていることは、八幡が応神天皇を祭神とし、香椎廟が母后・神功皇后の御霊を祀っていた可能性は大きい。津田氏は応神天皇＝八幡神説を養老四年の隼人征討時に求めている（津田勉「応神八幡神の成立年代及びその発生過程」『神道宗教』一七五、一九九九年）。

（12）宮崎道生「宇佐和気使小考」（『史学雑誌』五六—一二、一九四五年）、恵良宏「宇佐使についての一考察」（『史淵』

九八、一九六七年)、中野幡能『宇佐宮』(吉川弘文館、一九八五年)。

(13) 甲田利雄『平安朝臨時公事略解』(続群書類従完成会、一九八一年)、三宅和朗「古代奉幣儀の検討」(『古代国家の神祇と祭祀』吉川弘文館、一九九五年)。

(14) 藤森馨「祈年穀奉幣について」(『平安時代の宮廷祭祀と神祇官人』大明堂、二〇〇〇年、初出一九八五年)。

(15) 藤森馨「『新儀式』「伊勢大神遷宮事」条成立に関する覚書」(『平安時代の宮廷祭祀と神祇官人』大明堂、二〇〇〇年、初出一九九九年)。

(16) 岡田荘司「即位奉幣と大神宝使」(『平安時代の国家と祭祀』続群書類従完成会、一九九四年、初出一九九〇年)。

(17) 吉原浩人「八幡神に対する「宗廟」の呼称をめぐって—大江匡房の活動を中心に—」(『東洋の思想と宗教』一〇、一九九三年)。

(18) 津田勉、注(11)論文。

(19) 中野幡能「宇佐使」(『八幡信仰史の研究〈増補版〉』上、吉川弘文館、一九七五年)。

(20) 藤森馨、注(14)論文および補注。

(21) 吉江崇「荷前別貢幣の成立—平安初期律令天皇制の考察—」(『史林』八四—一、二〇〇一年)。

(22) 吉江崇、注(21)論文。

(23) 藤森馨「建礼門前大祓と天皇祭祀」(『國學院雜誌』九四—一〇、一九九三年)。

(24) 藤森馨「祭主祈禱の成立と展開」(『平安時代の宮廷祭祀と神祇官人』大明堂、二〇〇〇年、初出一九九三年)。

(25) 佐藤弘夫『アマテラスの変貌』(法蔵館、二〇〇〇年)。

(26) 西山良平「〈聖体不予〉とタタリ」(門脇禎二編『日本古代国家の展開』上、思文閣出版、一九九五年)。同「〈神〉・怨霊・山陵」(斎藤英喜編『アマテラス神話の変身譜』森話社、一九九六年)にも、「天皇はかくも〈虚弱〉である」とする。

(27) 大江篤「『祟』現象と神祇官の亀卜」(『続日本紀の時代』塙書房、一九九四年)。

北欧神話のフレイと日本神話の大国主両神の一比較

ガデレワ　エミリア

はじめに

神話というのは、人間が自分を厳しい自然に適応させるこころみの中から発現したといえるだろう。そして、当然、人間社会もこの自然の一部であり、社会的なありようも神話により位置付けられたのである。このように古代神話では、自然の神々が社会に影響を及ぼし、社会的に高い地位にある人物の神々との関係が強調される。また、社会の成り立ちを変えようとしていた人物は、自分の行動を自然発展の一部として表現し、神話的な証拠を求めていたのである。その意味で神話は、本来的に政治的なものであった。

このことについて少し説明しておきたい。日本の神話研究では、『古事記』や『日本書紀』におさめられた神話が政治的な意図により変容されたということに注意され、それらの神話は素朴な原形で私たちの手元には届いていないということが強調されてきた。そして、今までの数多くの神話学、上代文学、歴史学それぞれの分野の研究者たちが、それらの神話や神話と関係のある儀礼の原形を求めることを試みてきた。最近では、『古事記』・

『日本書紀』は「天皇神話」を物語るので、一般的に「日本神話」と呼ぶことができないとか、神話の主題は天皇系譜であるから上述の二書をもとに大きく神話を論じることができないという考え方が主張されてきた。しかし、上に述べたように、神話はもとから、それを考えだす・記す人の自然や社会のとらえかた、イデオロギー、さらに政治的な意図を表現するものである。その意味では、日本神話だけが本来のかたちから変容されたものであるといえない。諸ヨーロッパ民族の神話も、本来的な姿で残っているわけではない。

北欧神話も、ケルト神話も、実はキリスト教の聖職者によってキリスト教の立場から記され、誤解されたりして、部分的に忘れられているか、ある部分がわざと落とされたり変容させられたりしたものである。ひとつの例として、北欧神話のより重要な史料となる『散文のエッダ』という神話の記載が、一二世紀のアイルランドのキリスト教聖職者、歴史家、政治家でもあったスノリ・ストルルソンによって書かれていることを指摘したい。

なお、北欧神話もヨーロッパ土着の神々崇拝の一種を表しているが、その崇拝は一一世紀までにも続きキリスト教の「ヨーロッパ化」に大きな影響を与えた。(1)デュメジルによれば、北欧神話はゲルマン人のなかでもっともよく保存され、残っている唯一の史料であるが、その神話を生み出したのはいったい誰だったのか。それはデンマーク、ノルウエー、スエーデン、オランダのバイキングである。「バイキング」という語は、「海辺の人」又は「戦う人」という二つの解釈があり、七八〇〜一〇七〇年間が「バイキングの時代」として知られている。そのときバイキングたちはスコットランド、アイルランドとイングランドの半分をはじめ、フランスのロアール、スペインのセビリア、イタリアのシチリア、ロシアのノブゴロッドやキエフ、そしてビザンチアのコンスタンチノープルまで、全ヨーロッパに進入した。さらに、バイキングたちはリンディスファーヌという最初の大きなキリスト教修道院の一つを破壊したことによりキリスト教に巨大な攻撃を与えたのである。(2)このように、バイキングの間にキリスト教を普及するために、キリスト教の教徒たちが大変悩まされ、北欧神話の一部を変容してキリスト教のものにするしかなかった。しかし、他方、彼らが記したバイキングの叙事詩、サーガは、北欧神話を通じて、ゲルマン神話の重要な史料となっている。例えば、『散文のエッダ』にみえる「リーグの歌」から、バイキング社会の構造や神々との関係についてわかる。バイキングのあいだでは、この歌においてトラルとティルという男女の家族で表された守り神のなく、奴隷のように自由のない労働層がいた。彼らは、大勢の子供がいて、家畜と一緒に狭い家でくらしていた。しかし、もっとも壮大な階級は、トールという神を守護神とした自由農民であった。考古学の遺跡から明らかであるように、彼らの家は人の家畜を別にした、ときには倉庫もあって、少なくとも二～三軒を含めていた。さらに、ダンヌとダンプという男女を通じて神オディンに守られた貴族の豊かな暮らしも描かれているが、そこでは大王と神との結びつきもうかがわれる。ということは、この二人の男女はデンマークの大王系譜にも見え、「リーグの歌」そのものも、おそらく、デンマーク大王たちが神の子孫であることを証明するようにあるデンマークの大王のために書かれたのであろう。(3) この歌では、大王の祖神となるのは他の史料にみえないハイムダルという神である。彼は息子ジャールにオディンの智恵と呪術を教えるとある。どうしてオディン自身が主人公とならなかったのかは疑問であるが、呪術の力や神々との血的な結びつきが古代北欧の大王たちにもみられることが注目されることを確認しておきたい。

以上のように、神話をおさめる史料の特徴を考えながら、古代神話を考察する可能性を認めたい。北欧神話の研究者ヒルダ　デイビッドソンがいうように、神話は「多くの異なる原典からさまざまな方法を用いて、注意深く忍耐強く構築されなければならない」。(4)『古事記』の構造は、天皇系譜を設けるため、そして天皇の正統性を証拠付けるためにこの形でできあがったと認められるので、単なる構造論的方法を使わずに、『古事記』・『日本書紀』・『風土記』などの史料や考古学の成果を合わせて見ることにより古代日本神話の深い意味を探ることができる。それらの書誌を編纂した人たちは、政治的な意図をもちながらも、自分が育った自然観や価値観や社会観の範囲において考えていたに違いない。また、彼らは、古くから伝わっていた神話を変容しても、決して何もないところから新しい話を作ったのではないであろう。しかし、神話の原型を発掘することは容易ではないので、ここではそれを探ることを目的としない。以下においては、上述の三書から、また北欧神話との比較により、古代神話からみた日本の王権と神々との関係について考察することを目的とする。

エッダ詩の一つに見られるフレイという神がゲルダという女性に求婚する神話は、「豊かな収穫を生じさせる、天から地への求婚」(5)として解釈される。フレイをどこまで「天」として見られるかということは一つの問題だが、世界的に見れば、神の求婚神話と神婚儀礼には豊穣獲得の意味があった事例は少なくない。なお、オホクニヌシ(大国主)神話にも、この神の数多くの結婚に同様な意味があると解釈できる。また、天皇が多くの女性を妻にする話や、服従儀礼の意味もある地方豪族の娘を献上することの根底にも、同じような発想があったと考えられる。このような類似から出発して、北欧神話におけるフレイ神と日本神話のオホクニヌシ神を比較的に見ながら、両神と王権とのつながりを求めていきたい。

一　北欧神話におけるフレイ

1　豊穣神としてのフレイ

北欧ではフレイという神が豊穣神として崇拝されていた。「ギュルヴィたぶらかし」というサーガからわかるように、彼はフレイヤという女神と双子として考えられた。

その後、ニョルズはノーアートゥーンで、(6)二人の子供を得た。息子の名はフレイといい、娘はフレイヤという。二人とも眉目麗しく、力が強かった。フレイはアース神々(7)の中で最も有名だ。雨と太陽の光を支配し、それによって大地の成長をつかさどっている。豊穣と平和をこの神に祈願するのはふさわしいことだ。この神は人間の福祉もつかさどっている。[8]

また、ウプサラの神殿ではフレイが「巨大な陽物を有し」た姿で表され、ブレーメンのアダム[9]の記述によれば大変大きな儀礼の対象になっていた。[10] ケビン クロスリイ・ホランドが指摘するように、オディンやトールとならびフレイは最も重要な三神の一人だった。豊穣神以外に彼は、雨の神（Lord of the rain)、豊作の神（Lord of the harvest)、太陽神（Lord of the sun）とされていた。その名の前につくskirr（輝く）という語もこの最後の一面を反映し、この神の使者スキルニル（Skirnir）の名もそこから由来するだろう。つまり、スキルニルは自分の主人の太陽神的神格を強調すると考えられる。[11]

フレイ神話では中心的な位置をおさめるのは神の求婚である。この話は『スキルニルの旅』というサーガに記されている。

ある日フレイは、至高神オディンとその妻フリッグ以外に誰も座ってはいけないオディン館の玉座に座り、そこから世界を眺めた。そして、北方にある巨人の国へ目を向ければ、霜の巨人ギュミルの娘ゲルドを見て恋愛を感じた。フレイは使者スキルニルに心の悩みを開かせた。又、彼女に求婚するために、スキルニルに炎にもひるまない自分の馬と巨人と一人でも戦うこともできる自分の魔法の剣を渡し、彼を女神のもとへ遣わした。

旅の途中でスキルニルが火の幕を抜けなければならなかったが、灰色の草でおおわれた窪地の真中にある巨人ギュミルの館に着いた。スキルニルはゲルドに若さのりんごと富の腕輪をすすめ、フレイの気持ちを伝えた。しかし、彼女は、いくら長生きしても巨人でない神を愛することができない、黄金のりんごと若さのために自分の愛を売ることができない、さらに、巨人の館では富が十分にありそれ以上は入らないといい、フレイに会うことを拒否した。そこでスキルニルは彼女に魔法をかけるということでゲルドを自分の魔法の杖で脅かした。もし魔法がかけられたらゲルドは、姿がもっとも恐ろしい巨人よりも恐ろしくて醜くなり、誰にも会えず、ひどい苦しみや悲しみのなかで、天の果てにある鷲の丘にいなければならない。恐ろしい呪文を聞いたゲルドは、フレイの妻になるように約束して、スキルニルに歓迎の言葉と蜜酒をすすめた。そして、目は氷がとけたかのように涙であふれ、彼女は、いつか、ヴァン神の一人を愛すると誓うことは信じられなかったという。

スキルニルから、約束の日より九夜後にしかゲルドに会えないと聞いたフレイは、「一夜は長い。二夜はもっと長い。三夜も耐えらるだろうか」と叫び、目を閉じてつけ加えた「よく考えていたことがある。このような半夜よりも、一ヵ月のほうが短いと」[12]。

なお、フレイが結婚したゲルドの名は、ゲロという「畑」(field) に由来するとされている。『スキルニシマル』(Skirnismalix)[13] において彼女は手が海と空を輝かせるほど光っているように描かれている。また、彼女の住まいはスキルニルが望んでいたよりも寒く、彼女は真っ白な服を着ている。そして、彼女がフレイの求婚を伝えるために遣わされたスキルニルに「霜の杯」(frost cup) をすすめる場面がみられる。つまり、この女神は、何も生えない冬の凍った畑を象徴し、彼女がスキルニルの脅しによりフレイに会おうと納得したことは太陽の力に降参して溶けるこの畑の様子が表現されているのではなかろうか。また、フレイに会う場所は、おそらく大麦 (barley) を意味するバル (barr) からきているバリ (Barri) 森と呼ばれ、日光と凍土の出会いにより麦の成長を表しているのであろう[14]。

多少無理があるのではないかと思われるが、この結婚は、天空の神と多産な大地の女神が豊穣をもたらすために結ばれるという解釈もある[15]。この説は、オラフ　トリッグヴァソン王 (King Olaf Tryggvason) についての話の一部である『フラテイヤルボク』(Flateyjarbok) というサーガや他の史料からうかがわれるように、豊穣神としてフレイの儀礼において神婚が大きな役割を果したという推測の上に成り立っている[16]。

ところが、以上のサーガは滑稽に富む作品であるにしても、古代スエーデンにおけるフレイに対しての儀礼をよく反映している。若いノルウェーの男性、グンナルがオラフ王と喧嘩してスエーデンへ逃げ、そこではフレイがとても重要な神として崇拝されているとわかった。そして、フレイの神殿で、神の妻として仕えた若い女性に会った。グンナルはこの巫女と仲良くなり、フレイが秋の国巡りをする時期になったとき、グンナルも祭に参加することとなった。しかし、巫女はフレイはグンナルが神の馬車に乗っていることは喜んでいないと感じたとおり、道の途中で嵐に遭った。そこでフレイが現われグンナルと戦った。グンナルは神に勝ち、フレイは自分の装飾を残して行ってしまった。これらの装飾を身につけたグンナルは、スエーデン人により神フレイとして迎えられご馳走された。そして、神が皆と一緒に食事をすることの喜びとともに、今回の祭では彼がいけにえではなく宝物と服装を求めたことやしばらくしてから「神」の妻が子供を産んだことで、スエーデン人がフレイをもっと尊敬するようになった。最後に、グンナルはオラフ王からノルウェーに帰る命令を受けて、積み重ねた宝物や妻子を連れてひそかにスエーデン人の国を去った。

デイビッドソンが指摘するように、フレイの偶像が冬中に国を巡らせる祭の対象となること、その時神が偶像の中に宿っていること、神の巫女が人々にフレイの神託を伝えることというスエーデン人の考え方はこの作品の滑稽のもとにもなっておりながら、よくみえるのである。祭っている神が皆と一緒に祭に参加し子供を得られることによるスエーデン人の純真な喜びの場面は、フレイに対して彼らの信仰をあざけるものでもある。(17)

ところが、フレイが馬車で国を巡らせたことはこの神だけに限らない。サーガが記述されたよりもかなり古い時代では、豊穣をもたらすために大地の女神テッラ・マテル（Terra Mater, “Mother Earth”）が同じように国を巡らせた記録が、一世紀に書かれたゲルマニア（Germania, 40）にみられる。また、『フラテイヤルボク』(Flateyjarbok) サーガにおいてもう一つの興味深い話がある。スエーデンの皇帝自信がリティル（Lytir）という神を祭り、その馬車をあるところまで引っ張り、重くなる（すなわち、神が中に入っているというしるし）のを待ってから皇帝室に迎えた。そこで皇帝は神を歓迎し、特別な角の杯からワインで乾杯を上げ、神に様々なことをうかがったという物語である。なお、考古学調査によると、北欧では、おそらく儀礼に使われていた小さな馬車がしばしば発見されることに注目しなければならない。[18]

ここで、フレイ・スキルニルが日光と結ばれているといっても、北欧神話において太陽の馬車を指導するのはサン（Sun）という人間の娘（月はその弟）であるということに注意したい。[19] つまり、フレイは太陽神そのものというよりも、豊穣に必要な日光を獲得するような機能があったと考えられる。

2 国王としてのフレイ

他方、フレイはスエーデンの大王だったとされている。つまり、

フレイがニョルズについて国を治めた。彼はスエーデン王と呼ばれ、彼らから税をとった。彼は父と同じように皆から愛され、豊年に恵まれた。フレイはウプサラに大きな神殿を建て、ここに首都を移した。そしてここに彼のすべての税収入、土地も金も注ぎ込んだ。当時ウプサラの富が始まり、それ以来続いている。

彼の時代にフロージの平和が始まった。当時は全土が豊作であった。スエーデン人はそれをフレイのせいにした。そのため、彼は他の神々よりずっと尊崇された。彼の時代に民衆は、平和と豊作のため、以前より豊かになったので。（「ユングリンガタル歌」一〇）

ヒルダ・デイビッドソンは、この歌にかんして不思議な死を迎える古代スエーデンの大王たちの話に注目する。おそらく、スエーデン人は、大王が豊穣や平和をもたらすことができる力を有すると信じ、大王の最上（最大繁栄）の時期が過ぎたら事実的または象徴的な死を迎えさせられただろう。他方、最初はフレイの双子の姉妹とさ

れているフレイヤまたはネルテュズなどの豊穣神の巫覡的夫としてみなされただろう古代スエーデンの大王は、次第に神格化され、男神フレイとなったことも推測できる。[20]

二　日本神話におけるオホナムチ（大国主）

1　オホナムチと豊穣

『出雲国風土記』では、オホナムチが、天の御飯田の倉を造る適当な場所を探したり、[21]カムムスビの娘アヤトヒメ命を妻問い（女神が逃げ隠れ、大神が彼女を探したという）したり、[22]スサノヲの娘ワカスセリヒメ命に会いに行ったりした話がみえる。[23]『播磨国風土記』にもこの神について多くの神話が含まれている。そのうち、オホナムチが臼を造って、下鴨村で稲を舂いたが、粳が遠くまで飛んでいき、岡に落ちたため、この岡を粳岡と名付けたとの話や、[24]この神が御飯を盛り付けたところを飯盛嵩と呼び、[25]稲舂きしたところを碓居谷、酒屋を造っていたところを酒屋谷と呼ぶ話のように、[26]多くの地名がオホナムチと結ばれている。この地名は、ほとんどが稲と深い関係があるということに注意したい。

また、オホナムチとスクナヒコネ両神が神前郡壁岡里の生野岑からある山を眺め、その山は稲種を置くのに便利だろうといい、そこに稲種を積んだので、その山が稲種山と呼ばれるという地名由来話がみえる。[27]そして、オホナムチとスクナヒコネ命は、どちらがより長く我慢することができるか競争した。つまり、オホナムチは大便しないで、スクナヒコネは粘土の重い荷物を担いで、できるだけ遠くまで行くことを条件にした。ところが、オホナムチが先に我慢できなくなって、負けた。そこで、スクナヒコネも、「然苦」（私も同じように苦しかった）といい、荷物を降ろした、というのである。[28]

他方、アシハラノシコヲという名前でのオホナムチが、韓国の渡来神アメノヒボコ命と相争うという話もいくつかみえる。たとえば、アメノヒボコ命が初めて渡来したとき、「国主」アシハラノシコヲに宿をたずねた。アシハラノシコヲは、海のなかに宿ればいいと答えた。そこで、神は、剣で海の水をかき混ぜ、海中に宿った。それを見たアシハラノシコヲは、客神が国を奪いにきたとわかり、国占めを行うことを急いだ。そのために彼は、国巡りして、ある丘の上で御飯を食べた。しかし、急いでいたので、御飯の粒が落ちた（だから粒丘と呼ばれたという）[29]。また、これらの二神は、足に黒三條をつけて、互いに投げ、そのツヅラが落ちたところを自分のものとして占めるという国占め競争を行ったり[30]、谷を奪いあったりして[31]、国土を分け合うのである。アシハラノシコヲが最初から心配していたように、アメノヒボコ命はまさにライバルとしてやってきたことになっている。

以上の神話から、オホナムチは、稲田作りと深くかかわっている神であったとわかる。スクナヒコネ命も、折口信夫や松村武雄は霊魂神としてとらえるが、松前健によれば、穀霊の性格をもっている。つまり、松前は、東南アジアやインドネシアの稲魂信仰にもこのような「小人」信仰がうかがわれ、「お椀の舟に箸の櫂」の一寸法師や、『吉蘇志略』の小子塚の由来話にもなったであろう臼の中に隠して養われた小さな子にも共通し、穀霊、豊穣霊の文芸化したものであると論じている。穀霊が小人として表わされることは、ヨーロッパの麦刈や粉挽きの手伝いをする小人の例からも推測できる[32]。

なお、オホナムチを祀る出雲大社の伝統から考えれば、この神には、竜蛇の性格もみられるといえる。『懐橘談』によれば、出雲大社がある御崎山は、八雲山や出雲山以外に、蛇山とも呼ばれていた。そして、その「斎日」（旧一〇月一一日～一七日）の間に、荒い風波のとき、化度草という藻に乗った竜蛇が、竜宮から大社に向かうという伝承が書かれている[33]。それは、海の果てから神が訪れるという信仰に基いており、大社の社殿が西の方、つまり稲佐浜へ向いていることも、そのためであろう[34]。松前は、このような蛇神の面が、稲田の豊穣に必要な雨水を供給する神格と深い関係があると指摘している[35]。

さらに、オホナムチとスクマビコナのペアが国作りにとりかかっていることは、田作りの意味があると思われる。「国」という語には「稲、作物の植えたつ耕地であり、農業生産を行う場所」や「農民の住む集落、村落」の意義があることは、横田健一により指摘されている。(36) このように、オホナムチ・スクナヒコネ両神は、稲作の保護神としてみることができると考えられる。なお、一九八四年以降島根県では発掘された数多くの銅鐸や銅剣の意味を探るために、千田稔は『風土記』の神話を分析する。これらの分布がオホナムチ系の神々（スサノヲ、イワ大神、オホクニヌシ、オホモノヌシ）崇拝と関係があり、銅鐸に描かれた絵も神話と合わせて考えれば、邪霊や昆虫などの邪悪なものを退けること、そして水と関係があることがわかる。また、出雲大社と海蛇との結びつきから、豊作、富漁、家門繁栄の意義が考えられる。千田は、オホナムチが、海洋神の神格を持ちながら、土地神面もあると認める。(37) 古代日本の稲作には水の重要性からみれば、この神は一種の豊穣神としてみなされてもよいのではないかと思われる。

そして、上述の『風土記』の神話にみえる「国巡り」と「国占め」に注意したい。丘の上の食事と切り離せないこれらの儀礼は、本来豊穣祈願と関係があった。三谷栄一によれば、これは「国見」という儀礼と密接に結ばれ、花見、山見、歌垣などとともに、豊作の予祝行事とみなされる。氏は、国見とは、高い丘から国を見るばかりではなく、そこで神とともに食事をする儀礼であったと強調する。(38) そして、岡田精司が説明するように、春や初夏の農耕儀礼には、神々が村落を巡り、自らが鎮まるところを選んだ地で飲食し、田作りに関与することで、その地を占める、つまり国巡り、国見、国占めという三つの儀礼が深くかかわっている。これらの儀礼は、オホナムチだけではなく、住吉神などの神々、また天皇に行われるものとして描かれている。天皇の国見も、やはり、春の豊作祈願の予祝儀礼と密接な関係がありながら、政治的な意味ももっている。横田健一が論じているように、「国見という行為を考えてみると、統治者にとっては、己の統治・支配する土地を小高いところから展望することは、きわめて自然な心理である。またそれを展望することによって、その土地に対する愛着が、支配者的満足感とともに湧きおこってくるにちがいない」のであり、[39]岡田が指摘するように、大王の国見国占めの儀礼にはある土地のものを食べて、その土地の主の資格を有するという意味が強かったのである。[40]

その意味で、オホナムチは「国主」神とか、「国玉（魂）」神と呼ばれているだろう。また、その「主」や「国」がある時期に政治的な意味でとらえられ、オホナムチは、「天の下造らしし大神」となり、政治的な意味での国土の主となっただろう。さらにそれは、地つ神の代表者としての大国主が、大きな葦原の中つ国を天孫ホノニニギに譲ったと語る神話と結ばれている。

2　オホナムチから大国主へ

『古事記』では、オホナムチがどのように大国主となったのかを教える神話がみられる。神話の前半では、オホナムチが、『古事記』が編纂された時代までに確立していた大王にふさわしい道徳の一面である仁情を有することが表されている。

『古事記』によれば、オホナムチは兄の八十神の荷物を背負い、従者として美人のヤガミヒメが住んでいた因幡国へ出かけたときのことである。ヤガミヒメに結婚を申し込もうとしていた兄たちが先を歩いていて、道の途中で毛皮をはがれた裸の兎にあった。体が痛そうにしている兎に、いじわるな兄たちは、海の塩水で体を洗って、風のよく当たる丘の上に立って乾かすよう教えた。いわれた通りにした兎が、もっとひどい痛みで泣いているところに、兄たちの一番後ろにいたオホナムチが通りかかり、因幡の兎に裸になった故を聞いてから、きれいな淡水で体を洗い、薬草を敷いてその上にころがるようにと、治療法を教えた。オホナムチのいうことに従うと、兎の痛みはとれ、以前のように毛が生えてきた。そしてオホナムチに、兄たちはヤガミヒメと結婚することができず、荷物を持っているあなたがその手をとることができる、と予言した。このようにオホナムチは美しいヤガミヒメと結婚したのである。

さて、この神話の舞台は、西出雲の杵築地方であり、出雲国造の本拠地であった東出雲（意宇地方）ではない。これは上述したように、近年、弥生時代の銅剣三五八本（神庭荒神谷）と銅鐸三九個が出土した地域である。

ここに、ヤガミヒメは、神の妻、つまり巫女となる地方豪族の娘を表している、と考えられる。そして、白兎は、その巫女の神使いの動物であろうが、やがて神として祭られるようになっただろう。民話のように語られているこの神話は、『日本書紀』にも指摘されているオホナムチの治療者としての側面と、神婚を描いている。オホナムチが女神や地方の女性と結婚する数多くの神話は、豊穣神としての神婚儀礼や大王としての妻問いの表現であると思われる。

神話の後半は、困難さを乗り越える力と大王に必要なレガリアの獲得を物語っている。

兄たちに二回殺されそうだったオホナムチは、スサノヲ命に相談をするために根の国へ行った。そこで彼は、スサノヲの娘スセリビメを愛してきた。しかしスサノヲは、オホナムチを「アシハラノシコヲ」とよび、蛇のいる室に寝かせた。助かったのはスセリビメからもらった蛇のヒレを、彼女に教えられたように三回振って蛇を静めたおかげである。次の夜にスサノヲはオホナムチをムカデと蜂のいる室に寝かせたが、彼はまたスセリビメにもらったヒレを用いて命を助けられた。それからスサノヲは、鳴り鏑の矢を野原に射込みオホナムチに取りに行かせ、オホナムチが野原に入るのを見て、野原に火をつけた。今度はオホナムチが助かったのは、一匹の鼠が穴に入れたおかげである。鏑の矢も鼠が見つけて持ってきた。そして、スセリビメはオホナムチが焼け死んでしまったと思い悲しんでいたところに、彼が野原から出てきて、スサノヲに鏑の矢を渡したのである。

さらにスサノヲはオホナムチに髪の毛の虱を取らせた。オホナムチはスセリビメにもらった椋木の実や赤土をつぶしたが、スサノヲは虱を嚙みつぶしていると考え、安心して眠ってしまった。そこでオホナムチはスサノヲの髪を室の垂木ごとに結び付けて、室の戸を大きな石でふせいだ。そして、神の娘スセリビメを背負い、神の生大刀、生弓矢、天の詔琴を持って、逃げ出した。しかし、琴が木にかかって大きな音が響いた。それを聞いて驚いたスサノヲが体を動かすと、室が倒れてしまった。だが、彼が髪を全部垂木からほどくまでに、オホナムチは遠くに逃げてしまったのである。スサノヲは黄泉平坂まで追いかけると、そこからオホナムチに、持っている生大刀や生弓矢で兄たちを追い払って、またスセリビメを妻にして、（出雲の）山の麓に宮を作って大国主となるようにと伝えた。このようにオホナムチは大国主となったのである。

この神話は、若い男性が成人として認められるための成人式を表わしていることはよく指摘される。また、松前健は、オホナムチの成人式を一種の呪師団体の入門式としてとらえる。氏は、オホナムチが、医療、禁厭の呪法を拡めたという『日本書紀』にみられる説話や、兎にけがを直す方法を教えたという『古事記』の話、そして、生大刀、生弓矢、天詔琴（巫祝の託宣の呪具）を手に入れることなどが、呪師団体的な面を語っており、試練を与えた八十神はその団体の年長者または長老達であると解釈する。[41]

他方、この神話から、性格、宝器、正妻という古代日本の大王になれるための必要な様子があきらかである。また、ここには根の国が描かれている。柳田国男はそれを、沖縄のニライ、カナイと同系の海の彼方にある他界ないし霊地と考えた。これに対して松前健は、以上の神話より受けるイメージでは、根の国は海の彼方にあるより、地下の場所のようにみえ、死者の世界の比較的素朴な原形であったと論じている。[42] しかし、『大祓詞』では、罪が海を通じて根の国に入るということも考えれば、根の国はやはり、罪が属する海の底の他界として信じられたようにみえる。この罪の世界とも呼びうる世界の主人が、天つ罪や国つ罪を犯し、罪の象徴となっているスサノヲであることも、このようなイメージを強める。オホナムチの成人式段は、直接根の国とは関係がないが、

『古事記』や『日本書紀』の体系においては、彼がスサノヲ命から権力の神器をもらい国土の「主」になるという命を受けることは重要である。つまり、アマテラスやタカミムスビといった天つ神の命によって国土を治めるべき降臨した天孫ホノニニギに対峙するために描かれた場面であろう。

三　フレイとオホナムチ両神話の一比較

上述の北欧と日本の神話は、歴史や文化的背景から異なった要素を数多く有すると同時に、大きく類似している基本的ないくつかの点もある。以下にはこれらの類似と相違を考察してみよう。

(1)　フレイは雨と日光を支配する神として崇拝された。以上の神話から雨との関係がよく見えないが、名前に出てくるスキルやその使者の名前から太陽神的な側面がうかがわれる。それに対して、オホナムチには雨をつかさどる機能が強い。オホナムチ神は、後に、インドの大黒天シヴァと同一視されたが、それは両神とも豊穣と関係のある霊格であり、医療や禁厭の法を作り出したとみなされ、雷電や雨水とも結び付いていることによるのであろう。[43]また、出雲大社の祭神としての崇拝し方からこのような神格が明らかである。他方、『日本書紀』では、オホクニヌシの幸魂奇魂とされているオホモノヌシは、「神しき光海に照らして[44]」近づいてくるように描かれ、太陽神として考えられる。

(2)　フレイもオホナムチも豊作と結ばれている。このことは、ウプサラにおけるフレイ神像の男根強調、そしてオホナムチの場合、数多くの神婚神話からもうかがわれる。また、豊作予祝祭として考えられる国巡りが両神話にも見られるのが興味深い。ただし、それぞれの気候や他の行事に応じて、この祭は北欧において秋から冬にかけて、日本においては春から初夏にかけて行われていた。これは、それぞれの時期が年末年始と考えられ、次年の豊穣祈願がそのときに行われたことと関係があるだろう。

(3)　二神と女性との関係にも両文化の相違が感じられる。サーガごとに必ず恋愛物語があるとよくいわれているように、フレイについての神話にもこの部分は欠かせない。彼は病気になるほどゲルドを愛していた。そして、一人で妻問いするのではなく、使者スキルを女神のもとに遣わすのである。他方、フレイが結婚する女性の名前は象徴的であり、その結婚が太陽に降参する畑を表しているといえる。なお、オホナムチの結婚にはこのような象徴がみられないが、日本神話においてオホナムチの祖先とされているスサノヲとイナダヒメの結婚がこのような象徴の例として挙げられる。また、オホナムチ神話において恋愛が描かれていないなし、古代日本神話の記述には恋愛が中心になっていない。しかし、表現が異なっていても、神と女性との関係が大きな役割を果たしていることを認めなければならない。オホナムチはスサノヲの試練を超えられたのは、「目合して、相婚」してきたスセリビメが授けた魔法のヒレのおかげであり、ヌナカワヒメに求婚したとき二人が交換した歌は美しい恋愛の表現であるといえるだろう。さらに、神婚が両神の場合にも大きくとりあげていることは、彼らの豊穣神的側面を強調しており、重要な類似である。

(4)　スノリがフレイを「世界の神」とも呼んでいる(45)。『出雲国風土記』ではオホナムチが「天の下造らしし大神」と名づけられている。両神とも大王的な面があることも、豊穣獲得と関係があると考えられる。しかし、その表現が逆になっている。ということは、国を栄えさせた大王は、死後は豊作をもたらすことができるという祖先崇拝と関係がある信仰から、豊穣神フレイが大王だったと伝わっただろう。それに対して日本では、神の巫祝としての機能があった古代首長・大王が、次第に神の役割であった国巡り、国見などを行うように描かれたのである。つまり、北欧では神が大王化したのに対して、日本では大王が神格化されたといえないだろうか。

なお、オホナムチやこの神と同視されているオホモノヌシは蛇体と結ばれていることに注意したい。古代日本では邪神が大きな役割を果たしていたことは、水田稲作と深い関係がある。これに対して、フレイと関係のある動物は猪である。スノリによれば、彼が小人たちに作られたグリンブルスティ（Gullinbursti）という猪を持っていた。ヒルダ　デイビッドソンが指摘するように、豊穣神と猪との結びつきは北欧においてかなり古いものである。猪の絵が古代スエーデンとアングローサクソン　イギリスの儀礼道具や武器に描かれていたことから、この動物の特別な意味がうかがわれる。また、兜に猪を描く伝統は一七世紀にまでみられ、スエーデンの皇帝たちにも重視された。たとえば、アティロス王（King Athils）は「戦いの豚」を意味する名前をもった兜があり、「スエーデン人の子豚」という意味の名前の大きな首飾りがあったと伝えられている。(46)おそらく、フレイやそれ以前の豊穣神に捧げられた豚と猪が、次第にその神の動物と考えられ、豊穣をもたらす機能を有するべき大王の一つのシンボルとなった。キリスト教以前の神崇拝と深い関係があるクリスマスのご馳走の中心は豚の丸焼きとなっているのはこのようなことから由来すると考えられる。

さらに、豊穣神として、フレイもオホナムチも結婚や子生みと結ばれている。ヒルダ　デイビッドソンがいうように、大地の女神ネルテュス（Nerthus）と同じく彼は人間の繁殖にも影響を与えることができると信じられていた。(47)オホナムチ（大国主）も「縁結びの神」と呼ばれている。

むすびにかえて

古代スエーデンでは、フレイは大王であり、大王たちが豊穣をもたらす機能もあったと信ぜられていた。しかし、神話が記録されたころのスエーデンではキリスト教が普及し、皇帝たちと古代の神々との系譜的な結びつきが明らかではない。逆に日本では、天皇の出現を位置付けるために神話が記述にあった。天皇の祖神とされているアマテラスの対立者として描かれているスサノヲはオホナムチの祖先とされ、彼を「国主」として認める神である。このようにオオナムチは天皇家と結ばれず、アマテラスの子孫に国の支配を譲るべき立場にあらわされている。だから、オオナムチは大王的な側面を有しながら、フレイと同じように、直接に天皇の系譜とつながってはいない。むしろ、フレイと違ってこの神は日本の天皇に対して服属の立場に置かれているといえる。

なお、日本において、天皇の神格化以前大王が神として考えられたというよりも、祭神—神主という形で神と結ばれたといったほうが正確であろう。政治は「マツリゴト」であり、つまり、神を祭るという意味をもっていた。古代宮廷の祭祀をみても、天皇は崇拝の対象ではない。むろん、それよりも、神武天皇がタカミムスビの「顕斎」を行うという神話や仲哀天皇とその皇后の神憑りや新嘗・大嘗祭において天皇の役割を考察すれば、日本の天皇は神の斎主の役割を果たしていたと考えられる。「天つ神の子孫」とされたことも、オホタタネコが祭る神オホモノヌシの子孫として『古事記』で描かれたのと同様に、古代日本では神と神の斎主が祖神・子孫であるという考え方から由来するだろう。また、ある時点から天皇は「現神」としてみられるようになったことも、神主(シャーマン)の神格化として解釈できると思われる。古代日本において豊穣儀礼が広く民間に行われながら、神話の記録のなかでは天皇の行為として描かれている。天皇たちの国巡りや国見の神話、また狩や妻問いの神話はそれを表現している。

北欧神話にも皇帝が神を祭る例は上述されたが、今の段階ではこの単独な例だけで判断できない。しかし、皇帝になるべき人物、そして皇帝になった人物が勇ましく龍を退治するということを描く『ベオルフ』などの北欧サーガから考えれば、大王には敵と戦う、敵を倒す力がより大きな意味をもっていた。これにより国民の平和や繁栄を獲得することが主張され、亡くなった大王が祖神となり、守り神と結ばれたのではないかと考えられる。

以上では、豊穣祈願と関係のある日本と北欧神話の比較により、フレイとオホクニヌシ両神の王権とのつながりを求めてきた。そのつながりの形には相違があるが、その存在は二つの神話にもみられるといえるだろう。結論というよりも仮説ではあるが、古代社会において大王と重要な神々との血的関係は、政治的な意味だけではなく、豊穣獲得のために儀礼的な意味もあったと思われる。

(1) ジョルジュ　デュメジル（松村一男訳）『ゲルマン人の神々』（国文社、一九九三年）一四頁。
(2) ケビン　クロスリイ・ホランド（Kevin Crossley-Holland）*Norse Myths, Gods of the Vikings* Penguin Books 1982, pp. XIV-XV.
(3) 上同、一八九頁。
(4) ヒルダ　エリス・デイビッドソン『北欧神話』（青土社、一九九〇年）。
(5) 上同、一四七頁。
(6) アース族の三番目の神、ニョルズが住んでいたと考えた天の場所。「ギュルヴィたぶらかし」（二三）。ジョルジュ　デュメジル、一九九三年、一四一頁参考。
(7) 古代北欧では、神々のパンテインが、戦神族アースと豊穣神族ワニールから成り立っていた。「ギュルヴィたぶらかし」（二四）、ジョルジュ　デュメジル、一九九三年、一四一頁参考。
(8)
(9) ブレーメンのアダム（Adam Bremensis）は一一世紀のキリスト教徒であり、古代ヨーロッパでキリスト教を広めた一人である。彼が書いた『ハンブルグ教会司教史』（*Gesta Hammaburgensis Ecclesiae Pontificum*）は、キリスト教以前の北欧儀礼や神崇拝の重要な史料となっている。
(10) ジョルジュ　デュメジル、一九九三年、一四一頁。
(11) ケビン　クロスリイ・ホランド、一九八二年、一九九頁。
(12) 上同、五八頁。
(13) Skirnismalix はArnamagnaean Codex にみえるこのスキルニルの旅を描く神話の題名である。
(14) 上同。
(15) Maal og Minne Fra gammelnorsk Myte og Kultus, 1909. (in H. R. Davidson *Gods and Myths of Northern Europe* Penguin Books 1964, p. 92)

(16) ヒルダ　エリス・デイビッドソン、一九九〇年、九三頁。
(17) 上同、一九九〇年、九四頁。
(18) たとえば、紀元二世紀や九世紀の馬車はデンマークのデイビェルグ（Dejbjerg）やオセベルグ（Oseberg）に発見されているものが挙げられる。上同、九五頁。
(19) ケビン　クロスリイ・ホランド　一九八二年、注5参照。
(20) 上同、九七頁。
(21) 楯縫郡玖潭郷。
(22) 出雲郡宇賀郷。
(23) 神門郡滑狭郷。
(24) 賀毛郡楢原里粳岡。
(25) 賀毛郡楢原里飯盛嵩。
(26) 賀毛郡下鴨里。
(27) 揖保郡林田里稲種山。
(28) 神前郡ハニ岡里。
(29) 揖保郡揖保里粒丘。
(30) 宍禾郡御方里。
(31) 宍禾郡庭音村奪谷。
(32) 松前健「大己貴命崇拝とその神話の形成」（『日本神話の形成』塙書房、一九七〇年）。
(33) 『懐橘談』下。
(34) 千家尊健「出雲大社」（学生社、一九六八年）。
(35) 松前健、一九七〇年。
(36) 横田健一『神話の構造』（木耳社、一九九〇年）。
(37) 千田稔「青銅器の『王権』」（『王権の海』角川選書、一九九八年）。
(38) 三谷栄一『日本文学の民俗学的研究』第一編第三章（有精堂、一九六〇年）。

(39) 横田健一、一九九〇年。
(40) 岡田精司「大化前代の服属儀礼と新嘗」(『古代王権の祭祀と神話』塙書房、一九七〇年)。
(41) 上同。
(42) 松前健、一九七〇年。
(43) 上同。
(44) 『日本書紀』岩波書店、一三〇頁。
(45) スノリ　ストルルソン(Snorri Sturluson)、アイスランドの政治家、歴史家、詩人。一二二〇年あたりに『エッダ』(『散文のエッダ』として知られている)という書に古代北欧神話を記録した。
(46) ヒルダ　エリス・デイビッドソン、一九九〇年、九八～九九頁。
(47) 上同、一〇二頁。

社寺行幸と天皇の儀礼空間

嵯峨井　建

はじめに

天皇の行う行幸にはさまざまな種類(1)があるが、そのうち神社行幸において意外な二つの事実が確かめられる。その一つは平安中期まで神社行幸そのものが行われていなかったこと(2)である。神社行幸の成立は天慶年間(3)、すなわち平安中期であった。平安京に入ってはじめて行幸制度が確立したのであり、例外を除き平安中期以前には無かった。天皇の特性としてよく祭祀王といわれ、天皇みずから祭祀を行い、神祇に対して神階昇叙、遣使による奉幣、あるいは班幣などを行ってきた。しかし平安中期の行幸成立までは、あくまで代理による遣使派遣のみであった。飛鳥諸宮や藤原宮・平城宮・長岡宮まで、それぞれの都の近辺には守護神に位置付けられる神社が存在し、歴代天皇の行幸はたやすいのになぜか実施しなかった。たとえば平城京の七十余年間、八代の天皇は一度も春日社行幸をしなかった。初めて春日社行幸の行われたのは、平安京へ遷都後の一八五年も過ぎた永祚元年(九八九)、一条天皇の時であった。春日社は平城京内裏からわずか五キロに満たない距離である。それぞれ都の周縁に鎮座し至近の距離にありながら、なぜか神社行幸をしていない。祭祀王としての天皇の特性からしても信じられないことと云わねばならない。

その二は、神社行幸が成立してのちも、その儀式における天皇の動勢をつぶさに見ると、神域の入り口で天皇のみが踏みとどまり、神前に臨まない事である。内裏における宮中祭祀を除き、一般諸社の神祇空間の奥深くまで参入していないことである。いわば、神前に立たざる天皇の姿を、そこに確かめることができる。祭祀王と呼ばれる天皇が、一体なぜこうした不可解な姿をとるのであろうか。そのまま短絡的にいえば一見して、天皇の神祇不拝との結論をみちびきかねない、それは意外な姿である。神社行幸は平安中期に成立し鎌倉末期に至るほぼ四〇〇年間に推定約二五〇回行われたとみられる。行幸の残された資料を見ても神前に臨まざる天皇の姿を確かめることができ、しかも例外はない。

このように神社行幸の儀礼空間において、天皇は神域深く参入せず一見して不可解な行動がみられる。これらはいかなる意味をもつのか。それは、おそらく王権と神祇との関係を象徴し、儀礼的に表現するものであろう。

神社行幸に関する先駆的論考に、大正七年（一九一八）に書かれた八代国治の「天皇と神社の祭神」[4]がある。この中で八代は、①なぜ天皇は神社にまつられないのか、②神社行幸に際して天皇はなぜ直接に参拝しないのか、という最も初歩的な、それゆえ根源的な問いかけを行っている。①について香椎宮・石清水八幡宮などの例外はあるとした上で、二つの設問に対して次のような結論をみちびいている。

まず基本的に「天皇の位は天祖天照大神の御位であり、天皇は現世における天照大神である」とする。その証明として代々の宣命「現御神止大八島国所知須天皇我大命詔良摩止宣」と示す通りである。あるいは万葉集にも散見する「おおきみは神にしませば―」とある通りだとする。そこから結論として、天皇は現御神だから神社にまつられない。これを敷衍すれば（明言していないが）天照大神がすでにまつられているから改めてまつる必要はない、と示唆。「天皇なる大御神は生きて坐しつつ、現御神として諸々の神々をさえ従属し給うとのみ信じ来れる」と言い切る。だから直接に神社へ参拝しない、天皇は諸社の祭神に位階を授ける理由もそこにある、とした。

八代以後、この問題に言及したものは無く、その後七十余年をへて神道史学の立場から岡田荘司が次の様に反論した。[5]「平安期以降、直接天皇が自ら遣使奉幣を定例とし、行幸においても同様の措置がとられた。天皇は皇祖天照大神の祭り主であり、諸神社の神々を直接出かけて親祭する立場にはなかった。飽くまでも勅使差遣の祭祀が天皇による天神地祇祭祀の原則であり、天照大神以外の個々の神社への天皇親祭はありえないという根本観念が存在して貫かれていた」と。まず岡田は、天皇を現御神とし天照大神とみる「八代説をそのまま素直に受け入れることはできない」とし、別の理由をもとめた。うがった見方をすれば、そうは云っていないが、現御神論は神学の領域として回避しているようにもみえる。ともあれ天皇は、天照大神の親祭のみを直接任務とし、その他の諸神へは勅使差遣による間接祭祀[6]が原則であったことを指摘、神前に立たざる天皇の意味を説明した。

そこで本稿は、先学のこうした所論を踏まえ、王権と神祇の関わりを多角的により鮮明に浮かび上がらせるために、まず典型的な例として賀茂行幸を取上げ、ついで天皇と上皇との相違を日吉御幸で、寺院行幸の例として古代畿内の諸寺の例、また山門行幸を通じて社寺間の違いにも言及し、いずれも儀礼空間の場において、行幸の実態をあきらかにしたい。

一　賀茂行幸―神前に立たざる天皇

寛仁元年（一〇一七）一一月二五日、『小右記』に記された賀茂行幸を見よう。これを選んだのは記主である実資が行幸の重要な役である上卿を自ら奉仕、しかも記述が詳しく、神社行幸の初例である天慶五年（九四二）から七五年を経て、儀式として恒例化した時期のものだからである。行幸の実態を分かり易くするため『賀茂御祖神社絵図』(以下『鴨社古図』と称す)[7]をもとに作図した図1で、次第をたどろう。

後一条天皇は御年九歳の幼帝、母彰子と共に葱花輦に同輿。彰子は摂政道長の娘、その道長も唐車にて供奉。皇位安泰を祈願して母、祖父相伴っての代始の賀茂行幸であった。[8]巳二點、南殿出御。下社到着は午刻(正午)。入御された「御所」(木工寮が作った仮舎)ですぐ祓いが行われ、饗饌(昼食)をおえた。蔵人頭の合図で、天皇の前に御幣・神宝、舞人・馬などが並び、御禊。ついで上卿、御簾の中で御幣二本を天皇に進めると、これを御拝。このあと「奉仰参御社」ついで「到社頭」とある。つまり「御所」の位置は「御社」と「社頭」に至らない外の場所ということになる。しかもこの後、進行する次第から天皇の記述が消える。天皇のみ(母后も同座か)「御所」に取り残された形だ。しからば「御所」の位置はどこか。下社の「神域」は、鴨川以東の高野川との間で形成される三角州状の平地、今日「糺の森」と呼ばれる区域である。鴨川には今日のように恒久的な橋が無く、防鴨河使を置いても氾濫ごとにひんぱんに流失した。その橋を渡り河原を過ぎて木立に入った所が「着給下御社」であろう。まず、行幸・御幸に供せられた施設を、『鴨社古図』に描かれた「神館御所」とする見方がある。[9]しかし上下社とも「御所」は木工寮が造作した臨時のものであり、常設の「神館御所」には該当しない。したがって図1では、「御所」を建物群で構成される内域の外、糺の森の西側の一角①と仮定しておこう。

仰せを奉じ、天皇を御所に残し、上卿はまず御幣(天皇の拝んだもの)、神宝、舞人、陪従を率いて社頭に到着、[10]おそらく楼門を入ったところで剣を解き、手水をし、②舞舎(舞殿)の座に着く。すでに中門前③には御幣、神宝が奉安され、内記が宣命を進める。上卿は両段再拝し、宣命奏上、再び両段再拝。禰宜を召し宣命を渡し(本殿に納める)この間、馬が引き立てられる。祝は上卿に神宣(神の言葉・返祝詞)[11]を伝える。上卿、拍手すると、人々もこれに応じる。御幣・神宝が社司(禰宜・祝)に渡される(本殿に納めたものであろう)と、ついで馬が三周し、上卿は舞舎を下り西南の舎(勅使殿であろう)④に入る。ここで社司達に加階が行われる。牽馬がおわる

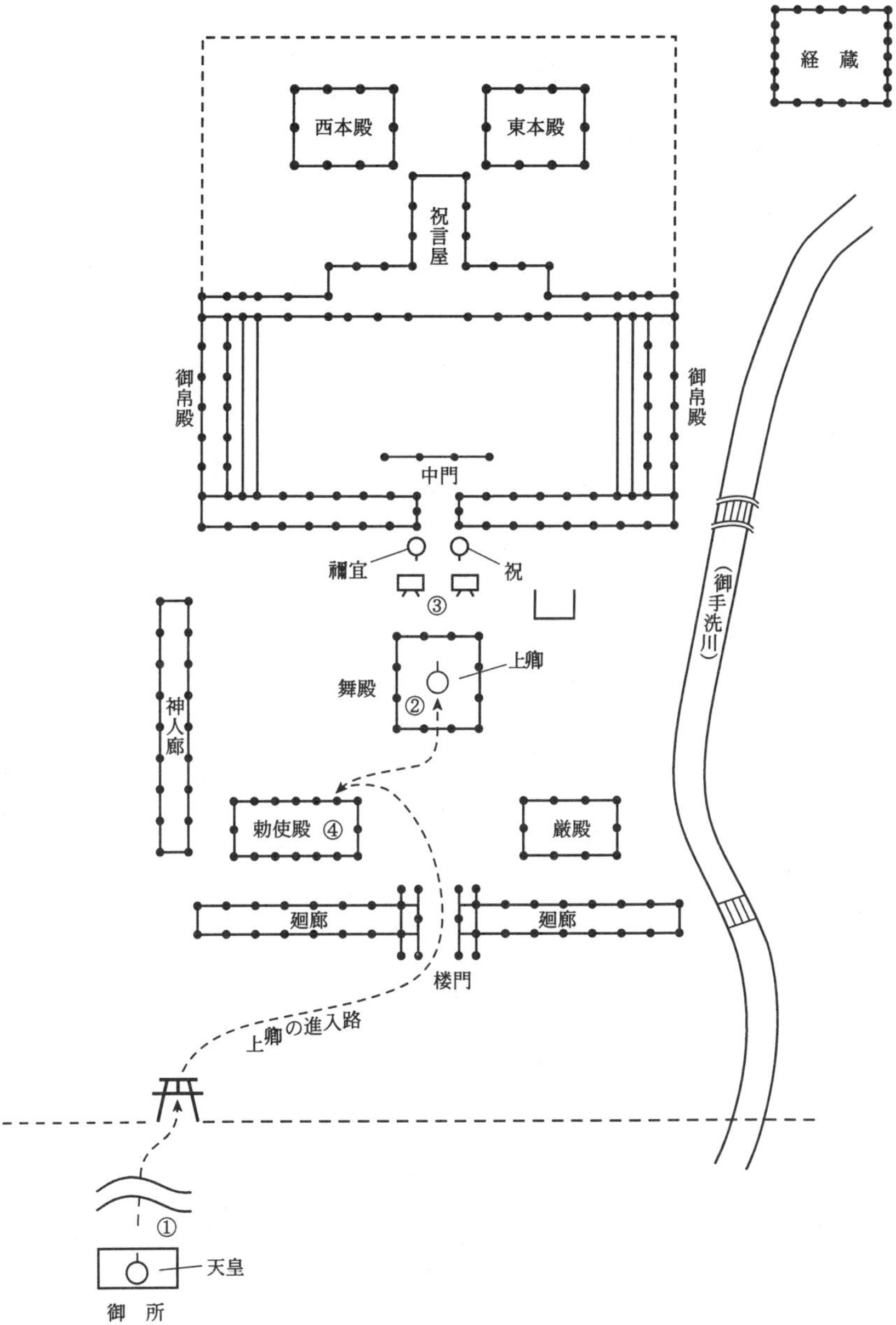
経　蔵
西本殿
東本殿
祝言屋
御帛殿
御帛殿
中門
禰宜
祝
③
上卿
舞殿
②
神人廊
勅使殿 ④
厳殿
廻廊
廻廊
楼門
上卿の進入路
(御手洗川)
①
天皇
御　所

図１　賀茂御祖神社絵図

と、舞舎上で先ず東遊、神楽、ついで馳馬（走馬）、舞楽の大唐・高麗・龍王・納蘇利を奉納。おわりて禰宜・祝に勧賞（禄）をたまわる。事終り黄昏（夕方五時ごろ）が迫っていた。陪従・舞人を従え、「御所」に参り天皇に対し、蔵人頭は「御願平安奉果之由」を奏上、また祝の申す趣（鴨大神の言葉）を伝えた。そして下社の儀の一切はおわり上社へ向かった。ここで注目すべき諸点を挙げよう。[12]

(1) 天皇は楼門内に一歩も参入せず、終始、門外の仮設の「御所」で長時間控えている。祭祀は代理の上卿以下がつとめる。

(2) 天皇の拝礼作法は、御麻と贖物による御禊の後、「御所」の御簾の内で二本（二祭神のため）重ねた御幣を「御拝」し、これを上卿から社司に伝え、神前にたてまつる。

(3) 儀式は約四時間を要すが、この間天皇は「御所」内にとどまり長い沈黙の時を過ごす。

(4) 行幸は、天皇の代理として上卿が、神の代理として祝が勤める、間接祭祀である。

(5) 行幸の主旨は「御願平安」すなわち玉体安泰を、まさに王城鎮護の社に祈るものである。

こうした儀礼の分析を通じて、さらに次のことが帰納されよう。すなわち、天皇は王権の主体者として神祇に対し畏敬の念を持ち、安泰を祈り、頼むところはあるが、常に一定の距離を保っている。限りなく近づきながら決して神前に立つ事は無い。少なくとも拝礼はあっても拝跪は無い。岡田莊司のいう、天皇は天照大神のみを「親祭」し、諸神への「親祭」は無かった、との断定は正鵠を得ている。ただし、それでは諸神＝一般神祇をなぜ直接拝んではならないのか、理由とその説明が不十分である。

賀茂社は本来、山背国に鎮座するカモ氏の祖神であり在地の社であるが、遷都により王城鎮護の神（社）として社格が上昇、規模が拡大していった。一体、天皇にとって賀茂社は何なのか、そもそも何のために行幸をするのか。そこで更に行幸の本義を深く窺う、儀礼の場における言葉の世界を明らかにしよう。

これまでの祭祀研究には〈カタチ〉を通じた儀礼へのアプローチはあっても、ややもすれば端的に祭祀の目的を表明する〈コトバ〉の世界、祝詞（あるいは神楽の詞章も含めよう）もふくめたトータルな研究は少なかったようにおもう。細分化された専門性も重要だが、総合性による確かさはより本質に近づけよう。

寛仁元年の後一条天皇賀茂行幸に際し奏上された宣命が残されている。②の舞舎で上卿実資が奏上した宣命で、次の様な内容である。

天皇の意志を体して賀茂皇太神の広前に畏んで申すのは、年来願っていた事は霊験あって叶い、御礼申し上げようと金銀御幣、錦蓋、餝太刀など様々の神宝、走馬、東遊、さらには愛宕郡を神郡として奉納します。そして「皇大神此状を平く安く聞食て、弥いよ感応垂れて、天皇朝庭を宝位動くこと無く、常磐に堅磐に夜の守り日の守りに護り幸へ奉り給い、四海清く平に、万民安楽にして水旱飢疫の難を未兆に払退け、農圃・蚕養の業を年毎に豊に登らしめて、唐尭に同徳の漢文にひめて、叡慮の剋念に違い無く、必然に護恵み奉り給へと恐み恐みも申賜はくと申す」というもの。これには辞別も付属し、同道した皇太后を「母儀の風いよいよ芳しく万歳千秋までに」守り賜へと添えている。

後一条帝このとき九歳、治世というにはいまだ幼く、この世がひたすら平安に、飢饉にならず農業養蚕を豊かにと願意をのべる。そして願いの一点を述べれば、賀茂大神が神威を垂れ「天皇朝庭（廷）を宝位動くこと無く」の章句、すなわち賀茂大神による天皇＝王権守護の願意が表明される。

一方、これだけにおわらず賀茂社の古儀として、今度は神から天皇へのコトバが祝を通じて発せられる。この問題についてすでに言及した(13)ので再論しないが要点だけのべよう。

賀茂社では古来、行幸あるいは賀茂祭に際し、天皇の代理使（上卿、勅使）が宣命を奏上した後、幣帛が本殿内に納められると、折り返し祝を通じて神の言葉が天皇の代理に伝えられる。その作法は舞殿中央に坐った代理に対し、庭上の案の上に神禄の葵を置き、案前に蹲踞した祝が微音で奏上するもので、読み終わると祝と上卿の間で合せ拍手を交わす。祝家（鴨脚家）の専職とされた返祝詞の原文をここに掲げる。(14)

行幸の時、申す返祝詞

皇太神の広前に奉りおはします、金銀の御幣色々の神宝・神馬・走馬・東遊・御神楽・左右舞楽、御らくやうけいば、照しをさめおはします。天皇のみあてにおのつから参りよるべからむ悪事をば、他方に払へしりぞけ奉りおはします。御宣命にまふさしめおはしますま丶、一事もあやまたず、みてかなへおはします。宮中には夜のおどろき、昼のさはぎなく、安穏平安に守りはぐくみ奉りおはします。天下おだやかに守りたすけおはしまさむ。今日の御供奉の関白殿下・大臣・公卿、殊には勅使・舞人・陪従・したべの諸官等に至るまで、事ゆゑなく守りたすけむと、皇太神の仰せを給ふ命をうけたまはりて、榊葉の御かざしにいはひこめて伝へ申す。

天皇	（上卿）	返祝詞 ← → 宣命	（祝）	賀茂大神

表1

これは神意のコトバ化、というよりは、まさに神の言葉である。天皇に対して鴨大神が伝え述べたコトバ＝返祝詞である。ただしこの返祝詞が、寛仁元年度のものか確証はない。金銀の御幣をはじめ供献物が全て一致し、競馬（馳馬となっているが）もあり、かざしが榊葉であることも、この時は一一月であったから矛盾はない。しかも返祝詞はほぼ定文化されたものであったから、寛仁度の後一条帝に申された返祝詞とみてほぼ間違いないのである。さて内容であるが、天皇手ずから執り、そして拝んだ金銀の御幣以下すべて、「照しをさめおはします」とはやや不明だが、あきらかに照覧し嘉納したとの意であろう。そして「天皇のみあてにおのつから参りよるべからむ悪事おば、他方に払へしりぞけ奉りおはします」生身のましてや幼帝であってみれば、天皇といえども降りかかる禍事を「厳神」とよばれた賀茂の威霊によって払い除けねばならない。「宮中には夜のおどろき、昼のさはぎなく、安穏平安に守りはぐくみ奉りおはします。天下おだやかに守りたすけおはしまさむ」漢語でいえば玉体安穏、天下太平ということであろうが、やすらぎ、たいらぎを祈請するすぐれた表現である。王権守護の保証と願いが、やわらかな大和言葉で表明されている。

この賀茂大神の言葉（神意）は蔵人頭によって天皇に「御願平安奉果之由」と伝えられる。この「奉果」は通常「奉加」であるが、誤りではなく、願いを果たし奉る、との意でこのままでよい。このコトバの交感はすべて微音でなされる。

こうした神社行幸の宣命、返祝詞など儀礼の場において交わされるコトバ、天皇と賀茂大神、すなわち王権と神祇のコトバの照応関係に驚くほかはない。これは表1のように表わされる。そして、さらにいえば天皇＝王権を守護する神祇の役割と関係が鮮明に浮かび上がってくるのである。

二　行幸と御幸の相違点

八代国治は、天皇を現御神といい現世における天照大神とし、それゆえ天皇は諸神を直接拝まない、とした。しからば退位した天皇、すなわち上皇の神祇への対応はどうなのか。次に掲げるのは『中右記』の寛治五年（一〇九一）二月と三月に日吉社でわずか一ヵ月をおいて御幸と行幸が行われた例である。同一神社である事、短期間に相次いで行われた事など比較できる好例である。さらにまた注目されるのは、周知のごとく日吉社は、中近世を通じ畿内でいえば石清水・祇園・北野などと共に宮寺として事実上僧侶が実権を握り、座主を頂点とする宮寺体制の中にあった。習合化の著しい宮寺型神社であれば、先にみた賀茂行幸と何らかの相違があるのではないか。ひょっとしたら、寺院行幸に類した門内への参入があるのではないか。こうした諸点を中心に二つの史料を比較検討しよう。

A 白河上皇の日吉御幸（『中右記』寛治五年二月一一日条）

太上皇有御幸日吉社、……巳四點出御……御車、……申剋着御社頭御所、行幸之時御所屋也、先有御禊、舞人引御馬、陰陽師御祓、院別当四位持幣立、陪膳隆宗朝臣、殿上五位盆供、次上皇入御々社、不供筵道、参以（御）微行、舞人前行、中宮大夫候御衣尻、内大臣……扈従、此外公卿有所憚不参、昇立神宝、御拝、次着御々休所、中門東廊、行幸之時上卿座云々、廻御馬、三度、次東遊、次音楽、……次御神楽、……次御経供養、座主良眞為御導師、金泥法華経一部、布施・被物等院司殿上人等取之、又被修御修法、料布等積案立御在所東、子剋許事了、微行還御本御所、舞人馳御馬、了人々各退下、

B 堀河天皇の日吉行幸（『中右記』同年三月一一日条）

有行幸日吉社、卯剋御出南殿、……乗輿……巳時着御社頭御所、有御禊、先昇立神宝、次舞人引御馬……御禊了有御拝間、上卿持御幣立、次上卿給挿頭花……次給舞人・陪従等挿頭花……此間雨止、上卿率神宝・舞人等参入社中、先奉納於神宝御宝前、次上卿進舞殿、読宣命再拝、了着東中門廊、為上卿座、次舞人引廻御馬三度、経廻御在所並舞殿、次東遊、次発乱声、先左振鉾、次右振鉾、次左右共合振、次曲楽、左万歳楽六人、賀殿・陵王、右延喜楽・地久・納蘇利、此間上卿以行事史召座主（良眞）、仰勧賞由、……又社司等或加級、或給爵……事了上卿帰参御所、奏事由、次座主並僧正法印進御所、奏慶賀由退出、公卿着庭中座、舞人上御馬一々馳之、了給禄、于時日景已及申時、寄御輿還御、

さて、両幸を比較検討する前に、分かりやすくするため「日吉社西本宮境内図」（図2）を掲げる。中世の情況を記録したとされる『行丸絵図』[15]を基に平面図にトレースしたものである。また『中右記』の両幸記事について煩雑になるので、行幸と御幸の相違点を整理し比較対照した。

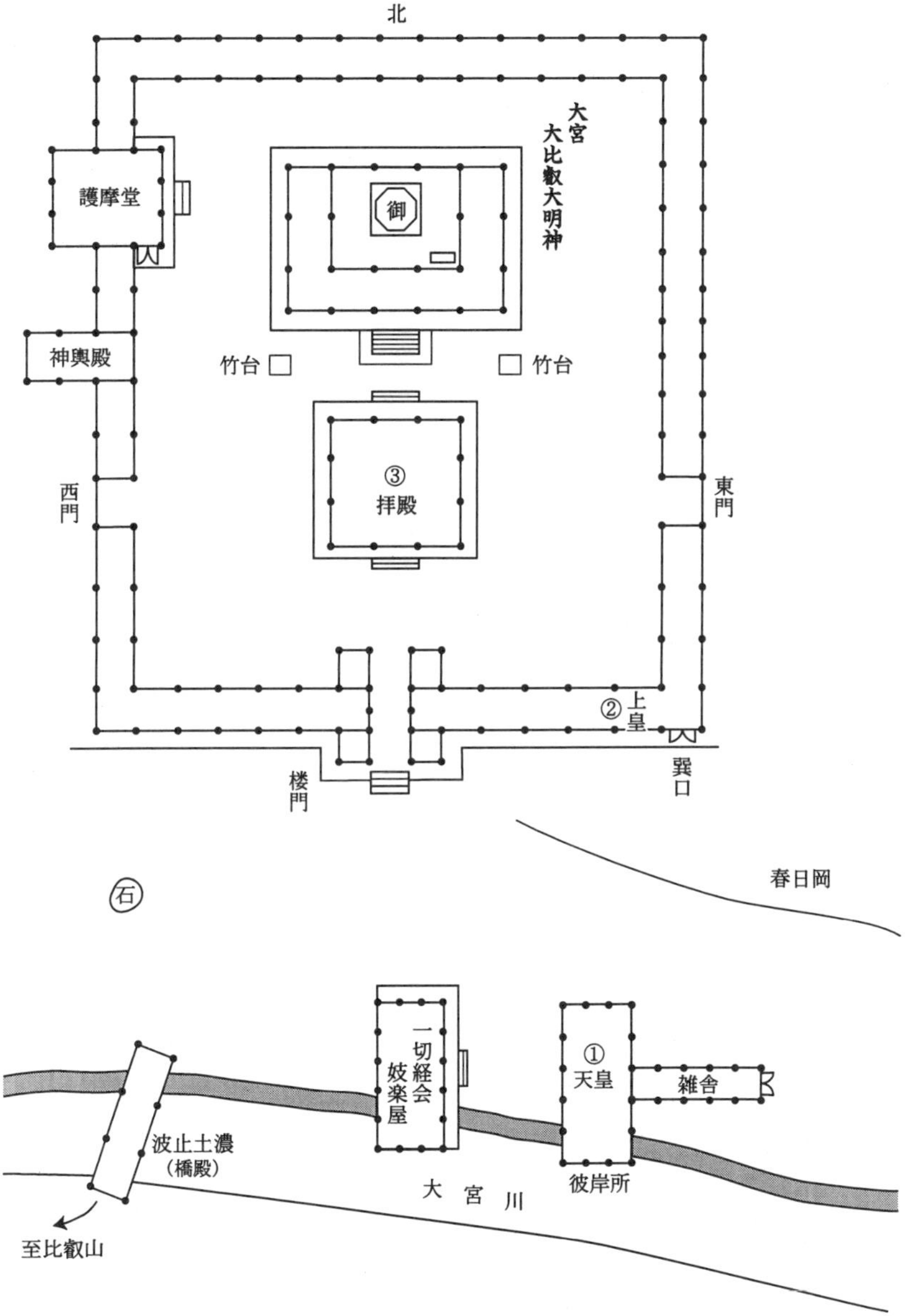

図 2　日吉社西本宮(大宮)境内図

日吉社行幸と御幸の比較

要点	行幸	御幸
乗り物	御輿	御車
本座	御社頭御所（彼岸所）①	東中門廊②
拝礼座	〃（〃）①	御社（舞殿）③
次第	基本的には同じ	基本的には同じ
供献物	神宝	神宝・盆供？
舞楽等	東遊・乱声・振桙・万歳楽・賀殿 陵王・延喜楽・地久・納蘇利	東遊・六曲（曲目不明）・御神楽
挿頭花	上卿に挿頭花	なし
独自の儀	なし	御経供養・御修③
復命詞	上卿が御所で奏上①	なし
所要時間	巳～申（六時間）	申～子（八時間）

まず天皇として明らかな区別があるのは、乗り物が御輿であること、入御される場所が社頭の門外であること、である。白河上皇の御幸では、一旦社頭御所に入ったものの、御禊・祓の後「次上皇入御々社」とあって、具体的に「中門東廊」へ着御と特定され、門内の神域へ参入し、行幸とは根本的に違う。つまりかつて天皇であっても、退位して上皇となるや神祇の内部空間への参入が可能となる。また牽馬・東遊・神楽など行幸と共通するが、御幸で特徴的なことは、上皇の前で良眞座主を導師とした御経供養、さらには御修法を行っていることだ。行幸には無く、御幸では神前における仏事が可能だったのである。当時すでに宮寺として延暦寺と神仏習合体制にあ

った日吉社であれば、行幸時に仏事を双修することはたやすいことであった。本地垂迹説が及び宮寺型の日吉社であれば次節で述べるように寺院の門内へ参入してもよい様にもおもわれる。しかし天皇に限り不文の、厳しく規制する一種タブーが存在したのである。神前に天皇であればこそ為されない、あるいは行ってはならない神仏の隔離意識があったと見るべきであろう。こうした天皇の神祇と仏教への対応の相違点は、寺院行幸の問題として次節で取上げる。

しかし天皇が神祇の内部空間への直接参入が許されず、上皇なら許され、さらには神祇の前で仏事さえ許されるのは何故だろうか。その理由は、天皇のみが持つ宗教的権能に求めざるをえない。言換えれば、天皇に在って上皇に無い点に由来しよう。天皇のみが有する宗教的権能、専権事項、それは天照大神を親祭する事である。仮に天皇の父（上皇）であっても、退位するや否や、親祭は許されない。岡田莊司は次のように指摘した。「平安期以降、直接天皇が自ら祭りごとを執り行う天皇親祭は、六月・十二月の神今食と十一月の新嘗祭の三度に限られていた。この時のみ皇祖天照大神の祭り主であり、諸神社の神々を直接出かけて親祭する立場にはなかった。（中略）天照大神以外の個々への天皇親祭はありえないという根本観念が存在して貫かれていた」。岡田に上皇への言及は無いが、上皇への視点は岡田説を補強することになろう。かつて天照大神を親祭した上皇といえども、退位するやその祭祀権を失う。皇位を失ったことにより、上皇は諸神（ここでは日吉社・大比叡大明神）の前に立つことが出来、さらには仏事さえもが執行できた、といえよう。

三　古代の寺院行幸―寺域に入らざる天皇から、拝跪する天皇へ

それでは次に天皇は仏教にどう対処したか。皇祖天照大神、そして一般神祇への対応と異なるところがあろうか。神祇と仏への対応の差異は寺院行幸をみることによって明らかとなり、神祇と王権の関係も一層明瞭になろ

う。ここで視点を変え、寺院行幸の問題をみてみよう。

天皇と仏教の初めての接触は、欽明天皇一四年（五五二）に百済の聖明王が仏像・仏具・経論の献上、即ち、いわゆる仏教の公伝の時であろう。『日本書紀』は欽明天皇がはじめて「釈迦仏の金銅像一躯」を拝見と伝え、「聞しめしおわりて、歓び踊躍り」「献れる仏の相貌端厳《みかほきらきらし》」と、率直な仏への感動と並々ならぬ心情をしるす。そして注目されるのは、仏を「他国の神」「異国の神」と認識したことで、日本の神々とは出自と場（国）を異にするものの、異国あるいは異形の神として、理解と認識がほぼ同一線上にあったことである。とはいえ祭祀王として受容へのためらいがあり、同天皇は群臣に対し「いやま（礼）う可きやいなや」と問うが、排仏・崇仏の争いの末、結局難波の堀江に捨てるに至る。こうした仏教初伝の時期を経て、一二〇年後、天皇が単なる帰依を超えて寺院を公的に行幸した。

『日本書紀』天武六年（六七七）八月一五日条に「大設斎於飛鳥寺、以読一切経、便天皇御寺南門、而礼三宝、是時、詔親王諸王及群卿、毎人賜出家一人」とある。

この天武天皇の飛鳥寺行幸は寺院行幸の初見である。簡略ながら飛鳥寺の南門と天皇の拝礼位置を具体的に明示していることが注目される。飛鳥寺は、いうまでもなく本来蘇我氏の私寺で飛鳥時代（推古四年・五九六）の創建になり日本最初の伽藍であった。いわゆる飛鳥式は、ほぼ正方形の回廊で囲まれ、中央に仏舎利をおさめる塔が位置し、これを囲むように北、東、西に三棟の金堂が配置される。つまり一塔三金堂を中心に回廊をめぐらしているのである。回廊の南に中門、その手前に南大門が立つ。また回廊の外、後ろの正中線上に講堂が配される。この伽藍に「天皇は寺の南門に御す」とあるから、天武天皇は中門を境に塔と三つの金堂を配した回廊内に一歩も参入しなかったことになる。しかも中門前では無く、さらに手前の南大門にて三宝（仏）を礼拝したことになる。ただ作法までは記述からは窺えないが、表記でいえば「拝」ではなく、「礼」であった。拝も礼も同じようであるが、拝ではなく礼であったことは、仏に対する天皇の在りよう（作法）が少なくとも拝跪ではなく、「異国の神」として距離をおいた対等のものであったことが窺える。天武天皇の飛鳥寺行幸が、南門において仏を礼敬する形であったことが確かめられる。

既述の通り、平安中期に成立した神社行幸が鎌倉後期の中断まで一貫して、天皇は祭祀の場である楼門内に一歩も参入しない原則が確認されたが、これは飛鳥時代の当初の寺院行幸も同じく南門に入らない作法と同一であり、むしろこれを踏襲したとみられる。こうした共通性は何を意味するのかにわかに判じがたいが、神であれ仏であれ、（賢所内の皇祖神の祭祀を除き）畏敬の発露として礼を尽くしても、天皇は神・仏の占有空間には参入しないという不文の原則があったとみられる。先に言及した、神社行幸における「神前に立たざる天皇」の作法の源流は、むしろ七世紀後半の飛鳥時代の寺院行幸に求められる。仏教伝来初期は仏前に立たざる天皇だった訳である。こうした二百六十余年の隔たり、そして何よりも神仏の違いを超えて、同様の事実を短絡的に結びつけることは危険だが、あながち牽強付会ともいえまい。なぜなら、すでに『日本書紀』は王権が仏を異国の神と捉え、日本の神と相貌が異なるものの、ほぼ同一線上に見据えられていたからである。天皇が祭祀王として異国の神＝仏と、はるか後代の神祇への対処（作法）が同一であったことは、きわめて注目される。

天武天皇はこのあと同一四年五月五日、再び飛鳥寺で[16]、同一四年八月一二日に浄土寺[17]、翌一三日には川原寺[18]と相次いで三ヵ寺に行幸しているが詳細は不明である。天武天皇は在世中に四度の寺院行幸をされ、寺院行幸の先鞭をつけられた天皇であった。

ついで寺院行幸で注目されるのは聖武天皇である。まず『日本紀略』天平一二年（七四〇）一二月一三日条に「幸志賀山寺、礼仏」とある。志賀山寺は、七世紀後半に建立された崇福寺のことで、「礼仏」とあるのみで詳細は不明。また同一六年一一月一三日条に「甲賀寺始建盧舎那仏像体骨柱、天皇親臨、手引其縄、于時種々楽共作、四大寺衆僧僉集」とある。甲賀寺建設の途中、盧舎那仏造立の工程に聖武天皇自ら綱を引き参画されたもので、完成前の異例な寺院行幸といえよう。こうした造寺の途中にまで行幸した天皇は珍しい。以下、『続日本記』によって記す。同一八年一〇月六日条。

天皇、太上天皇、皇后行幸金鍾寺、燃燈供養盧舎那仏、仏前後燈一万五千七百余坏、夜至一更、使数千僧、令擎脂燭、讃嘆供養繞仏三匝、至三更而還宮

金鐘寺は東大寺の前身で聖武天皇は元正上皇、光明皇后と共に行幸した。二代の天皇と皇后が相そろって盧舎那仏（鋳造前の模型とされる）の前に列したのである。仏の周囲を囲尭するおびただしい灯明、そして数千と記された僧侶。やがて供養の法会が開始され、脂燭をささげ盧舎那仏を讃嘆しながら三匝する。厳かに読経の響きわたる仏教空間に天皇自身が列して随喜したのである。なお法会は続き三更（午後一一時～午前一時）に至り天皇たちは還宮したという。ここに天皇自身の所作は記されていない。しかし四時間に及ぶ長い時間は、単なる儀礼を超えた信仰の領域に入っていたと云わざるを得ない。そこには二年前、甲賀寺で手ずから盧舎那仏造立に参加したことに続く、いちだんと深められた仏教信仰を物語る法会への参加の様子がみてとれる。聖武天皇の深い仏教信仰に根ざした寺院行幸である。天平勝宝元年（七四九）四月一日の条。

天皇幸東大寺、御盧舎那仏像前殿、北面対像、皇后・太子並侍焉、群臣百寮及士庶分頭、行列殿後、勅遣左大臣橘宿祢諸兄、白仏、三宝乃奴止仕奉流天皇羅我命盧舎那仏像能大前仁奏賜部止奏久（以下の宣命は省略）

ふたたび聖武天皇は皇后、太子の阿倍内親王をともなって東大寺に行幸。なお注意を要するのは、この時点の東大寺は現在みるような大仏殿や回廊、中門、南大門は全くなく、造立途中の大仏が光背も無く塗金もされない状態であったことだ。そして入御したのは盧舎那仏の「前殿」であるが、これは礼拝の為の「礼堂的な仮建物」[19]であった。その一三日後の四月一四日にも東大寺前殿に行幸している。そして前殿に入った天皇が像に対して北

面して立ったことは興味ぶかい。じつはこれまで社寺行幸の事例を挙げて考察をくわえてきたが、行幸に際して位置までは何とか押さえられた。しかし所定の場所で、一体天皇はどちらを向いて、立っていたのか、それとも坐っていたのか、記述はなく不明であった。とりわけ入御した天皇の本座の方位は、天子南面の思想からみて、天皇と神祇、あるいは天皇と仏の在り様、関係を象徴的に示すものとして注目される。たとえば、南面する神・仏の前にあっても、天皇が西面、あるいは東面する、いわゆる横座の場合と、北面する場合とでは全く意味が異なる。その意味で聖武天皇が仏前の真近に北面して位置についたことは重要である。さらに天皇の座は、敷物を敷いた坐礼ではなく御椅子であったと推定するが、天皇の左右に皇后、皇太子が並び、前殿の後ろに群臣百寮や庶民たちが分かれて並んだ。そして勅使として左大臣橘諸兄に宣命を代って仏前に奏上させたのが「三宝の奴と仕えまつる天皇」と冒頭に述べる宣命である。云うまでもなく宣命とは天皇の意志をコトバで代弁させたものである。「三宝の奴」は「仏の臣」[20]すなわち、「仏の臣として仕えまつる天皇」として聖武天皇は自らを位置付け、「百官の人たちを率いて礼拝（おろが）み仕え奉る事を、掛けまくも畏き三宝の大前に、恐み恐みも奏し賜はくと奏す」と、その眼前で代読させたのである。聖武天皇は皇后・皇太子、そして諸官を率いて仏に真向かい、仰ぎ、自らを仏の臣と仕えるものとして、地位と立場を自己表明し、礼拝したのである。

既述の通り未完成の東大寺であったから、十全な意味での行幸といえるかどうか検討を要するが、聖武天皇がはじめて寺院行幸の場において仏に仕える存在と宣言し、自らを位置付けたことは重要である。

聖武天皇はこのあと天平勝宝元年七月、皇女に譲位、即位した孝謙天皇は同年（七四九）一〇月九日初めての寺院行幸をする。[21]すなわち「行幸河内国知識寺、以外従五位下茨田宿祢弓束女之宅、為行宮」とあって父聖武天皇に習ったものだ。そして折しも東大寺造仏を助けるため宇佐八幡の神が託宣を発し、都へ入った。この時の様子を、同年一二月二七日の条は次の様にしるす。

八幡大神祢宜尼大神朝臣杜女、其輿紫色、一同乗輿、拝東大寺、天皇、太上天皇、皇太后、同亦行幸、是日、百官及諸氏人等咸会於寺、請僧五千礼仏読経、作大唐渤海呉楽、五節田舞、久米舞、因奉大神一品、比咩神二品、左大臣橘宿祢諸兄奉詔曰神曰　天皇我御命尓坐申賜止申久、去辰年河内国大県郡乃知識寺尓坐盧舎那仏遠礼奉天、即朕毛欲奉造止思登毛得不為之間尓、豊前国宇佐郡尓坐廣幡乃八幡大神尓申賜閉勅久（宣命以下略）

すなわち孝謙天皇は父聖武上皇、母光明皇太后と共に東大寺に行幸し、百官および諸氏を率いて集まった僧五千を招いて礼仏読経をし、大唐、渤海、呉など異国の歌舞や五節の田舞、久米舞なども奉納した。この時の宣命は天平一二年に河内国知識寺で仏を礼拝した事が聖武天皇の造立の動機となった故事を記している。孝謙天皇もまた父の意志を継ぎ、まだ未完成の盧舎那仏の前に立ち、天皇として読経の流れる仏教空間に身を置き、法音に浴したのである。ここにおいて七世紀中頃まで守られた天皇が仏域には参入しない原則を破り、父子二代の天皇によって、一種の結界とも云うべき寺院の門を超え、ためらいも無く仏前に参入したのである。天皇みずから深い仏教信仰に根差した寺院行幸を展開したことは画期をなすといえよう。さらに宣命では、八幡の神が天神地祇を率いて造仏を成就に導いたことが述べられ、神祇が仏を助け、神仏相和した、後の神仏習合の濫觴が認められる。辻善之助が指摘した「神明は仏法を悦ぶ……神明は仏法を擁護する」という神仏習合の初期段階であり、「神は仏の化現したものである」という本地垂迹の遥か前の段階である。(22)

このあと『続日本紀』に「廃帝」としるされた淳仁天皇の在位六年間に寺院行幸は無い。ついで重祚した称徳天皇は寺院行幸を再開する。天平神護元年（七六五）一〇月三〇日条「幸弓削寺礼仏、奏唐高麗楽於庭、刑部卿従三位百済王敬福等亦奏本国舞」。本条は、天皇が太政大臣禅師に就任した道鏡に対し、文武百官を礼拝させるという異常事のあと、弓削寺に行幸したものである。礼仏とあり高麗楽など奏し、やはり弓削寺の堂内に参入した拝礼とみたい。翌年の神護景雲元年（七六七）三月、たて続けに西大寺法院、大安寺、薬師寺と行幸している。[23]

さらに注目されるのは、重祚による二度目の大嘗祭で豊明節会に際し群臣へのべた宣命である。

朕は仏の御弟子として菩薩の戒を受賜て在、此に依て上つ方は三宝に供奉、次には天社国社の神等をもゐやびまつり、……神たちをば三宝より離けて、触れぬ物ぞとなも人の念ひてある、然るに経を見まつれば、仏の御法を護りまつり尊みまつるは、諸の神たちにいましけり、故是を以て、家を出でし人も白衣も相雑りて供へ奉るに、豈障る事はあらじと念ほしてなも、本忌まずして、此の大嘗は聞しめすと宣ふ御命を諸聞き食へと宣ふ

父聖武天皇の時、自らも皇太子として参列した東大寺行幸で、すでに「三宝の奴」と称しているが、さらに即位儀礼の中で群臣に対し「仏弟子」として「菩薩の戒を受賜て」と宣言したのである。大嘗とは、いうまでもなく皇祖天照大神に対して由紀・主基の二殿において天皇の手で献饌し自ら共食することを中心とする即位儀礼である。厳重な潔斎を経た天皇が丁重なもてなしで天照大神と共食することで神性を獲得する儀、とすれば、これを修し終えた豊明節会で群臣を前に宣言した言葉であるだけに、意味は重い。大嘗祭によって天皇が皇祖と一体化し祭祀王として完結しながら、なお「仏弟子」として「菩薩戒」を受けたのである。そしてこれによって「上は三宝（仏）に仕え、次には天社国社の神たちをうやまう」と、明らかに仏の下に神祇を置いた。仏教の伝来以来、神仏のはざまにあった天皇は、天武において対等で

表 2

天武天皇の神仏関係

聖武・称徳天皇の神仏関係

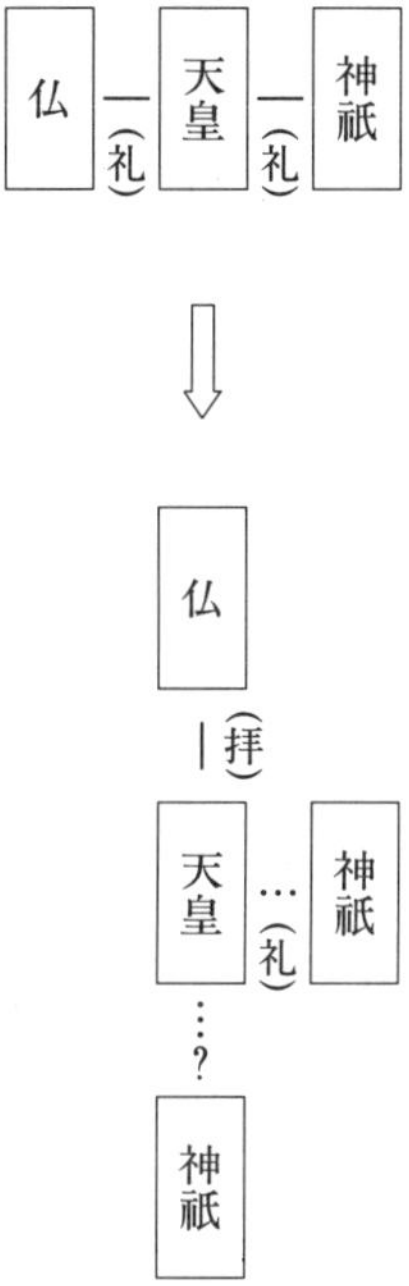

あったが、聖武・孝謙（称徳）両天皇においては仏を頂点に、天皇は自らを下位に、神祇を対等もしくは下位に置くこととなった。古代における、寺院行幸という儀礼空間で天皇と仏の関係を示し、これに神祇との関係を加え表示すると表2のようになろう。

なぜ天皇は、それまでのいわば禁を破って寺院の内部空間に参入したのか。それは他国の神としての仏を畏敬の念による儀礼的地点から、天皇自身が三宝の奴、仏弟子と自称して憚らない全身的帰依によって仏教信仰の地点へ踏み込んだためである。聖武・称徳天皇が信仰の徒となった意識変化のなせる技であり、聖俗の結界である門を越え、ついに仏前に拝跪したのである。古代王権が寺院行幸の場において、儀礼的畏敬から信仰的拝跪へ転化した、これが天皇の仏教空間へ参入した理由の全てである。

四　中世最後の神社行幸—後醍醐天皇の社寺行幸

前節において、古代末期に成立した神社行幸でみせる神前に立たざる姿、基本的姿勢の濫觴を、時代をさかのぼり天武朝成立の寺院行幸に求めることができた。そして神社行幸が平安中期から途絶する鎌倉末期まで、一貫して神前に臨まない。じつは、鎌倉末期に最後の神社行幸をしたのは後醍醐天皇である。同天皇はいわゆる「異形の王権」として仏教とりわけ密教世界に深く関わり、自ら法服をまとい護摩を焚き政敵調伏を行った特異な天皇であった。(24)この自ら密教の修法を行った後醍醐天皇が最後の社寺行幸を行った。平安中期に神仏習合のピークをむかえ全国の神社には必ずといってよいほど神宮寺ないし本地堂を配し、あまつさえ本殿内に本地仏が置かれる状況にあった。とりわけ日吉社は皇子の尊雲法親王が天台座主として検校する典型的な宮寺で、仏教化が著しい。みずから密教修法を行い、倒幕の祈禱を密かに命じていた後醍醐天皇であってみれば、儀礼上何らかの例えば新儀の展開も予想される。その意味でも最後の中世前期神社行幸の実態を確かめておこう。

『元徳二年三月日吉社並叡山行幸記』（以下『元徳行幸記』と称す）は、様々な問題をはらんだ行幸記である。まず中世最後の行幸記であり[25]、延暦寺への寺院行幸も併せて行い、特に背後に極めて深い政治的意図を含む行幸であったことは留意されねばならない。

後醍醐天皇は文保二年（一三一八）三月、三一歳で即位したが、当時の朝廷は持明院統と大覚寺統に分裂し、その間鎌倉幕府が皇位継承に介入した。後宇多上皇の三年あまりの院政のあと親政となった。延喜・天暦の時代を理想とし朝廷による政治の一元化につとめるが、正中元年（一三二四）九月に正中の変がおこり、第一次の倒幕計画が露見し失敗する。このあと皇子たちを有力権門寺院に入れ、まず尊珍法親王を園城寺長吏に、護良親王（大塔宮・尊雲法親王）を天台座主に、宗良親王は後任の天台座主にと、それぞれ就任している。いずれも畿内の有力寺院を取り込む倒幕運動の一環であった。第二次倒幕の計画もやはり発覚し元弘元年（一三三一）日野俊基らが断罪、また文観・円観らも捕縛され、後醍醐天皇も笠置山に逃れるも六波羅探題に捕えられる。ここで取上げる『元徳行幸記』はこの元弘の変のほぼ一年前、元徳二年三月東大寺、興福寺、延暦寺、日吉社の南都北嶺を相次いで巡幸された時の行幸記である。

同天皇が雪降るなかを日吉社に到着したのは星明かりの夜、大宮（西本宮）前の彼岸所に着御。庭上に薦を敷き案三脚に神宝を奉安。贖物にて天皇は御禊を修し、御幣にて御拝。ただちに神宝、舞人、上卿（勅使）以下、楼門内に入る。天皇は彼岸所前の仮屋を「御所」として、留まっていることは寛治の行幸と同じである。上卿は拝殿中央の宣命座に着き奏上、東門廊へ。座主は北廊、禰宜神主は西廊。この配置で宣命の後、賽[26]、牽馬三匝、東遊、神楽、舞楽六曲と約三時間ほどの所要時間であろう。この後勧賞に移り、本来なら座主尊雲法親王が受くべき処譲って権大僧都実守が受けているのは、この行幸に対する同天皇親子の深意が読取れよう。禰宜匡長以下、二四名もの日吉社の神職団が叙位加階の栄に浴しているのも同様である。日吉社も含め僧兵集団を擁した山門勢力の取込みであることはいうまでもない。さて長時間に及ぶ社頭の儀をおえた上卿たちは門外の「御所」に向かい「御願平安の由」を天皇に奏上。すでに夜は白みはじめ馳馬が行われ一切が終わった。要は先にとりあげた堀河天皇の寛治行幸と比較して二四〇年の時空を超え何ら変わりは無い。衰えた朝儀の再興を願い、みずから『建武年中行事』『建武日中行事』をまとめた同天皇であってみれば当然ともいえよう。「異形の王権」と呼ばれた同天皇ではあるが、いささかも神祇に対して逸脱はない。わが親王が座主として控える社頭であるが、それでも神域不入とする神社行幸の原則を固守したのである。

このあと同天皇は比叡山に登る。「中堂の北礼堂三間を皇居にかまへたてまつり、上礼堂のとをり二間、かり日さしをさしつきて、殿上等にしつらはれ、先これへならせ給てのち、講堂へいらせ給へは、左右の楽屋乱声して、腰輿の御まへにて一曲を奏す。御輿は正面の間へよせたてまつる。内陣の礼盤にいらせ給て、御拝のとかに奉らせ給しかは、なにとなく涙のすゝみ侍しは、御願鄭重のいたり、感応しからしめけるにや。東礼堂三間、おまし所にしつらひてすてにいらせ給へは……」。

以上は、まず根本中堂の北礼堂三間を「皇居」すなわち比叡山滞在中の御在所としたもので、秘仏薬師如来をまつる内陣の次の間の礼堂空間に天皇の起居と定めたことになる。神祇に対して神域不入の作法が厳守されたが、ためらいもなく仏教空間に参入、さらには起居し、堂内参籠とも思える在り様である。ついで大講堂では法会が行われ、御輿が直接正面に寄せられ内陣の、導師の法儀の座である礼盤に天皇が着き、御拝。これを拝した記主は感激のあまり涙を以ってしるす。このあと東礼堂三間をおまし所として入御、二〇〇口の衆僧が列し、高座を設け、伽陵頻・胡蝶・乱声・童舞などが荘厳に披露された。三日間の滞在中、根本中堂、講堂、惣持院、無動寺、前唐院、四季講堂と、山内全てに心配りをみせている。いずれも堂内に入っての拝礼とみられる。

次に後醍醐天皇の行幸を語る上で欠かせないのが書写山円教寺である。元弘の変によって天皇は笠置へ逃れるが六波羅の手に落ち、隠岐へ配流となる。元弘三年閏二月、隠岐を脱出し船上山にあったが各地で挙兵が相次ぎ、六波羅が滅亡する。天皇は船上山を出発、京都還幸の途中に立ち寄ったのが書写山円教寺であった。『書写山行幸記』はこの時山内で行幸を取り仕切った修乗坊長吏行春が感激の覚めやらぬ内に記したもので史料価値は高い。これによると、元弘三年（一三三三）五月二六日、書写山衆徒が騎馬に兵具を帯びて迎えた。注目すべき点を列挙しよう。

(1)　書写山行幸で「皇居」としたのは山上の円教寺講堂内であった。元徳の比叡山行幸時に延暦寺中堂を「皇居」にしたのと同じである。

(2)　如意堂外陣に御輿で参入、下輿し正面御座に着き「御體投地」を三返繰り返し礼拝した。そのあと堂内で如意房の「霊像」をつぶさに拝観、性空上人自愛の菩提心論一巻、聖武天皇真筆の金光明経など手にとって拝見。

(3)　性空の本尊「赤栴檀五大尊像」を御拝のあと、天皇は求めてこの尊像をしばし奉戴したき旨申し出あり、すると天皇は尊像を「御懐中」したという。懐深く験力を得たいとの願いによるものであろう。

(4)　後白河法皇ゆかりの香水の故事を述べると、関心を示し内陣に入り脂燭の揺らめきのなか連子を開き御井から自ら竹杓で香水を汲み、左手で服飲。さらに香水には白髪も甦り病も癒える効能を聞き、手ずから髪をぬらす。

(5)　仏壇際の御座の間で一山僧に下問があり、秘伝の印明のこと、祈禱に五大尊合行護摩、如意輪温座之供法を修すること、など密教問答が交わされ並々ならぬ知識と素養を開陳している。後醍醐天皇の側近僧に円観・文観などがあったが、これらの僧による会得であろう。

この書写山行幸は、後醍醐天皇の寺院行幸の特異性を示して余りあるといえよう。先の神祇に対する日吉行幸の例では、従来の神社行幸の慣例次第・作法を厳格に守ったもので、いささかの逸脱も無かった。しかるに書写山行幸では、全く同天皇の個人的信仰に基づく自由な展開となっている。勿論これには、配流先からの凱旋途中という情況下であること、先年の倒幕のため南都北嶺の権門寺社を積極的に行幸した取り込み策の延長であることも勘案せねばならない。それにしても、ほの暗い内陣で秘仏を懐中し、自ら香水を飲み、かつ振り掛ける姿は、かつての中宮の懐妊祈禱と称して数ヵ年にわたり倒幕祈禱を命じ、かつ自ら行った事実を彷彿とさせるものがある。神仏とりわけ密教系の仏たちの霊威、験力にたのむ事の多かった後醍醐天皇ならではの寺院行幸であり、また神社行幸ではとうてい為し得ない行幸でもあった。

六　まとめ—王権と神祇の関係

王権と神祇の関係を最も可視的にみせるのが神社行幸である。神社行幸の儀礼空間を詳細に見ることによって、儀礼で表現される両者の関係、そして儀礼にこめられた象徴的意味を知ることができる。すでに先学が言及した様に、宮中祭祀はさておき、天皇は諸神祇の祭祀空間には一歩たりとも参入しないという不可解な姿があった。これに対し岡田荘司は、天皇は諸神を祭祀する立場に無く、天照大神親祭のみを任務とするからだ、とした。それなら行幸をしなければよいとみるのは当然のことだ。にもかかわらず行幸をし、限りなく神域に近づきながら内部空間には参入しない。この微妙な関係は「祭祀する立場に無い」という理由だけでは説明不十分である。

それには古代における王権の神祇との関係をみなければならない。古代において神は氏族の持ち斎く神であった。天皇が皇祖神の天照大神をもつように、氏族はそれぞれ氏族の神を持っていた。例えば、ミワ氏の三輪社、津守氏の住吉社、カモ氏の賀茂社、秦氏の稲荷社、中臣（藤原）氏の春日社といった具合である。他神は他氏族の神で、基本的には関与する必要が無い。王権は氏族の連合体が天皇（大王）を中核として構成されるが、中心に立つ天皇は天照大神を祭祀こそすれ、一氏族の神だけを拝むことは許されない。また氏族の神は私的な神であり、したがって王権の中心に立つ天皇に直接参詣するという発想は生まれなかった。むしろ特定の神を拝んではならなかったのである。特定の神に荷担することは王権の〈おおやけ性〉をそこなうことになる。これが天皇をして諸神を直接拝まない理由であった。そこに天武朝の頃、神々の序列化が進み『古事記』の編纂が行われた。皇統譜が整えられ神々がその処と位置を定め体系化されてゆく。天照大神を祭祀し同一化した天皇は「顕御神」として天照大神の体現者と認識された。古代・中世を通じ天皇は神階昇叙を行い、これが示すように諸神に対し上位に立った。とはいえ君臨ではなく、諸神も一つの存在として認知され畏敬される関係にあった。中世前期になってようやく、その儀礼化として神社行幸が実現した。

賀茂行幸でみたように、天皇自身が神の近くにまで臨み、畏敬の態度を示す。しかし神の坐す神域に参入せず域外に仮御所を設け踏みとどまった。そこで天皇が願いを籠め拝んだ幣を納め、神宝・幣串を捧げ、天皇の使が祭庭で宣命を代読、今度は長時間にわたる神楽・歌舞を供覧するという丁重な儀礼を展開する。神は天皇の願いを嘉納し、神意を使に伝達する。これが返祝詞・合せ拍手の作法で、神の使＝祝と天皇の使＝上卿が確認しあう。天皇とはいえ肉体を持った現身の存在であるゆえに災いは避けられない。王権を守護するのが神祇であり、神祇を畏敬する王権という相互関係が成立する、その儀礼化が神社行幸といえよう。また天照大神の体現者として天皇の位を降りた時、諸神に対しての〈おおやけ性〉によるタブーは取り払われ、日吉御幸では、上皇が神域内に参入可能であり仏事法楽さえ可能である実例をみた。一方、天武天皇の飛鳥寺行幸が示すように寺院行幸でも門内に参入しないことが確認された。古代において王権の宗教的行幸に、もとより神社行幸はなされず、むしろ寺院行幸から開始されたのである。王権側の仏教の認知、そして信仰の浸透によって他国の神として仏へ、すなわちまず寺院行幸から開始された。しかし天皇の〈おおやけ性〉によって門内への参入は一種タブー視され参入しなかったのであろう。しかるに聖武・孝謙両天皇の著しい仏教信仰によって、礼拝から拝跪へ踏み込んだ地点で、仏を天皇の上に置き、神祇を対等もしくは下位に置いた。そして両天皇によって、寺院行幸には仏の内部空間に参入するという新儀が創出されたのである。ここにおいて王権は仏に拝跪しその霊力を享受し、仏は王権を加護する、いわゆる王法相依の関係が誕生するのである。しかし神社行幸については、その創始である朱雀天皇から後醍醐天皇にいたるまで、一貫して神域不参の古儀は守られた。神祇は王権を守護し、王権は神祇を畏敬する、その儀礼的表現として神社行幸がなされたのである。

(1) 例えば『古事類苑』帝王部は朝覲行幸をはじめ京中、京外、神泉苑、遊覧、遊猟、野、観風、離宮、王臣第、温泉、方違、観馬、事変の一四種類を挙げる。本稿でとりあげる社寺行幸、あるいは神社行幸は、京中・京外行幸に含まれよう。

(2) 『続日本紀』神亀元年(七二四)一〇月一六日条に聖武天皇が紀伊国に遊覧行幸したおり、玉津嶋の神の地に臨み、神社行幸とみることもできる。「為明光浦。宜置守戸勿令荒穢。春秋二時。差遣官人。奠祭玉津嶋之神明光浦之霊」と記す。風光明媚な玉津嶋頓宮で十数日滞在したもので、参詣した可能性は高い。散策する内に玉津嶋の神、明光浦の霊の祭祀の場に行き会った、といった私的な立ち寄りであろう。したがって公的なものでなく、このたたずまいが保持されるよう願ったもので、広義の神社行幸であっても、厳密に云えば当てはまらないだろう。

(3) 岡田荘司「神社行幸の成立」(『大倉山論集』三〇、一九九一年一二月。のち『平安時代の国家と祭祀』〈続群書類従完成会、一九九四年〉所収)。

(4) 『國学院雑誌』二四―一(一九一八年。のち『国史概説』〈一九二五年〉所収)。

(5) 注(3)に同じ。その後、岡田論文を踏まえた大村拓生「中世前期の行幸―神社行幸を中心に」(『年報中世史研究』一九、一九九四年)が発表された。政治史の立場から考察したもので、得るところは多いが、本稿が問題とする天皇の儀礼空間の問題は言及していない。

(6) 「間接祭祀」は筆者の表現である。岡田は「天皇の神社行幸は神社の社頭近くまで行き、御在所に入られても、神前にて祭儀の作法を行うことはなかった。……中世までの間に歴代在位中の天皇が直接神前で自ら御拝（両段再拝）する例は見当らない」とのべている。

（7）同絵図は、京都国立博物館（旧鴨脚家本）、下鴨神社本、宮内庁本などが知られる。最古本は京博本で室町期の書写になり、斎院御所などを描くことから見て内容は鎌倉初期まで少なくとも遡ることができよう。

（8）この行幸に先立ち母后彰子は、幼帝の皇位安泰を願って愛宕郡を神郡として賀茂社へ寄進を希望した。しかし賀茂社が北野・吉田社、延暦寺と接していたため調整がつかず、道長と実資は苦慮し、結局間に合わなかった。

（9）新木直人「鴨社神館の所在」（『古代文化』三九〇、一九九一年）。たしかに鴨川を渡り、鳥居をくぐった処にある「神館御所」は西面し位置といい適当な場所にある。

（10）現行の賀茂祭勅使の位置に当てはめれば鳥居内、楼門の外ということになるが、「御社において解剣、洗手」し、すぐ広前の座に着座とあるから、楼門を入り勅使殿で剣を外し（これは祭神が女神という故実による）、手水をしたと推定した。

（11）拙稿「鴨社の祝と返祝詞」（『神主と神人の社会史』思文閣出版、一九九八年）。返祝詞については後でふれたい。

（12）岡田も先の論文で、ほぼ同様の指摘を行っている。

（13）注(11)に同じ。

（14）近藤喜博「鴨御祖皇大神宮正祝光高県主祝詞」（『神道史研究』六―二、一九五八年）。

（15）『山王二十一社等絵図』の通称で祝部行丸の命で制作され、叡山文庫本、村上忠禧氏本、日吉大社本（巻子本）の三本が知られる。中世末期の情況を窺う得難い絵図史料とされる。最も古い書写本とされる叡山文庫本では一二枚で境内全域を描き、大宮と彼岸所の二枚を基に筆者がトレースした。ただし、本絵図の史料性については黒田龍二「中世日吉社絵画史料の検討」（岡田精司編『祭祀と国家の歴史学』塙書房、二〇〇一年）を参照されたい。

（16）「天皇幸于飛鳥寺、以珍宝奉於仏而礼敬」。

（17）山田寺の別名、皇極二年（六四三）創建。同条に「天皇幸于浄土寺」。

（18）法号は弘福寺、斉明元年（六五五）創建。同条に「幸于川原寺、施稲於衆僧」。

（19）太田博太郎「東大寺の歴史」（『奈良六大寺大観』九、岩波書店、一九七〇年）。

（20）金子武雄『続日本紀宣命講』（白帝社、一九四一年）。

(21) 他の事例に次のものがある。『続日本紀』天平勝宝八年（七五六）二月二十五日条「天皇幸知識、山下、大里、三宅、家原、鳥坂等六寺礼仏」。

(22) 辻善之助『日本仏教史の研究』（金港堂書籍、一九一九年）。また田村円澄は、神仏共存の第一段階は欽明天皇によるものとし、神仏同格の第二段階は天武天皇、仏主神従の第三段階は聖武天皇とした（「神仏習合とその源流」、『神道宗教』一一九、一九八五年）。

(23) 神護景雲元年（七六七）三月三日条「幸西大寺法院、令文士賦曲水賜五位已上及文士禄」。同九日条「幸大安寺、授造寺大工正六位上軽間連鳥麻呂外従五位下」。同一四日条「幸薬師寺捨調綿一万屯、商布一千段長上工以下奴婢已上廿六人」。

(24) 網野善彦『異形の王権』（平凡社、一九八六年）。

(25) 厳密な意味での中世最後の神社行幸ではないが、内容、次第の分かる記録としては最後のものである。たとえばこの年一一月に平野・北野社へ、建武元年（一三三四）九月に賀茂・石清水行幸を行っているが史料は少ない。

(26) 賽の祝詞と称し、賀茂社の例では返祝詞に当たろう。日吉社では現在も山王祭の古儀で実修されている。

第二部　怪異と卜占

六壬式占と軒廊御卜

西岡芳文

はじめに

平安時代から鎌倉時代にかけて、陰陽師が用いた卜占の主流は六壬式占《りくじんしきせん》であった。この占いは、中世末期に断絶したため、近世以後はその存在すら忘れ去られてしまった。最近になって、ようやくその重要性が気付かれるようになり、専門的な研究があらわれはじめた。(1)

特に、六壬占の具体的な技術や、制度的な位置づけについては、小坂眞二氏によって精密な研究が続けられ、占いの方法についてはほぼその全容が解明された。しかし、陰陽道の卜占の歴史的変遷や社会的受容のあり方については、まだ未知の部分が相当に残されている。

従来、卜占の研究は、好事家的な趣味の領域として扱われてきた。その大きな理由は、一つには前近代における卜占の社会的な位置づけに対する軽視があり、二つには繁雑な手続をとる六壬占を解明することが、技術的に難しかったことに求められよう。

しかし、科学的思考が登場する以前の社会において、卜占は、人間社会と自然・宇宙をつなぐ有力な技術として尊重され、社会の多様な局面で重要な役割を果たしていたのであり、さまざまな困難を克服して解明しなければならない領域は広い。本論においては、こうした前提を踏まえつつ、六壬式占の歴史的意義について考えることにする。

一 六壬式占について

六壬占は、遁甲《とんこう》・太乙《たいいつ》とともに「式占」と呼ばれる卜占の一分野である。「三式」と称するこの三種類の占いは、それぞれの基本的理念・卜占の様式は異なるが、「式盤」を用いて結果を求める点で類似性を有し、蓍筮による易占、灼兆による甲骨占、気象・天文による占候とは別のカテゴリーを形成している。六壬占の起源は中国古代に遡ると考えられており、(2)後世の伝説によれば、黄帝が九天玄女よりこの占いを伝授され、宿敵の蚩尤を滅ぼしたという。「六壬」という名称は、五行の根源とされる水（壬）と、干支で十干にそれぞれ六支を配当する数を採ったものである。(3)『漢書芸文志』に、すでにこの様式と推定される卜占書が収録されているが、「六壬」の名称で独立した分野が確立したのは隋唐の間であろうと考えられている。この占法が中国で最も流行したのは宋代で、皇帝以下あげて熱中し、そのために易占が影を潜めるほどであったという。(4)『宋史芸文志』に掲げる膨大な六壬占の文献は、後世ほとんど滅びたが、その余燼は明代の『六壬大全』『武備志』、清代の『古今図書集成』にまとめられ、今日の六壬占に継承されている。

六壬占の理念と方法は、現行の文献によれば、二系列の神格を基本として占断をおこなう形式をとる。第一の神格は「十二月将」といい、一年一二カ月に配当される登明（徵明）・河魁・従魁・伝送・小吉・勝光（勝先）・太乙（太一）・天罡・太衝・功曹・大吉・神后である。第二の神格は「十二天将」といい、天乙（天一）・螣蛇

（螣蛇）・朱雀・六合・勾陳・青龍・天空・白虎・太常（太裳）・玄武・太陰・天后である。[5] 両方の十二神を共通して「十二神将」と呼ぶこともあり、遁甲・太乙とは異なる、六壬固有の神格を構成している。

基本的に六壬占は、時間に基づく占いであり、占うべき事件の発生した時刻、さもなければ占いを思い立った時刻の干支を基本データとする。そこから一定の手順で式盤を回し、四種類の干支の配合を算出し（四課）、四種の干支の対応を五行説によって解釈し、上剋下・下剋上などの組み合わせを見出し、三種類のデータにまとめる（三伝）。四課三伝と呼ばれるこの手続のなかで、場合によって暦法上の月（節気の間隔によって決まる月節）や、占いを求める人の年齢（行年）を加えることもある。こうして、易占における六十四卦のごとく、七二〇課の占例が抽出される。さまざまな変数の存在によって、六壬占から得られる占例の総数は二九八五万九八四〇通りに及ぶという。[6]

六壬占に使用される式盤は、中国においては、墳墓からの出土品を中心に、漢代から隋代までの遺物が知られている。[7] 宋代の欽定『景祐六壬神定経』には、式盤の材質や盤面の形式、天子から庶人にいたるまでの階級別の寸法が規定されている。[8] 日本にも式盤が存在したことは『江談抄』の記事から分かる。[9] ただし六壬占を行ううえで、式盤は不可欠というわけではなかった。中国においては、清代の六壬書は、大部分が筆算によって占う方式によっており、練達者は暗算によっても占えるという。日本では、文化一二年に加納直義が『太乙六壬二占要略』を著し、式盤による式占の方法を紹介している。[10] ただしこの書は、明末の兵書『武備志』を参考にして、中国の新奇な占法を紹介することに主眼があったらしく、日本の陰陽道で式占が行われていたことについては全く言及がない。著者はその事実さえ知らなかったようである。

六壬占の占断を記録した文書を、中世までの日本では「占形《うらかた》」と称した。六壬の四課三伝の手続きを示す様式は、中国の事例とほぼ等しい。次のような形式の文書である。

A仮令、正月甲子日、時加午。神后臨未、為用将。得騰蛇、為先凶。次見太一、将得太常。終於天魁、将得六合、以為後吉。此為先凶後吉、放此。（金沢文庫本『卜筮書』初唐鈔本）[11]

B占、今月廿九日未時、寅歳男御所労事。以月将加時。将功曹・天后、仲従魁・勾陳、終天空・玄武。御行年上、臨発用神武。遇聯茹……（『雑筆要集』九十三占形、鎌倉時代）[12]

C仮令、正月甲子日平旦、登明臨甲、不相剋。従魁臨子、不相剋。伝送為登明陰、不相剋。勝先為従魁陰、上賊下。当以勝先為用。（道蔵『黄帝金匱玉衡経』明代）[13]

Aは、おそらく現存最古の六壬書で、六壬占の最も基本となる古典『黄帝金匱経』の下巻にあたる『曽門経』によって、六壬諸課を解説したテキストである。Bは、鎌倉初期に編纂された実践的な文書用例集に収録されて伝わった「占形」の見本で、個人的な病気についての占断を記しているが、陰陽寮の官人が作るものと基本的に同型である。Cは、明代末の中国において集成された道教の経典の一つで、唐宋時代に記録された六壬書と同じ書名をもつが、同一である確証はない。少なくとも元明代に成立した文献であるとは認められる。

六壬占の流れを、日中双方の文献を駆使して追究する作業は、今後の課題であるが、日本の陰陽師が典拠とした『金匱経』『神枢霊轄』などの六壬書が、佚文の形ではあれ、明清時代の中国でも用いられていることから[14]、六壬占の方式は、中国の方式を日本でも基本的にそのまま受け入れたものと見られる。

ところで、六壬式占は、中国では明代後半より「大六壬」と呼ばれるようになる。これは、「小六壬」なるものが生まれたための変化である。「小六壬」とは、一名を「六壬時課」と称し、旧暦の各月ごとに一定の方式で留連・速喜・赤《しゃく》口・小吉・空亡・大安を日順に割り当てて、日の吉凶を判断する占いである。中国後世の伝承では、唐代の暦算家・李淳風の創案と言うが、こうした占いの存在が確認されるのは宋末である。[15] 日本には一五世紀頃伝来し、室町幕府がこれを一部採用するにいたったが、いったんは断絶し、江戸時代末期より「六輝」「六曜」の迷信として、多少の変化を加えつつ復活し、現代に至っている。[16] 小六壬は、式占としての大六壬の複雑な演算過程を捨象して、誰でも容易に吉凶を判別できる暦占として、国家直属の陰陽師の関与しない民間習俗として展開したものである。

二　日本における六壬占の受容と展開

日本には、奈良時代以前に六壬占がもたらされた形跡がある。『日本書紀』推古天皇一〇年（六〇二）に、百済より「遁甲方術之書」がもたらされた記事があり、「天皇」の称号の成立とも関連して、北辰信仰を含む遁甲式占がかなり古くから用いられていたことが、呪符木簡や反閉などの陰陽道の作法からもうかがえる。さらに『日本書紀』には、天武天皇元年（六七二）、壬申の乱のさなか、伊賀国の怪雲について、天皇みずから「式」をとって占った記事が見える。ただしこの式占がいずれの方式であるかは明記されていない。

養老雑令八には、「占書」の機密保持規定があり、義解に「遁甲太一式」と注している。また職制律二十には「太一雷公式」を「私家」に蓄えた場合の罰則を規定している。これらの規定は『唐六典』に「三式」を記し、雷公・太乙を民間では禁書としたことを継受したものと考えられる。しかし『唐六典』に「士庶通用之」とされる六壬式に関する規定は、日本律令には見られない。文献で知られるかぎり、日本では遁甲式占が実際に用いられた形跡はなく、符呪や禹歩（反閉）などの遁甲占の呪術的側面が受容されるにとどまっていたらしい。[17] 日本では、大陸以上に、律令の規定が貫徹していたようである。

奈良時代の六壬占をうかがわせる稀有の資料が、金沢文庫に収蔵する『卜筮書』である。この本は、称名寺に入る以前の伝来は不明だが、初唐の写本で、延暦年間の太政官印が捺されている。また、平安初期の陰陽博士として著名な滋岳川人の撰と伝えられる『新撰六旬集』[18] は、日干によって六壬課を検索するための早見表であり、こうした実用的な文献が日本人の手で作られたことからも、奈良~平安初期の六壬占の盛行ぶりをうかがうことができるのである。

九世紀末の『日本国見在書目録』五行家の項には、遁甲・太一とともに六壬占の書目があり、陰陽師の典拠として多用された『黄帝注金匱経』や『神枢霊轄』なども見える。やがて百年の後、安倍晴明は『占事略決』という、中国の六壬書を抜粋補綴した簡便な六壬書を作り、これが鎌倉時代の末まで、日本の六壬占の代表的なテキストとして普及することになる。[19] 晴明が六壬占を行ったことは、『本朝世紀』寛和二年二月条所収の占形によって確証できる。後に『源平盛衰記』などに、晴明が「職神」(式神)の十二神将を駆使した伝説があるが、史実としては、六壬の十二神を操作して占断した行為が訛伝されたものであろう。[20] 藤原明衡『新猿楽記』十君夫陰陽先生賀茂道世は、「金匱経・枢機経・神枢霊轄等之無所不審、四課三伝明々多々也」と、六壬占の大家として描かれ、「進退十二神将、前後三十六禽、仕式神」とある。『源平盛衰記』もこの表現を流用している。三十六禽は、現存する六壬書には全く見えないが、上海博物館所蔵の六朝時代の銅製の六壬式盤の周囲に布置された例が知られている。[21] 平安時代の日本の六壬占は、隋唐以前の比較的古風な方式を用いたので、三十六禽を用いた可能性は否定できない。[22]

専業の陰陽師だけでなく、文人をもって任ずる平安朝の有識者たちが、ひと通りの卜占への関心と知識を有していたことが知られる。先述のように『江談抄』には、大江匡房が六壬式盤について、かなり専門的な知識を持っていたことを示す記事があり、『台記』天養元年の記事によれば、藤原頼長は陰陽師について六壬占を学んでいる。頼長はまた同時に、藤原通憲より易占を伝授されているが、当時は易占について「学此書者、有凶云々。又云、五十後可学云々」(『台記』康治二年一二月七日条)という見解があり、易占は高位尊貴な占法とされて日常的には用いられず、学ぶ者も稀であったことが知られる。[23]

『今昔物語集』には、陰陽師をテーマにした説話が一六話収録されている。そのうち卜占の記事の大部分は六壬占を用いていると考えられ、その依頼者が国司や郷司まで及んでいるところをみると、六壬占は下級官人のレベルまで普及していたようである。ただし、より庶民的なレベルで活動していた「法師陰陽師」や「隠れ陰陽師」については、禊祓や呪詛の記事はあるが、六壬占を行った確証はない。(24)

『類聚三代格』には、平安初頭、鎮守府や辺地の諸国衙に、卜筮の用として陰陽師の定員を新設した記事が見える。彼らはおもに軍備の一環として配置されたものである。中国では、兵占として遁甲占が重視されていたが、(25)日本では遁甲が多用された形跡はない。兼修は考えられるとしても、諸国の陰陽師の日常的な業務は六壬占によっていたと考えられる。やがて国衙機構が退転するとともに、国衙付属の陰陽師たちが公務を失い、民間の需要に応じていったとすれば、地方に六壬占が普及する重要な契機となったと推測される。

鎌倉時代には、幕府でも朝廷の陰陽寮と等しい六壬占が行われていた。鎌倉幕府直属の陰陽師たちは、陰陽寮をつかさどった安倍・賀茂氏の流れに属する世襲陰陽師であり、(26)幕府要人の諮問に応えてしばしば占断を下した。『吾妻鏡』寛喜二年六月条には、彼らの占断の典拠もやはり『金匱経』であったと記録されている。

三　軒廊御卜について

平安時代の古記録に頻出する「軒廊御卜《こんろうのみうら》」は、天皇や国家の安危にかかわる、当時最高位の卜占であった。すなわち、炎旱や霖雨などの全国的な自然災害、諸大社・諸国衙から奏上された異変に際して、内裏紫宸殿に向かって右側に連なる回廊（軒廊）で、上卿主導のもと、神祇官・陰陽寮の官人が出仕しておこなった卜占である。神祇官の「官卜」は灼甲を、陰陽寮の「寮占」は六壬を用いた。卜占の結果、変事の予兆であると決まれば、卦兆の定める方角の社に祈謝使が発せられ、占断に応じた日限のあいだ、天皇および公家が物忌に服することになる。

この占いは、古代から中世にかけて、最も尊貴な卜占とされていたばかりでなく、寮占について言えば、広範に普及していた六壬占の典型であり、これを押さえることによって、日本の六壬占のあり方を明確に理解することができる。

軒廊御卜は、公家の大事であるだけに、古記録に克明に記されており、『史料綜覧』などによって通覧できる。明確に「軒廊御卜」という用語が文献に現れるのは、天慶八年（九四五）六月一七日の『北山抄』『江家次第』の記事である。これ以後、古記録に「軒廊御卜」の語が頻出するようになるが、軒廊御卜じたいは、さらに古くから行われていた形跡がある。

『史料綜覧』の巻頭近くには、寛平元年（八八九）五月二八日に、石清水八幡宮の社殿震動について神祇官・陰陽寮を召して占断せしめた記事（扶桑略記・元亨釈書）があり、これは軒廊御卜と同じ方式と見られる。六国史をひもとけば、『続日本紀』延暦元年（七八二）七月二九日条の「頃者災異荐臻、妖徴並見、仍命亀筮、占求其由、神祇官・陰陽寮並言……」という記事は、天下に頻発する怪異を、官寮に命じて占わしめたという点で、軒廊御卜に相応する卜占がすでに行われていたことを示している。

天下の怪異を占断せしめた記録は六国史に頻出する。常套句として使われる「求之蓍亀」（三代実録、貞観八年一一月一七日条）「決之蓍亀」（同、一三年五月一六日条）「決之卜筮」（同、一五年三月一九日条）などの表現は、複数の占法を同時に用いたことを示すようである。『日本後紀』大同元年三月二三日条によれば、比叡山から栗栖野にかけて発生した山火事について、賀茂社か山陵の祟りかと占わしめたところ「筮従亀不従也」という占断が出たという。この記事からも、神祇官の亀卜と、陰陽寮の「筮」があい並んで行われていたことが分かる。

これらの官・寮の卜占が、軒廊で行われれば、軒廊御卜と称することができるが、六国史の簡潔な記事には、卜占の場は明記されていない。それゆえ、平安初期以前に軒廊御卜が存在したとは断定できないのであるが、官卜・寮占の両者を用いて国家的大事を占う体制がかなり古くから行われていたことは認めてよいであろう。

ただし卜占の方式について、六国史では「卜筮」「蓍亀」「筮亀」と表現しており、あたかも亀卜と易筮が行われたように見える。しかし明らかに陰陽寮の六壬占を含めて「卜筮」と称する事例があるので、六国史時代の寮占が易筮であったとは断言できない。易占は、偶然的に現れる卦を基本データとし、『易経』の六十四卦の短文を典拠とするために、占断に主観が入りやすい。[27]これに対し式占は時刻を占いの基本データとするために、誰が占っても同じ結果が出て、検証も可能な、ある意味では客観的な占法である。そのため、公的な性格をもつ占いに式占が用いられることになったのであろう。なお、奈良時代の朝廷の式占については、必ずしも六壬に限らなかったとする見解[28]もあるので、今は断定を保留し、六壬占であることが確実な一〇世紀以降の事例を素材として検討を加える。[29]

軒廊御卜を行う契機（とりあえず占題と称する）は、国家の大事の予兆と考えられたさまざまの変事である。当時はそれを「怪異」と呼んだ。ただし、いわゆる天変地異のなかで、彗星や日月食など、天変に属する異変は御卜の対象とはならず、別途陰陽寮より「天文密奏」が呈上される慣例であった。

天変が直接的には地上の災厄につながらないのに対して、地異は、国家や国土・国民に災害をもたらすことが多い。例えば炎旱や霖雨など、全国にわたる天候不順がしばしば占題とされたのは、それがただちに農業生産の多寡に結びつくからであった。このような全国的な気候異変や、地方における火山の噴火などは、現代の眼から見ても、国家的危機として納得できる事件である。

ところが、軒廊御卜の記録を通覧すると、今日の視点では理解に苦しむような事象が占題とされている場合も少なくないのである。これを追究することによって、古代・中世の人びとの世界観・秩序に対する観念をうかがうことができるのではないだろうか。

四　「怪異」の諸相

『史料綜覧』の平安時代の部分には、およそ二七〇件の軒廊御卜が記載されている。史料残存の偏差から、これが全てであるとは言えないが、古記録に恵まれた年代を平均してみると、最大で年間一〇回の軒廊御卜が行われている。(30)臨時的な行事ではあるが、かなり頻度が高かったことが分かる。

占題となった「怪異」を、私見を交えて分類すると、次のようになる。

A広範囲におよぶ自然災害
炎旱　霖雨　地震　噴火
B動物の異変
鷺・烏などの群集　社内聖地への蛇・狐・鳥などの侵入　狐・鹿などの鳴き声　境内や邸宅内での動物の出産・死骸の発見
C植物の異変
神木の枝折れ・転倒　竹枯れ
D建物・器物の異変
殿舎の倒壊　神殿の扉が開かなくなる　調度の湿損・鼠害　神鏡などの落下　殿舎の蟻損　金花・銀花開く(カゲロウの卵か)　太政官時杭を烏が抜き去る　釜・兵庫・神殿・神体山・陵墓の鳴動　落雷　異物の出土
調度の紛失・盗難　火災　神井の変色・変質　怪光発現
E人事

天皇・斎宮・斎院・勅使の病気　勅使・宮司等の選任　神域内への狂人侵入

現代的な視点からすると、Aの自然災害を除くと、幼稚な事件が恐れられていたことになろうが、具体的に事例を検討すると、一つの些事が、実はより大きな異変の一端であった場合が考えられる。

たとえば仁平三年（一一五三）には、三月に伊勢内宮で鹿が死に、四月に日吉社、五月に鴨社で狐が鳴き、同月、斎院の木が転倒、六月には貴船社奥院に「羚羊《カモシカ》」が出現、翌月同社で山鳩が神殿に侵入し、伊勢では神木が転倒している。この年のばあい、京都近郊の貴船社までカモシカが下ってきたという事実によって、動物にとって死活的な気象異変が起きたことが推定される。史料を個々に見るときは何でもない鹿の死や狐の鳴き声も、大規模な気象異変に連動した事件として受けとめられたのであろう。

軒廊御卜の記録を追跡すると、各地の神木や殿舎の転倒という事件が、実は台風の通過を示していると考えられる事例もあり、実効的な地方支配機能を失った平安時代の王朝国家が、各地の「怪異」という形で天災の被害状況を把握していたという見方もできる。占いという非合理な方法ではあるが、古代国家の重要な機能を担っていたと言えるかも知れない。

およそあらゆる次元で起こりうる「怪異」を、朝廷の最高の卜占である軒廊御卜の占題とするためには、それにたずさわる人々の集団的な合意がなければならない。例えば、地方の火山の噴火の場合、六国史には、比較的詳細に記録されている。しかし平安時代中期より、こうした占題で軒廊御卜が行われることは少なくなる。これは、地方支配の弛緩によって、国家中枢に情報が到達しにくくなったことが大きな要因と思われるが、同時に、軒廊御卜の占題の選定が前例主義に陥ったため、数百年に一度という頻度の火山噴火が、占題に挙げられなくなったことも一因かと思われる。

軒廊御卜の対象となる怪異は、外記局の勘申によって先例が参照されるが、すべての怪異が軒廊御卜の占題とされたわけではない。

略式の御卜として、「蔵人所御卜」「陣腋御卜」があり、軒廊御卜までには至らない怪異について占われた。また春日社・多武峰などの怪異は、藤氏長者の占いとなり、法勝寺などの怪異は上皇によって占われている。

また怪異の起こった場所「怪所」について見ると、平安時代を通じて、畿内の大社、地方では伊勢・出雲、大宰府管内に限られており、東国では特に被害の大きかった天仁元年の浅間山噴火の一例のみである。畿内各所でおこるほどの怪異は、当然全国各地で頻繁に発生したはずであるが、それらが朝廷の卜占に挙げられることはないのである。

『三代実録』によると、古く貞観年間の阿蘇山の異変を大宰府司が占わせ、富士山噴火を駿河国司が占わせた記事が見えるので、地方官衙で卜占を行う体制ができていたことが知られる。こうした仕組みはある程度後世まで継続し、地方の通常の怪異は国衙あるいは遥任国司によって占われていたのではなかろうか。

五　軒廊御卜の手順

軒廊御卜の手続きは、『中右記』などの古記録によって跡づけることができる。怪所の社司の解状は、杖議を経て外記の勘文とともに、参上した神祇官人に渡され、官・寮それぞれに卜占を行うべき旨が宣下される。軒廊にはすでに掃部寮によって座がしつらえられており、主水司によって亀卜に用いる水火が置かれている。官寮の卜占がただちに執行され、それぞれの占形がしたためられ、進上される。それより外記の筥に解状・勘文・占形を入れ、蔵人弁を経て天皇に奏聞する。弁が戻ってから、官寮の退出が仰下され、座も撤去される。

官寮が軒廊において即座に提出する占形は、『続左丞抄』に収録される実物をはじめ、『類聚符宣抄』『朝野群載』などの文書典範書、公家日記などに多量の写しが残っている。特に『本朝世紀』は、外記局の資料を活用したことと、編者の藤原通憲の関心によってか、年次によっては多量の占形を収録している。次に掲げるのはその一例である。

陰陽寮

占伊勢太神宮司言上怪異吉凶豊受太神宮内院烏群集飛鳴

今日壬申、時加酉奉宣旨。日時大吉臨子為用。将大裳。中功曹、将玄武。終大衝、将大陰。卦遇元首。

推之、依存神事穢気不浄所致之上、公家可慎御々薬事歟。又従坤南方奏口舌闘諍事歟。期、今日以後卅日内、及十一月十二月節中並戊己日也。何以言之、伝并終帯有気。玄武・大陰、是主神事穢気不浄。又日上見白虎、是主御薬事。又太歳上并辰上得勾陳、是主口舌闘諍事之故也。至期慎御、兼被誡、無其咎乎。

仁平二年二月七日　漏剋博士　周憲

雅楽頭権陰陽博士　泰親

権助権天文博士　晴道

「今日壬申」に始まる四課三伝の記述は前章に掲げた六壬占の文献とほぼ等しい。「推之」に始まる占文は、まず怪異の原因を示し、物忌の種類を記す。次に怪異が予兆する災害の起こりうる方角と期日を記す。「何以言之」以下は課（卦）の解釈の根拠である。六壬の十二神それぞれに吉凶を司る分野があり、この占文では白虎が薬事、勾陳が口舌とされる。こうした解釈の根拠は、六壬占の典拠として認められた中国の古典にもとづくものであるが、保延六年の軒廊御卜の際には、典拠の解釈をめぐって陰陽寮内部で相論がおこった。この時の相論の記録に引かれる多量の文献によって、陰陽寮の官人たちが典拠から占断を導くプロセスを知ることができる。(31)

　現在収集しうるかぎりでは、百数十例の六壬の占形が知られている。総合的に観察すると、これらの占文の記載には類型がある。

怪異の原因については、神事の不浄・不信・違例が慣用句として用いられる。これは、怪所となった神社や聖所に対する崇敬が不足していることを言っているのであろう。次に、怪異に対する物忌として、疾疫・病事・薬の慎み・口舌・闘諍・闘乱・兵革・動揺・不安・火事のいずれかが挙げられる。

もちろん怪異を占題としない場合、例えば宮司の選任、神殿の改築などについては、吉凶が占断されるだけである。また特に重要な占題については、二籌から五籌まで、複数回の卜占をおこなったり、官司選任の場合は、候補者の数だけ占われることもある。

また、占いの結果、「無咎」「理運」とされた場合には、当然ながら禁忌は指示されない。

陰陽師は、煩雑な手順で六壬占を行うが、占いを求める人に与えられる指示は、こうした具体的な怪異や物忌の内容だけである。これは軒廊御卜以外の一般の六壬占でも同様である。例えば『蜻蛉日記』の著者は、天禄三年（九七二）三月、隣家の火事の直後、この怪異について三人の陰陽師を招き、「物問ひなどすれば、三人ばかり、『やまひごと・くぜち』など言ひたり」とあって、「病事・口舌」の占断が出たことを記している。また『今昔物語集』巻二十六、第十二話では、能登の鳳至郡の住人が「家ニ怪ヲシタリケレバ、陰陽師ニ其吉凶ヲ問フニ、トテ云ク『病事可有、重ク可慎。悪ク犯セバ命被奪ナムトス』」と占断されたことを記している。

かつて、占形から物忌にいたるプロセスを具体的に例証された三和礼子氏は、凶事を失物・火事・口舌・病事の四種に分類したうえで、平安中期には「当時の物忌心意を支へてゐるのは口舌（兵革）と病事（疾疫）とに過ぎなかつた」とされている。(32)

物忌とともに、怪所に対して祈謝奉幣と修祓がおこなわれる。また大規模な祈謝として「百怪祭」という陰陽道の行法もあった。(33)怪異の発生から軒廊御卜、そして祈謝にいたる過程は、時代は下るが『八幡愚童訓（乙本）』(34)の文永一〇年（一二七三）、蒙古襲来の記事の中に典型的な描写がある。

六　占断の効果

社会史研究のうえで卜占の研究が注目されるのは、前近代の人々が何のために卜占をおこない、占断が人々にどういう行動を起こさせたかという側面であろう。

軒廊御卜の目的は、大半が怪異の示すものの追求と凶兆への対処法である。これ以外の目的としては、人事選考・病状推断・行動判断がわずかに含まれているに過ぎない。

六壬占による人事選考は、室町時代以降、将軍の選考をはじめとする「鬮取」の習俗の源流に位置づけられるが、鎌倉時代までの六壬占は、さらにいろいろな用途があった。

『吾妻鏡』には七〇例ほどの卜占に関する記事がある。(35)そのほとんどに陰陽師が関与しており、大半が六壬占であったと推定される。過半数の事例は、朝廷の軒廊御卜と同類の怪異を占題としている。怪異を分類して掲げると次の通りである。

A天変地異（地震2　雷3　雹1　海色変化1）

B生物異変（狐1　鼠1　犬2　怪鳥3　鷺2　烏5　鳩2　鳶2　蛇1　蟻2　蝶1）

C物怪（釜鳴3　殿舎転倒2　社壇鳴動2　神殿扉不開2　神殿内怪血1　託宣1）

これらは軒廊御卜と同じ占題であるが、怪所の神社の大半は鎌倉の鶴岡八幡宮であり、武州鷲宮・駿河建福寺鎮守・山城男山甲良宮が例外的に記録されている。

『吾妻鏡』の卜占の記事で、怪異についで多いのは、幕府要人の病気についての占いである。占いによって回復の可否と期限を求めた記事が一二例あり、将軍御息所の産気について出産時刻を求めた例も同類と言えよう。

なお、作事について、複数の候補地から一つを選択するための占いは、軒廊御卜を参照すると六壬が用いられたと考えられるが、地鎮や上棟などの日時を問題とする場合は、暦注によって勘申されたのではなかろうか。[36]

公家の記録には見出しにくい占題は、使者の到来を予見する占いである。嘉禎三年（一二三七）五月、上洛中の藤原定員の鎌倉帰着を多くの陰陽師に占わせた事例、承久三年（一二二一）五月、内乱の引き金となった倒幕の宣旨の到来時刻によって戦争の結末を占わせ、「関東可属太平之由」と推断したのは、一種の兵占と言える。当時の人の力では予測しがたいことがらを卜占に委ねた事例も散見される。安貞二年（一二二八）六月、将軍家出御の日の天気を占い、仁治二年（一二四一）正月、園城寺良尊の大僧正任官を、占いによって予知した安倍晴賢に褒賞をたまわった事例がある。

さらに、遊戯的な卜占がある。嘉禄三年（一二二七）三月、将軍の相撲御覧に際して、鎌倉の陰陽師たちに力士の勝敗を占わせているのは、一種の験比べであろう。陰陽道には「射覆《せきふ》」というやり方がある。これは、隠された物体を卜占によって当てるもので、陰陽師の卜占能力を試験するために行われた。『朝野群載』には、天徳三年（九五九）、勅命によって賀茂忠行が射覆を行い、隠された水晶の玉を当てたときの占形が収録されている。『明月記』正治二年（一二〇〇）九月の記事には、後鳥羽院の命によって、安倍晴光らが隠された硯箱を当てた時の占形が収録されている。陰陽師の説話には、こうした見えない物をあてる験比べの記事が多く伝えられているが、彼らが用いた卜占は、多くの場合六壬占であったと見られる。[37]

予兆と変事の因果関係を考えると、例えば火事は、些細な予兆に基づく陰陽師の占いの結果、火事の恐れありとして、当事者が物忌に服した。いっぽう、『蜻蛉日記』のように、火事の厄にあったために陰陽師に占断を求めることもあった。単純に図式化すると、些細な予兆（怪異）と、占断によって得られる病事・口舌・火事などが、陰陽師の卜占を媒介として、過去・未来にまたがって因果関係のもつ構図になっていたのである。そして当時の人々が、そのような災厄に対応する唯一の実践が、すべての行動を謹慎する物忌であった。

六壬占が廃れた室町時代後期には、諸社で発生した怪異は、卜占を媒介とせずにただちに宮中の物忌につながるように変化するが、それ以前の段階の人々には、少なくとも陰陽師の卜占によって各種の変事に対処しうる主体性があったと思われる。

そこで、平安~鎌倉時代の人々が、予兆と凶事の因果関係をどのようにとらえていたかという問題を、若干の資料によって検討してみよう。

『小右記』長和二年(一〇一三)六月、宮中の御樋殿が転倒する怪異があり、軒廊御卜が行われ、「怪日以後廿日内」に「御薬・口舌」の物忌が必要と占断された。翌月三日、記主(実資)が朝儀のため、斎宮南小路を通ったところ、飛礫が雨の如くに降っていた。彼は物忌の最中に、京都の住人によってこのような闘乱が行われることを苦々しく思い「何有其制乎、破口舌物忌大無益事也」という感想を記している。中世の飛礫は、しばしば大規模な闘争に発展する危険性をはらんでいたので、占断が示した「口舌」につながることを恐れたのであろう。このような事例は他の日記にもいくつか事例を見ることができる(38)。

ところで、仮に軒廊御卜が平均して二カ月に一度あるとし、それ以外の私的な卜占が折々に行われたとすれば、占断の示す物忌の日限は輻輳・連続することになる。公務は渋滞し、収拾のつけがたい事態になるであろう。古記録に頻出する物忌日は、こうした事態を反映しているのであるが、しかし物忌中でも、何らかの行動をおこさなければならない場合もあった。そのような時、まず卜占の等級づけによる選択が行われた。

天仁元年(一一〇八)八月、摂政藤原忠実は、祈年穀奉幣に参向する必要があったが、当日は「内御物忌」に当たっていた。これに対し、『中右記』の記主は「於内御物忌者、先被尋御物忌体、可被一定歟、於火事・口舌・八卦御物忌者、被破何事之有哉、於御薬御物忌者、可有憚歟」と答申し、私占では、薬の物忌以外は破りうると考えている。

さらに卜占を再度行い、占断を改めて行動を起こすことがあった。『中右記』長治元年（一一〇四）七月には、禁中および東宮の口舌物忌の期間ではあったが、「覆推」を加えて、内大臣久我雅美亭へ院と東宮が行啓した。また禁忌には時効もあった。『中右記』元永元年四月、陰陽寮の占形が届き「或公家御薬、或神事不浄、或怪所口舌」という占断が記されていた。ところがそれらは二年前の怪異による占断であったため、結局誰も物忌期間を知らぬままに打ち過ぎ、もはやその禁忌の期間は過ぎてしまったのである。

七　古代的卜占の終焉

物忌の輻輳をさけるための便法はあったとしても、鎌倉時代までの人々は、予兆と凶事の関連を卜占によって認識し、物忌によってのみ災厄を免れ得ると考えていた。

ところが、南北朝の内乱をへて、全国的な戦乱の拡大、朝廷の両分という事態となり、凶兆・卜占・禁忌によって完結していた静態的な社会的均衡保持装置は機能を喪失し、こうした思考の連鎖は断ち切られていくことになる。

陰陽道のおこなうさまざまな行法や卜占についての懐疑的見解は、すでに平安後期の藤原頼長にみることができる。『台記』には、頼長が陰陽師から卜占を学んだり、鬼物を招き寄せる行法を行ったが、結局鬼物は出現しなかったことにがっかりするなど、理智にたけた性格がうかがわれる記事があり[39]、当時の先端的な知識人にとっては、先例を踏襲し、因習化した陰陽道に対する疑いや批判が潜在していたことが分かる。

『徒然草』には、徳大寺実定が、鳥の怪異を防ぐため、寝殿の棟上に縄を張っていることに対して、西行が皮肉を言った記事（一〇段）や、その曾孫の公孝が、検非違使庁に牛が侵入し、人々が怪異を恐れおののいている時に「牛に分別なし、脚あればいづくへか上らざらん」と、凶兆を問題にしなかった記事（二〇六段）など、陰陽道の規制に縛られなかった人物像を描いている。著者の兼好は、神祇官の卜部氏の出身であり、六壬占の十二神の一つの正書法を記す（一六三段）など、陰陽道について並々ならぬ知識を有していたことが知られる。しかし旧来の秩序が急速に破壊された鎌倉末・南北朝時代に生きた兼好は、陰陽師の示す凶兆を意に介さなかったこれらの先人に共感していたものと思われる。

軒廊御卜じたいは、頻度を大幅に減じながらも一五世紀まで続く。(40) 寮占については一六世紀まで存続していたことが知られる。(41) どこまで正式な式占の方法が存続していたか不明だが、豊臣政権による陰陽道弾圧によって、六壬占をはじめとする陰陽道のさまざまな技術や伝承が決定的に断絶したものと考えられる。(42)

それでは南北朝時代以後の社会で、六壬占に変わる役割を果たしたものは何であろうか。そこで考えられるのは、中国と同様、固定した時間による占法である「小六壬」の流布である。式占の占題とされた「怪異」を、予兆としてとらえる感覚が磨滅し、従来の怪異・卜占・禁忌という思考の連鎖から解放されつつあった時期に、単純な日の吉凶が従来の卜占に代わって人々の行動の指針となったのではあるまいか。

『徒然草』にいう「陰陽道には沙汰なき」「赤舌日」(43) が、朝廷の陰陽寮とは関係ないところから自然に流行し、やがては公家世界をも巻き込んでいったのは、そのひとつの表れである。「赤口」「赤舌日」の禁忌は、物忌の形態としては旧来の口舌物忌と等しいが、卜占による物忌と違って何日も連続することはない。

南北朝時代、朝廷の陰陽寮が、民間の陰陽師を統轄し、頂点に立つという体制は崩壊に向かった。それは、式占を含む唐代に伝来した様式をそのまま伝えていた旧来の陰陽道の衰退を意味するものであった。これに代わって、新たに大陸から輸入された「赤口」「赤舌日」などの禁忌を取り込んで、日本独自の陰陽道が形成されるようになった。(44) こうした新しい陰陽道を創造したグループは、確証はつかめないものの、『簠簋内伝』を編纂したり、「赤舌講」を催した南北朝～室町時代の祇園社周辺にあったらしく、牛頭天王信仰とともに全国的に流布していくのである。[45]

中世後期の卜占は、このほかにも、六壬と易占を折衷した「火珠林」[46]の輸入や、足利学校における易学の復興[47]など、大きく流れを変えていく。

おわりに

本稿では、陰陽道における式占の主流をしめた六壬占の歴史的展開を追究した。もちろん日本における卜占は、六壬占だけで語りつくせるものではない。亀卜・太一・遁甲・易筮・宿曜占や、雑占として一括される習俗的な占法も多種多様なものが存在した。しかし国家最高の卜占である軒廊御卜に用いられた六壬占が、日本の卜占の流れのなかで主流に位置することは間違いない。

式占は、豊臣政権下において断絶したあと、ほとんど完全に忘却され、近年にいたるまで顧みられることがなかった。一方、中国では、衰えつつも伝統的卜占の一分野として文献と占法が伝承されており、清代の考証家による言及もある。[48]江戸時代に『二占要略』を著した加納直義も、明代の『武備志』によって太一・六壬式占を紹介するものの、かつて日本にも式占が行われていたことに気づいてはいなかった。

近年まで、日本のみならず、中国においても卜占の研究は低調であった。文革までの中国では、式占や宿曜占などの卜占を、練丹術などと同様に「偽科学」と位置づけ、天文学の前史として言及するにとどまっていた。[49]最近になってようやく敦煌資料を中心にした卜占をテーマとする専門的な研究が現れはじめた。[50]

軒廊御卜に代表される中世の卜占は、天災や戦争などの危機に迫られた前近代社会を維持するために不可欠な緩衝装置であった。室町時代の裁判の判決で使われた「理運」という語や、社会の大変動を示した「下剋上」という言葉も、もとはと言えば六壬占の専門用語であった。このように中世の卜占は、前近代の社会心理や、人間行動の基本的性格を分析するための格好の研究素材となりうるのである。

（1）『古事類苑』方技部をはじめ、野田幸三郎・村山修一・瀧川政次郎・小坂眞二氏らの研究がある。卜占の分野の基本的な論文に小坂眞二「古代・中世の占い」（『陰陽道研究叢書』四（特論）、名著出版、一九九三年）がある。なお同書には詳細な「陰陽道関係文献目録」（脊古真哉編）が収録されており、研究の指針となる。

（2）『四庫全書総目提要』「六壬大全」の項、および厳敦傑「関于西漢初期的式盤和占盤」（『考古』一九七八—五）、同「式盤綜述」（『東洋の科学と技術』、同朋舎出版、一九八二年）。

（3）蒋問天『壬学大成六壬鑰』（集文書局〈台北〉一九六九年）。

（4）袁樹珊『大六壬探原』（潤徳書局〈香港〉、一九二三年、自序）馬端臨『文献通考』巻二三〇経籍志「六壬要訣」の項。

（5）カッコ内は日本における名称。中国では皇帝の避諱によって神名の用字が変えられている。沈括『夢渓筆談』巻七に参考記事がある。日本の六壬関係の文献の十二神将の用字によって、典拠とされた漢籍の輸入年代の判別が可能となることは、小坂眞二「六壬式の古占書の伝存状況をめぐって」（大東文化大学『東洋研究』一四三、二〇〇二年）参照。

（6）注3『六壬鑰』の指摘。

（7）厳敦傑「跋六壬式盤」（『文物参考資料』一九五八—七）および注2論文。殷滌非「西漢汝陰侯墓出土的占盤和天文儀器」（『考古』一九七八—五）。『楽浪』（東京帝国大学文学部、一九三〇年）。

なお、日本には確実な式盤の遺品は残っていないが、「盤法」と称する密教の修法に採り入れられた式盤の図や文献が若干知られている。山口県下松市多聞院に伝来する「星宿図」（寺伝須弥山図）という立体的な道具は、こうした密教修法の遺品かと推定される。西岡芳文「金沢文庫保管の式占関係資料について」（『金沢文庫研究』二八二、一九八九年）を参照。ただし密教の式盤は、卜占には使用できない構造になっている。

（8）『仰視千七百二十九鶴斎叢書』第二集（『叢書集成初編』哲学類所収）。本書は、一一世紀初頭、北宋の仁宗の命になる三式経（他に『景祐太一福応経』『景祐遁甲符応経』）の一つ。いずれも楊惟徳の撰。なお『玉海』天文類に

「景祐三式目録」が収録される。

（9）『江談抄』巻三、十八話「六壬占天番廿八宿可在天而在地番不審事」。

（10）国会図書館所蔵（一二二七／一二九）。

（11）金沢文庫本『卜筮書』は、巻末一紙が金沢文庫に保管され、それ以前の部分が羅振玉の所蔵となり『吉石庵叢書』に影印されている。西岡芳文「金沢文庫本『卜筮書』について」（『三浦古文化』五四、一九九四年）。

（12）本書は伝本の過誤が多い。群書類従所収『儒林拾要』には建久の年記がある。

（13）『道蔵』洞真部衆術類、薑上所収。

（14）『六壬大全』『選択通徳類情』『武経総要』など。

（15）沈亮功『選択通徳類情』（一七七一年）巻五。

（16）岡田芳朗『暦ものがたり』（角川選書、一九八二年）第十章。西岡芳文「赤口」（『ことばの文化史〔中世3〕』、平凡社、一九八九年）。

（17）芝田文雄「百怪呪符」（『伊場木簡の研究』東京堂出版、一九八一年）、増尾伸一郎「〈天罡〉呪符の成立」（『陰陽道叢書』四、名著出版、一九九三年。初出一九八四年）。なお、遁甲式占の術語に「直符」があり、木簡や『延喜式』巻十六所載「追儺呪文」に見える。また禹歩法については小坂眞二「陰陽道の反閇について」（『陰陽道叢書』四、名著出版、一九九三年）・津田徹英「禹歩・反閇と尊星王・六字明王の図像」（『日本宗教文化史研究』四、一九九八年）を参照。大陸にも遁甲の古文献は伝わらず、北宋の『遁甲符応経』が最古であるという（四庫簡明目録標注）。

また、雷公式については、三式の上位に置かれながら、その実態は不明である。『永楽大典』巻一九七八二（「局」字項）に引かれる「小法局式」が、雷公式の古典であるとすれば、六壬を基本としつつ、式盤に対する祭祀を付加した呪術的な占法であったことになる。

（18）中村璋八『日本陰陽道書の研究』（汲古書院、一九八五年）所収。

（19）和田英松『本朝書籍目録考證』（明治書院、一九三六年）。なお六壬占の「本文」となる優良な古典テキストが賀茂家に伝えられ、晴明が伝えた安倍家相伝のテキストは必ずしも善本ではなく、亜流に属する伝承であったことが小坂眞二注5論文に指摘されている。

(20) 『源平盛衰記』巻十「中宮御産の事」なお、六壬十二神将を具象化した事例に、九一八年に彫造された中国四川省成都市所在前蜀の王・王建の墓室の棺台周囲の石像がある（馮漢驥『前蜀王建墓発掘報告』文物出版社、一九六四年）。また奈良時代の古墳に配置された「隼人石」などと称する武神形の十二支像にも、六壬十二神の観念が含まれている可能性がある。

(21) 厳敦傑注7論文。『別冊太陽』73「占いとまじない」（平凡社、一九九一年）二七頁に図版掲載。

(22) 隋・蕭吉『五行大義』の巻末に「論三十六禽」があり、上海博物館の式盤の名称とほぼ一致している。また四庫全書に「禽課」という分野の卜占書が収録されている。

(23) 今泉淑夫「易の罰があたること―中世における周易学習について―」（『中世日本の諸相』吉川弘文館、一九八九年）。なお、『宇治拾遺物語』巻十八話「易ノ占シテ金取出ス事」とあるように、易筮は「易ノ占」という複合語で表現されるほど特別な方法であったとみられる。

(24) 式盤という特殊な専門用具があれば、説話や絵画に描かれても良さそうであるが、中世の式盤の存在を証明する確実な資料は残っていない。陰陽師が筆算によって六壬の占断を行った可能性もある。

(25) 『武備志』は明末の将軍茅元儀の編であったため、清朝では禁書とされた。『二占要略』を著した加納直義も軍学者である。

(26) 村山修一『日本陰陽道史総説』（塙書房、一九八一年）第九章。

(27) 易筮をさらに複雑化させるため、六十四卦をさらに六四ずつに分けた『易林』という占書も漢代には作られている。

(28) 小坂眞二「九世紀段階の怪異変質にみる陰陽道成立の一側面」（『古代天皇制と社会構造』校倉書房、一九八〇年）。小坂氏は『三代実録』の卜占記事の方角の記述から、当時の寮占が太一式占であったと推定する。『左経記』長元四年五月条には、滋岳川人の太一式盤に関する記述があり、太一式占が日本にも輸入されていたことは確かめられ、『本朝書籍目録』には「太一勘文」が掲載されているが、太一式占の占形は全く残っていない。宋代の九宮太一信仰の盛行を考えれば、日本でも太一式占が行われた可能性は充分にある（坂出祥伸「北宋における十神太一と九宮貴神」、『中国古代の占法』研文出版、一九九一年。初出一九七八年）。なお、六壬占の占形でも物忌の方角の記載はある。

(29)六国史と古記録という史料的な位相が異なるため、平安初期を一貫して理解しがたい恨みはあるが、軒廊御卜の成立と、前注小坂氏の陰陽道成立時期が符合するのは偶然ではなかろう。なお後考をまつ。
(30)軒廊御卜の回数が多いのは、嘉承二年・天仁元年・天永三年・仁平三年など。
(31)山下克明「陰陽道における典拠」(『平安時代の宗教文化と陰陽道』岩田書院、一九九六年。初出一九八〇年)。
(32)三和礼子「物忌考」(『陰陽道叢書』一、名著出版、一九九一年。初出一九五六年)。
(33)小坂眞二「怪異祓と百怪祭」(『民俗と歴史』一一、一九八一年)。
(34)日本思想大系『寺社縁起』(岩波書店)一八二頁。
(35)及川大渓『吾妻鏡総索引』(日本学術振興会、一九七五年)の「卜」「卜筮」の項目参照。ただしこの中には大嘗会国郡卜定などが含まれている。
(36)例えば『吾妻鏡』貞応二年一一月三〇日条の御所日時勘申は、暦注の解釈にもとづいている。
(37)『今昔物語集』巻二十四―十七「保憲卜晴明卜共ニ覆物ヲ占ヘル語」は、残念ながら本文を欠く。なお、大須真福寺本『六壬占私記』には、相撲占をはじめ遊戯的な占いの用例が記されている。
(38)平安・鎌倉時代の「口舌」が、物言いという意味だけでなく「争乱」を意味することについては西岡注16論文を参照。
(39)『台記』天養元年五月五日条に、『玉燭宝典』の記述にしたがって「見百鬼之術」をほどこしたが、その「験」がなかったという記事がある。
(40)管見によれば、軒廊御卜の最後の例は、延徳二年九月二二日(伊勢外宮仮殿火災)。
(41)寮占の新しい例は、天正二年閏一一月二七日(禁中殿上に犬が侵入)。
(42)『古事類苑』方技部「陰陽師」の項に引く『風俗見聞録』に、豊臣秀次の騒動に土御門家が加わったため尾張国へ流罪となり、陰陽道の全てが闕職となったという記事がある。またフロイス『日本史』に、秀吉が、運勢占いをする魔術師たちが大坂城の女中たちに出入りしているのに激怒し、魔術師たちを豊後に配流したという記事があるのもこの事件の余波か(松田毅一・川崎桃太訳『秀吉と文禄の役』中公新書、一九七四年、一五〇頁)。
(43)『看聞日記』永享七年一一月一二日条に、将軍の渡御が「大赤口日」にあたるが、「於陰陽道者、更不沙汰事也」と申し入れた記事がある。

(44) 室町時代の古記録に散見される「例日」は、『簠簋内伝』に記すところの「赤口」にあたる。旧暦の各月ごとに六日周期であらわれる民間の暦注のことで、現代の六曜に当てはめれば「先負」になる。この日は、幕府の公務は休みとなり、人々は家に籠って芸事などをして一日を過ごした。西岡注16論文を参照。

(45) 村山修一注26書、第十章参照

(46) 容肇祖「占卜的源流」(『容肇祖集』斉魯書社、一九八九年。初出一九二九年)。なお「火珠林」は、名古屋市真福寺に宋版の残葉が伝来する(重要文化財)。「火珠林」は、六枚の銭を筮竹の代用とし、周易六十四卦によって占断する略式の占法。今日の中国でも『六壬金銭課』(竹林印書局〈台湾新竹市〉)と称する卜占書があるが、六壬式占とは全くかけ離れた占いである。江戸初期の『醒睡笑』巻八—十六に「六曜の占」を特技とする座頭の説話があり、「草中蛍」という架空の卦を占断しているところをみると、これは暦注の六曜でなく、火珠林の類の銭占いらしい。

(47) 和島芳男『中世の儒学』(吉川弘文館、一九六五年)。小和田哲男『軍師・参謀』(中公新書、一九九〇年)。

(48) 清朝考証家の六壬に関する言及は、例えば銭大昕『十駕斎養新録』巻十七、兪正変『癸巳類稿』巻十「六壬試考」などがある。

(49) 厳敦傑注2論文。

(50) 黄正建『敦煌占卜与唐五代占卜研究』(学苑出版社〈北京〉、二〇〇一年)。

〔補注〕本稿は、一九八五年九月に脱稿しながら、機会を得ぬまま公表を控えていた原稿をもとに補訂を施したものである。そのため、式占・陰陽道関係の最新の成果を充分に採り入れられなかったことをお詫びしたい。とくに小坂眞二氏には「安倍泰親の占験譚をめぐって—火災占の所主・推断法」(大東文化大学『東洋研究』一三二、一九九九年)・「六壬式占の古占書について—その佚文集成の試み」(同誌一三七、二〇〇〇年)・「六壬式の古占書の伝存状況をめぐって」(同誌一四三、二〇〇二年)・「『黄帝金匱経』について」(『東アジアの天文・暦学に関する多角的研究』大東文化大学東洋研究所、二〇〇一年)など、六壬式占についてのさらに精密な研究があり、鈴木一馨氏に「式神の起源について」(駒澤大学『宗教学論集』二〇、一九九八年)・「怪異と災厄との関係から見た物忌の意味」(駒澤女子大学『日本文化研究』二、二〇〇〇年)など、本稿全体に関連する最新の成果がある。御参照を願いたい。

中世王権と鳴動

西山　克

はじめに―鳴動はどのように読まれてきたか

笹本正治氏は『鳴動する中世　怪音と地鳴りの日本史』のなかで、[1] 私の旧稿に触れてつぎのように述べている（傍線は西山）。

十六世紀末の秀吉の墓鳴動は、子孫を守ろうとする先祖の墓鳴動の事例としては時期的に最後の方に位置するといえよう。なお、子孫を守ろうとする意識は徳川家康にも踏襲され、家康は自ら東照大権現となった。ちなみに中世史を研究する西山克は、これから本書で触れる京都の東山将軍塚、男山（石清水八幡宮）、摂津の多田院、後鳥羽院御影堂、大和の多武峯の鳴動が、いずれも王家やそれを輔弼する家の始祖を祀る場、あるいはそれに準ずる場として秀吉に認識されていたとして、こういった通念が豊臣秀吉をして始祖神話を創造させることになったと見ている（中略）。しかし、私は前述のような流れからして、これを秀吉だけが王権創造の手段として意図的に伝説化したのではなく、広く当時の社会にあった、鳴動が先祖と子孫をつなぐとの意識の一端だったと理解する。

豊臣秀吉の墓鳴動は、社会通念を前提にして、新たに豊臣氏を興した秀吉が子孫を守るために出した、危機を知らせた音であり、それは広く社会に通用する考えであったと私は推測するのである。

結論から先に言おう。笹本氏のこの文章は、理解しがたい、不思議な文章である。確かに私はかつて旧稿「豊臣『始祖』神話の風景」のなかで、豊臣秀吉の死後の風景を読み解く作業を試みたことがある。豊国大明神の神号を授けられる以前の秀吉の神霊は新八幡社に祝われ、その前面には善光寺如来を安置していた大仏殿、背後には彼の遺骸を埋葬した阿弥陀ヵ峰が聳え立っていた(2)。

天下人秀吉の遺骸が阿弥陀ヵ峰に埋葬されたのはなぜか。「阿弥陀ヵ峰――鳴動する始祖の遺骸」の章を設けて、阿弥陀ヵ峰―秀吉墓の謎を解こうとしたとき、私の脳裏にあったのは、中世社会を通じて頻々と鳴動を繰り返す霊廟の存在であった。王権を体現する家の始祖の神霊が鳴動して子孫に警告する。〈中世王権と鳴動〉のテーマが阿弥陀ヵ峰の謎を解くキーになると私は考えたのである。

ところが笹本氏は、私の旧稿の論旨は甚だしくねじ曲げている。「秀吉だけが王権創造の手段として意図的に伝説化した」とは、一体私の論旨の何を指して言っているのだろうか。中世社会は鳴動に満ちている。「秀吉だけが(中略)伝説化した」とは、鳴動は秀吉の脳裏に浮かんだ幻想に過ぎなかったとでもいうことなのだろうか。私がそのように主張したということなのだろうか。

私は豊国大明神出現の豊かな中世的前史を描こうとした。近世初頭における英雄神の創出は、決して突然変異的な出来事ではなかった。そのことは、将軍塚・石清水八幡宮(八幡山)・多田院・後鳥羽院御影堂・多武峯の鳴動を紹介した部分を読めば理解できるはずである。笹本氏が何を言いたいのか私には皆目分からない。

笹本氏は「鳴動が先祖と子孫をつなぐとの意識」が「広く当時の社会にあった」と言われる。このことは正しい。しかしそれだけのことなら、宮地直一氏の遺稿集第六巻『神道史』下巻を読めばことたりる。宮地氏はその第五篇「室町時代」第四章「多武峯と多田権現の恠異」などで、多武峯鳴動や多田院鳴動を取りあげ、鳴動を媒介とした先祖と子孫の関係に繰り返し触れている。(3)

私が始祖と家の関係にこだわったのもおなじことである。私は別稿でつぎのように書いたこともある。(4)

(前略)将軍塚鳴動以下の事例には、ひとつの共通点がある。いずれも中世王権と不可分の関係をたもつ聖所が、繰り返し鳴動しているということだ。特に石清水八幡宮鳴動と多田院鳴動、それに多武峯鳴動は、天皇家と将軍家、それに摂関家の始祖の神霊が鳴動していることに注意しなければならない。天皇家と将軍家と摂関家は、中世王権を構成する三つの家であった。そのそれぞれの始祖の神霊が、長期にわたり激しい鳴動を繰り返し、中世王権やそれを構成する家の危機を警告するのは、奇妙だが、ありえないことではない。

私は始祖と家の関係に触れなかっただろうか。

さらに笹本氏は、黒田智氏の論文「大織冠像の破裂と肖像」にも思いを致すべきであった。(5)藤原鎌足御影の「名付け」に考察の主眼があるが、この黒田論文は大織冠破裂と多武峯鳴動について、いま最も検討に値する論文である。

確かに笹本氏は中世の記録類にとどまらず、民俗社会にまで網を打ち、鳴動の事例を博捜してみせた。そのことは充分に評価されなければならない。しかし鳴動の事例を時系列上に布置しながら、その観念の何が本で何が末であるのかを、一度緻密に検討する必要があったのではないか。

あるいは笹本氏の私に対する言説は、「王権」へのこだわりに対する批判であったのかもしれない。私は「中世王権やそれを構成する家」と鳴動との関係にこだわった。笹本氏は民俗事例の蓄積のなかから鳴動を論じる視点を維持しつつ、私の視座を批判していたのかもしれないのだ。それならば笹本氏はそのように書くべきであった。先のような批判では、笹本氏が何を言いたいのか私にはまるで分からない。批判をするなら論点を整理したうえで批判していただきたい。

〈中世王権と鳴動〉というテーマを、本稿で改めて検討してみたい。中世王権成立期における鳴動の事例を時系列上に布置しながら、〈中世王権と鳴動〉というテーマの存立可能性を探ってみたいのである。(6)

一　中世社会は神霊たちの声を聞きとる能力を必要とした

後白河院の『梁塵秘抄口伝集』巻第十につぎのような一節がある。仁安四年（一一六九）正月に後白河院が熊野本宮に詣でた際、その礼殿の柴燈の火の光のなかで遭遇した法悦のときを、後白河院の魂がいまだその礼殿に息を潜めているようなファナティックな筆致で書きとめている。

柴燈の火の光ありて、衝立・障子をすこし隔てて、誰ともなきやうにて、そばそばに成親・親信・業房・能盛、前の方に康頼・親盛・資行、寝あひたり。こなたは暗くて、柴燈の火に御正体の鏡、十二所おのおの光を輝きて、応化の姿映るらんと見ゆ。これかれの奉幣の声、やうやうに聞ゆ。法楽のものの心経、もし千手・法華経、こころごころに変るにつけて尊し。その紛れに、長歌よりはじめて、古柳下がり藤をうたふ。次に十二所の心の今様、そののち、（中略）伊地古をうたふ。暁方にみな人しづまりて、人音せで、心澄ましてこの伊地古を殊にうたひしほどに、両所西の御前の方に、えもいはぬ麝香の香す。成親、こはいかなることぞ。これは嗅ぐやと親信に言ふ。みなその座の人あやしみをなすほどに、また宝殿鳴りて聞ゆ。また成親驚きて、こはいかにと申す。我、ようにんのかりおほいしたるに、鶏の寝たるが音にこそと言ふ。しばしありて香しき充ちにほへり。さて御簾をかかげて、人の入らむやうに御簾はたらきて、懸りたる御正体の鏡ども鳴りあひて、みな揺ぎて久し。その時、驚きて去りぬ。寅の時なるべし。

熊野十二所権現を表徴する御正体の鏡が柴燈の火の光をうけて煌めくなかで、後白河院はその技量を尽くして歌をうたった。落飾前最後の熊野詣のときのことである。結の宮より麝香の香りが漂ってくる。藤原成親が嗅いだかと驚き、みなも怪しむほどに、突然宝殿が鳴った。驚き騒ぐ成親に後白河院は鶏が寝た音と言ってみたが、誰もいないのに御簾があたかも人が入ったかのように動き、懸けた御正体の鏡が一斉に揺れて鳴った。

神さびた熊野本宮礼殿の暗闇に篝火をたき、夜を徹して歌い続ける後白河院とその近臣たちは、一様にトランスに近い精神状態にあったかもしれない。そのなかで、彼らは詠歌に感応した神霊の顕現を感じとったのである。後白河院は、宝殿が鳴り御簾が動き御正体が共鳴したと書いている。

神社で御正体の鏡が鳴りあうという情景については、見覚えがある。勘解由小路経光の日記『民経記』によれば、天福元年（一二三三）五月七日、石清水八幡宮高良社の御簾の上に懸けられていた御正体が、風もないのに「加良々々」と鳴った。八幡宮若宮の巫女千手と、宿院末光の妻で宮仕を職掌とした藤原氏の二人が、八幡宮別当法印幸清に注進状を提出した。その注進状の全文をあげる（以下、この事件に関わる史料はすべて『民経記』による）。

高良社御躰令鳴動給間事、

今日七日、巳二点、所令鳴動給也、御簾ノ外ニ惣天十五面奉懸之内、御簾ノ上際ニ奉懸御正躰、いつれとは不奉見分之、加良々々ト令鳴動給、此音当宮若宮巫女千手於犬防際ニ天聞付之天、宮仕宿院末光妻也、相触之処、同聞之云々、其時風不吹、仍彼宮仕申云、先々加様事ナシ、若鼠ナトノ御簾際ニ有カト申天、即令見知之処、無其儀、然間、宮仕申云、若恠異ナラハ又可令鳴給也ト云々、仍奉守之処、頃而面ノ弘サ六寸一分御々正躰如先々令鳴給之上、又東ノ方ニ奉懸御正躰、面ノ弘七寸余歟、由良々々ト一二三度許ゆるかせ給之間、千手并宮仕等不思議事ト申天、小時宮仕馬場殿ヘ参天、令申此由也ト云々、

天福元年五月七日

宮仕藤原氏 在判
巫女千手 在判

午前一〇時ごろ、御簾の外に懸けられていた一五面の御正体のうち、御簾の上際にあったものが鳴った。若宮巫女の千手と宮仕の藤原氏がこれを聞きつけたが、宮仕は「若恠異ナラハ又可令鳴給也」と言い、二人であらためて一面の鳴動と、他の一面の揺れ（由良々々）を確認している。ともに二〇センチ前後の小ぶりの鏡であったらしい。風が吹いたのでもなく、鼠が揺らしたのでもない御正体の鳴動を、「恠異」かどうか見極めようとする宮仕たちの行動は注目に値する。

別当幸清から報告を受けた朝廷では、ただちに大外記中原師兼が一一日付で石清水八幡宮鳴動の先例を勘申している。

八幡宮寺高良御正体鳴動例事、
嘉保二年九月卅日、被行軒廊御卜、是依石清水八幡宝殿鳴動恠異也、
長治二年十二月二日、被行同御卜、是同宮寺言上去十一月十七日戌時・同廿三日戌時、男山鳴動事也、
十二月廿二日、被発遣石清水・賀茂両社奉幣使、是依石清水宮男山鳴動・賀茂臨時祭、穢中被立使事也、
安貞元年六月廿日、被行同御卜、是同宮寺言上、御山去五月廿九日辰時・今月二日卯辰両時、宝殿東南方角数度鳴動事也、
此外当宮恠異之時御行御卜、随其趣、或被立奉幣使、或於宮寺、令転読仁王経例等存之、
右、注進如件、
五月十一日
大外記中原師兼

嘉保二年、長治二年、安貞元年の先例が勘申されているが、石清水八幡宮宝殿か、あるいは八幡山（男山）の

鳴動した例であって、高良社鳴動の事例ではない。ただ、石清水八幡宮の鳴動が国家的に極めて重大な怪異として認識され、軒廊御卜や奉幣使の派遣の対象となったことが強調されており、高良社の鳴動に際しても、本宮と同様な対処を求めているようにも見える。

さて、八幡宮高良社では一二日に再び御正体の鳴動があり、しかもこの時は朝日の光のような輝きをともなった。同日付で「見聞人」と称する人々の注進状が幸清に届けられている。巡検勾当中務丞藤原貞継・検知下人傔仗男・山臥明乗房増春・宮仕下人字源三・当番宮仕女・得勝法師妻女・平五男の計七人が「見聞人」として連署した人々である。その記述は具体性に富んでおり、ここでも怪異としての鳴動の事実性を証言しようとする意思が明白である。

今日十二日丙辰、卯刻、八幡宿院高良社御正体、自東第三御鏡面八寸、第五御鏡面五寸五分令鳴動給事、始者先大ニゆるかせ給、其後令鳴給、三个度令鳴動給、爰巡検勾当中務丞貞継為宿院検知令居極楽寺前、而宮仕等呼申之間、参向高良社、あれ令奉見給へ、大ニゆるかせ給て令鳴給也、と申之間、奉見処、宮仕等如令申也、又五个度令鳴給、仍成不思儀之思、山臥明乗房増春当山行人、并宮仕相共御前ニ候テ談テ、御簾與御扉ノアイヲ奉検知之処、一切如鼠虵不見、其後各罷還本座令著、奉見上之処、又令鳴○動給テ、朝日ノ如遷光有耀于時天陰、諸人成奇異之思、又不吹風、当宮御殿司権律師隆詮宮廻之次承及之、任実正注進如件、

天福元年五月十二日

見聞人

巡検勾当中務丞藤原貞継

（以下、六名略す）

巡検勾当中務丞藤原貞継と検知下人傔仗男の二人は宿院検知のため極楽寺前にいたとあるから、この鳴動の

「検知」を目的に滞在したわけではない。朝六時ごろの鳴動に最初に気づいたのは宮仕たちであり、そこに貞継等が呼ばれ、さらに山臥明乗房増春が呼ばれている。彼らは御簾と扉のあいだを調べたが、鼠も蛇も発見できなかった。風もなかった。最後に石清水八幡宮御殿司権律師隆詮が宮廻りの途中でこの鳴動の事実を聞き及んでいる。隆詮は早朝に山上山下の祠堂を巡拝していたのであろう。貞継等は一番にその隆詮に報告し、おそらくはその助言を得てこの注進状を作成している。

朝日のような光は、時間的にみて、実際に朝日の光が御正体の鏡に反射した煌めきだったかもしれない。が、それはいい。ともあれ鳴動に立ち合った人々の行動には注意が必要だろう。宿院末光の妻藤原氏と若宮巫女千手の場合と同様に、貞継等も鳴動の事実を、①複数の「見聞人」で、②再度、確認しようとしている。小動物や風を原因とする経験則的な説明ができないということを、徹底的に確認しようとしているのである。実証的な態度と言い換えてもよい。

以上のような経過をたどり、やがて二一日には紫宸殿南庭の軒廊で神祇官・陰陽寮による卜占、いわゆる軒廊御卜が行われた。そこでは、①鳴動の原因は神事の違例による穢気、不浄に求められ、②やがてくる口舌・兵革・薬事の予兆と捉えられ、③朝廷の慎みが基本的な対処法として提示されている。神祇官・陰陽寮それぞれの判定に大きな齟齬は見られない。

五月七日に若宮巫女等が御正体の鳴動に気づいてからちょうど二週間で、このような国家的リアクションがはかられたのであった。鳴動は神霊の意思の現れとされ、凶事の予兆と捉えられている。正しい対処法が講じられなければ災いが国家に及ぶと考えられたのである。

冒頭で提示した後白河院の法悦体験と比較してずいぶんな懸隔があるのはやむをえない。聖地熊野の夜を彩る柴燈の光、御正体の煌めき、後白河院の人生と切り離しては考えられない歌の数々、――神霊の感応が宝殿をどよもし、御簾を揺らし、御正体を共鳴させる。これに対して石清水八幡宮高良社における御正体の鳴動は、偶然のように立ち合った人々に示される。感応と法悦が用意されているわけではない。「見聞人」が経験則に反する怪異、神霊の意思を確認し、さらに国家がその対処法を講じようとするのである。

しかし重要なのは神霊の意思である。鳴動とは神霊が介在して起こるものであり、日常的な経験則に基づく理解は不可能にしても、そこに非日常的な「論理」を読みとることは可能な現象であった。後白河院の神秘体験も、若宮巫女千手の聴いた「加良々々」という音も、その意味で共通した側面をもっている。神霊の活動が音あるいは声を発するのである。

鳴動の「論理」を読みとること——。中世人は、中世的な思考・観念のフィルターを通して怪異を解読しようとしていた。鳴動も例外ではありえない。鳴動にどのような解釈のフィルターが被せられるのか。それを考えてみる必要がある。

二　鳴動に解釈のフィルターが被せられる

『扶桑略記』寛平元年(八八九)五月二八日条に「石清水八幡宮殿自然震動」の記事がある。これが石清水八幡宮(八幡山)鳴動・震動の初見史料であると同時に、陵墓を除く神社・神体・神木類の鳴動・震動の初見史料ともなっている。ただし鳴動と震動とでは音声の有無という相違がある。直截聴覚に働きかけるものと、そうではないもの。前近代人の両者に対する解釈に、音声の有無をめぐって質的な差異が認められないかどうか。しかし、たとえば康和四年(一一〇二)九月二九日の誉田山陵の振動のように、表記上は「振動」で音声を伴わないように見えても、じつは「如雷」と特記されて雷鳴のような音声を伴っているケースもある。鳴動と震動を識別するのは意外にむずかしい。ここではひとまず、特に区別せずに話を続ける。

陵墓の鳴動・震動例としては、『続日本紀』大宝二年（七〇二）八月癸卯条に「震倭建命墓遣使祭之」とあるのが最もはやい。倭建命の墓が震動し、使者が派遣され、鎮魂の祭が行われたとの記事である。平安前期の陵墓の鳴動・震動例としては、承和一〇年（八四三）四月一日に楯列陵守が二度の山陵鳴動を伝えた例、仁和三年（八八七）一〇月に光孝天皇の新陵が十余日にわたって昼夜鳴動した例がある。そうした諸例に続いて、いささか特異な相貌を帯びながら、この石清水八幡宮震動の記事が『扶桑略記』に書きとめられている。

石清水八幡宮殿自然震動、令神祇官陰陽寮占筮、言可慎大病、朕雖誠愚、而非法不行、非道不言、縦令犯小罪、而不必及大過、而有咎害、奉憑国内神祇、于今無怠、況乎元来帰依三宝、莫不旦夕敬拝、而災異頻発、可有死徴、唯願天地神祇并三宝冥助、令保身命已上、御記

この震動については、後世の史料ながら『元亨釈書』巻第二十四、資治表五、宇多の項にもつぎのような一文がある。

寛平二年五月、石清水宝蔵震。大史筮曰、病在聖躬。帝曰、朕雖至愚、頗慎言行、況帰三宝、旦暮修懺、縦有微恙、不至大故。然当咎徴、不可逸予。只夫天地神霊證之耳。而無事。君子曰。宋公善言、沴星没焉。夙慎言行勤修懺、何災之有。自信不疑。天皇之謂乎。
七月、盂蘭盆供。薦先皇也。其納燈油七所、延暦、西塔院、神護寺、円成、長谷、東西寺、八幡神祠也。
十二月、石清水大神託曰、欲得菩薩色道具、敕献瓔珞、香爐、念珠等。

年紀に一年のずれがあるが、同じ宇多天皇時の石清水震動を取りあげていることは間違いない。ここでは『扶桑略記』に従い、寛平元年の震動として話を続ける。

「石清水八幡宮殿自然震動」の事態をうけて、神祇官と陰陽寮による占筮が行われ、「可慎大病」という勘申を得ている。『元亨釈書』に「大史筮曰、病在聖躬」とあるように、この場合の「大病」が天皇の「聖躬」の異変

を意味していたことはあきらかである。石清水八幡宮の祟りが聖体不予に直結するのであれば、「天照大神がタタリをなし、天皇を〈不予〉とするのみではない。この可能性は、すべての〈神〉にある。〈守護〉神が不断にタタリをなす。かくて、天皇の〈身体〉はきわめて〈あやうい〉状態にある」という西山良平氏の言葉を想起してもよいかもしれない。(7)

しかしながら、興味深いのはこの時の宇多天皇の対応であった。『宇多天皇御記』から引用された天皇自身の言葉は、董仲舒的な天人相関思想にひとまずは準拠しているように見える。(8) 震動は、宇多天皇の私的な身体に及んだ祟りではなく、この世に顕すべき法や道についての、宇多天皇の公的な姿勢に対する警告として受けとめられている。「災異頻発、可有死徴」という言葉がそれを鮮明に表しているだろう。

その上で、宇多天皇は、災害・怪異の顕示する死の徴候から逃れる手だてを考える。「非法不行、非道不言」という天皇自身の日常のありよう、そして何よりも神祇への崇拝と仏教への帰依が、天皇の身命を維持してくれる。そのことへの確たる期待……。

一〇世紀に断続的に現れはじめ、一一世紀以降には頻々と記録上にその余韻をとどめることになる神社・神体・神木の鳴動・震動の、これが初発の事例であることには注意がいる。(9) なにが問題なのか。言うまでもない、宇多天皇（在位八八七〜八九七）の朝廷が問題である。

『平安時代の国家と祭祀』に織り上げられた岡田荘司氏の労作によれば、平安時代前期から中期にかけて、公卿・殿上人・諸大夫制、とりわけ殿上制の確立を前提として、天皇の意思を直截に反映する「御願」祭祀が成立した。そしてそうした祭祀、たとえば伊勢公卿勅使・臨時祭（賀茂・石清水など）・大神宝使制は、まさに宇多朝以降に見られる祭儀であった、という。(10)

承平・天慶の乱を画期としてやがて神社行幸も一般化する。神祇制度の変革は、あるいは対偶的な出会いの場を用意したとも言えようか。もちろん天皇と神々との直截的な出会いの場——という意味である。寛平元年の「石清水八幡宮殿自然震動」はこのようなときに起こった。また危機管理の対象として発見された。

しかし意外なことがある。この寛平元年時の震動が、後世、石清水鳴動の先例として認知されていたようには見えないのである。この後、しばらく石清水鳴動・震動の事例は記録上に現れなくなる。つぎに現れるのは嘉保二年（一〇九五）九月三〇日の宝殿鳴動であり、寛平元年時の震動と比較してじつに二〇〇年以上のひらきがある。その途中に「河内国誉田天皇山陵」が震動放光したことを「石清水宮司」が言上した例（『扶桑略記』治暦二年三月二八日条）はあるが、これはもちろん石清水八幡宮そのものの鳴動とは言えない。嘉保二年時の鳴動については、同時代史料はいまのところ確認されていない。『民経記』天福元年（一二三三）五月一一日条所引の大外記中原師兼の勘文に「嘉保二年九月卅日、被軒廊御卜、是依石清水八幡宝殿鳴動恠異也」とあるのが、唯一その徴証であり、その勘文自体は第二章ですでに引用ずみである。ついで康和二年（一一〇〇）二月二二日にも鳴動があった。これについても同時代史料は確認されていない。『師守記』貞和五年（一三四五）閏六月二六日条所引の石清水八幡宮社家勘文に、「康和二年二月廿二日御殿鳴動、其声如雷、又中天有光、而耀御殿上」とあるのがその徴証である。

要は後世の石清水鳴動に際して、以前の鳴動が想起され、勘文が作成される。記録の彼方から喚起され、書きとめられてきた鳴動例のなかに、嘉保二年の鳴動も康和二年のそれもあったということだ。しかしながら「石清水八幡宮殿自然震動」という寛平元年時の痕跡は、『扶桑略記』に記録され、『元亨釈書』に採録されているにもかかわらず、後世の勘文において省みられることがなかった。

少なくとも記録上では、それが音声を伴わない「震動」だったからであろう。「石清水八幡宮殿自然震動」に続く時代の、音声をともなう神社の恠異を列挙してみる。

①【春日社】『貞信公記』天慶二年（九三九）正月二日条
　春日社鳴如撃鼓、又有鳴鏑声、
『日本紀略』天慶二年（九三九）正月条
　正月二日甲辰、春日社鳴、如撃大鼓、其後有鳴鏑声、
②【日前国懸社】『日本紀略』天慶三年（九四〇）一〇月条
　十月三日乙未、紀伊国言九月十七日日前国懸大神御殿戸振鳴由、
③【熱田社】『日本紀略』康保三年（九六六）三月条
　廿二日丁亥、軒廊御卜、尾張国言上、正一位熱田大明神自今月一日三箇日、并十二日亥時、社中鳴如大鼓乱声、同十五日夜、振鳴如大鈴、恠異也、
④【賀茂社】『日本紀略』康保三年（九六六）五月条
　十三日丁丑、賀茂社鳴、又宜陽殿鳴、
　廿五日己巳、奉幣諸社伊・石・賀・松・平・春・稲、依賀茂社鳴也、左大弁橘好古参賀茂上社、読宣命之間、老嫗有託宣事、

危機意識の極度に肥大化した承平・天慶の乱のさなかに、①春日社や②日前国懸社の御殿の戸が鳴っていることに注意してよい。大鼓を撃つように鳴り、また鏑矢の声がするのは、あきらかに兵革を意識してのことである。「動」「振」「震」の表記が春日社の場合に見受けられないが、しかし鼓や鏑が兵革の暗喩である以上、神霊の意思の所在は自ずからあきらかである。『太平記』巻第二十七「天下妖怪事、付清水寺炎上事」に、「同（貞和五年）六月三日、八幡ノ御殿、辰刻ヨリ酉時マデ鳴動ス。神鏑声ヲ添テ、王城ヲ差テ鳴テ行」とあるのを、時代を超えて想起してもよい。

承平・天慶の乱より時期は下るが、③熱田大明神もまた激しく鳴っている。「社中鳴如大鼓乱声」「振鳴如大鈴」とあるように、「鳴」だけでなく、「振」という状態を伴っているのは、御殿の戸が「振」鳴した②日前国懸社の場合と同様である。④賀茂社の音声怪異は諸社奉幣を引き出している。これも「動」「振」「震」はないが、宣命を読みあげるにあたって、賀茂上社の老嫗に神が降り、託宣を下している。老いた巫女を回路として神霊の意思が自覚されていることには注意がいる。

以上①〜④の事例は、「宜陽殿鳴」の記事を含みながら、神社の鳴動史料としてごく初期のものに属している。「鳴動」の表記に換えて「振鳴」の表記が多用されていることにも惹かれるが、しかしそれはよい。問題なのは音声の存在である。「石清水八幡宮殿自然震動」と①〜④が違うのは、後者が音声をともない、人びとの聴覚に直截働きかけていたことである。前者が中世の勘例の網の目に掬いとられなかったのは、神社の震動例として例外的に時期が早く、なおかつ震動のみで、メッセージ性の強い音声を伴っていなかったことがその原因であろう。

それでも、中世社会に至る鳴動の歴史にとって、九世紀末の宇多朝が時系列上のエポックであったことは認めねばならない。神霊は確実に何ごとかの身振りを示しはじめたのである。やがて本格的な神霊の鳴動が、承平・天慶の乱を契機として起こった。王権の危機を現出した範例的な事件の過程で神霊たちが声を発したことには、幾重にも注意が必要である。《王権の危機の予兆として鳴動する》という鳴動のひとつの文脈がここに姿を現しているからである。

あらためて中世初期の鳴動に被せられた解釈のフィルターを検証しよう。最良の事例を提供するのは京都東山の将軍塚である。

三　中世王権の危機神話

中世初期の鳴動の意味づけを語るものとして第一に取りあげるべきなのは、京都東山における将軍塚鳴動の起源についてのつぎの言説であろう。『平家物語』巻第五「都遷」に見える著名な記事である。新日本古典文学大系（岩波書店）本から引いてみる。

仍乙城郡におはします賀茂大明神に告申させ給ひて、延暦十三年（七九四）十一月廿一日、長岡の京より此京へうつされて後、帝王卅二代、星霜は三百八十余歳の春秋をおくり迎ふ。「昔より代々の帝王、国々ところどころに、多の都を建てられしかども、かくのごとくの勝地はない」とて、桓武天皇ことに執しおぼしめし、大臣・公卿、諸道の才人等に仰あはせ、長久なるべき様とて、土にて八尺の人形を作り、くろがねの鎧・甲を着せ、おなじうくろがねの弓矢を持たせて、東山峰に西向きにたててうづまれけり。末代に此都を他国へうつす事あらば、守護神となるべしとぞ御約束ありける。されば天下に事出でこんとては、この塚必ず鳴動す。将軍が塚とて今にあり。

平清盛による福原遷都の衝撃が平氏滅亡の終末を導く王法への罪として物語られるなかで、対照的に桓武天皇による平安京の創出とその呪術的な防衛が、王城の永遠性を保証する神話的な挿話として書きとめられている。桓武天皇が大臣、公卿、諸道の才人等に仰せあわせて練りあげた八尺の土の人形《ひとがた》には、鉄製の鎧・甲が着せられ、同じく鉄製の弓矢が持たせられた。この人形は、平安京の永遠を願い、東山の峰に王城にむかって埋められる。将軍塚がそれである。将軍塚は天下に危機が迫ると鳴動するという。

本稿の末尾に付した鳴動一覧表でも一部が知られるように、以後、将軍塚は中世を通じて鳴動し続ける。その起源が、王権とその住まう王城の危機管理の問題として、福原遷都に言寄せて語り出されているのである。桓武天皇の「御約束」については、延慶本にも「帝都長久なるへき様とて、八尺の人形を作て、鉄の甲冑をきせ、同弓箭を持て、帝自ら御約束ありけるは、末代に此京を他所へ遷し、又世を乱ん者あらは、必す罰を加へ、祟をなして、長く此京の守護神と可成とて、東山の嶺に西向に立て被埋けり。将軍か塚とて今にあり。御誓有限れは、天下に事出来、兵革起らんとては、必ず告け示して、此塚か鳴動すと云へり」とあり、天皇自らが平安京の守護神となると約束したとしている。

この『平家物語』「都遷」の挿話については、すでに平安後期にその伝承の前史の存在したことが知られている。伊勢物語の注釈書『和歌知顕集』（源経信述作）のつぎの一節が重要である。[11]

桓武天皇御宇、延暦三年にはなれて、長岡の京にうつり給。かしこも人すみにくきがゆへに、同十二年神無月のころ、大納言小黒丸、参議小佐美等をつかはして、山城国愛宕郡をみせしめ給ふに、小佐美等かへりまいりて、東西南北、四神相応の霊地也とほめ申すによりて、同十三年二月に、たいらの京にうつらせ給て、御覧ずるに、この所きゝしよりは、みるはまさりたりければ、賀茂大明神を鎮守として、我王法のすゑたへざらんかぎりは、末代にもこの宮こをほかへうつすべからず、と御心に祈請しつゝ、①つちにて八尺の人かたをつくりて、くろがねをもてよろひをし、ひをどしにおどしてきせつつ、あしげなる馬の大きなるにのせて、②王城をながく守護せよとて、ひがしやま③阿弥陀がみねといふ所に、西にむかへてたかくうづませ給てけり。天下にわづらひあらんとては、かのつか、いまもなりさはぎ侍也。

『平家物語』「都遷」と酷似した挿話であることは一目瞭然であるが、他方で幾つかの違いも目につく。①埋納された人形の騎乗というイメージは、『太平記』巻第二十七「天下妖怪事、付清水寺炎上事」に見えるつぎの一節、

貞和五年（一三四九）正月ノ比ヨリ、犯星客星無隙現ジケレバ旁其慎不軽。王位ノ愁天下ノ変、兵乱疫癘有ベシト、陰陽寮頻ニ密奏ス。是ヲコソ如何ト驚処ニ、同二月二十六日夜半許ニ将軍塚夥シク鳴動シテ、虚空

ニ兵馬ノ馳過ル音半時許シケレバ、京中ノ貴賤不思議ノ思ヲナシ、何事ノアランズラント魂ヲ冷ス処ニ、明ル二十七日午刻ニ、清水坂ヨリ俄ニ失火出来テ、清水寺ノ本堂・阿弥陀堂・楼門・舞台・鎮守マデ一宇モ不残炎滅ス。

を想起させる。将軍塚鳴動が「兵馬ノ馳過ル音」とされているのは、それが兵革の予兆と捉えられていると同時に、埋納された人形の騎乗が前提的なイメージとして作用しているのかもしれない。

②『和歌知顕集』で「王城をながく守護せよ」とされている箇所が、『平家物語』の諸本、たとえば延慶本では「帝都長久なるへき様とて、（中略）帝自ら御約束ありけるは、末代に此京を他所へ遷し、又世を乱ん者あらは、必す罰を加へ、祟をなして、長く此京の守護神と可成（下略）」とされている。『和歌知顕集』の「王城をながく守護せよ」とは桓武天皇が平安京の護持を人形に命じた言葉である。しかし『平家物語』では桓武天皇自身が守護神となるべしと「御約束」している。この場合、人形は桓武天皇の崩御後の神霊の籠もる器である。将軍塚鳴動の主体は、平安京守護に妄執を残し、鉄の甲冑・弓箭で武装した桓武天皇その人の神霊であると、『平家物語』は語っているのである。

『和歌知顕集』から『平家物語』へのこの変化は、福原遷都の経験のあるなしによるだろう。『平家物語』諸本では、引用文のあとに福原遷都を断行した平清盛を叱責する一文が挿入されている。たとえば延慶本では「桓武天皇と申は即平家の曩祖にて御坐す。既に先祖の聖主の基を開き、代々の御門、此地を出させ御坐す事なし。然るを其御末にて指たる謂れ無、都を他所へ被遷事、凡慮難測」（傍線西山）とある。すなわち桓武天皇が「平家の曩祖」であること、そして平清盛が桓武天皇の「御末」であることが、繰り返し強調されているのである。平家一門の始祖の神霊が、子孫の悪逆を非難し、その族滅を警告する――。

『平家物語』諸本が将軍塚鳴動の主体を武装した人形ではなく、人形に憑依した桓武天皇崩御後の神霊と見定めたのは、桓武平氏による福原遷都を、始祖の功業に対する子孫の叛逆と捉えたからだと私は考えている。始祖の神霊による子孫への警告という、ある種の血縁の論理が強調されているということなのである。

③『平家物語』諸本で将軍塚鳴動とされているものが、『和歌知顕集』では「阿弥陀がみね」とされている。阿弥陀ヶ峰は音羽山（清水山）と稲荷山のなかばに位置する東山の一峰で、後世に豊臣秀吉の遺骸が埋葬されたところである。阿弥陀ヶ峰の鳴動は記録上多くを知られていない。慶長四年（一五九九）閏三月に起きた豊臣秀吉廟の鳴動が、その唯一の記録であるかもしれない。

他方で将軍塚のある華頂山は、音羽山よりさらに北、東国よりの玄関口にあたる三条口を制する地点にあり、中・近世を通じて鳴動を繰り返している。桓武天皇の人形伝説は中世以降、後者の将軍塚に特定され、特に異態を生じないが、しかし『平家物語』に先行する『和歌知顕集』が「阿弥陀がみね」と記すのは、平安後期には鳴動する東山の峰が華頂山と特定されていなかったことを示すのではないか。

そうした文脈から見て興味深いのは、平清盛による福原遷都の二年前に、将軍塚が大鳴動を起こしていることである。藤原成親の日記『山槐記』に印象的な記事がある。治承二年（一一七八）六月二三日、および二六日条である。すでにその前年、鹿ヶ谷の陰謀が露見し、後白河院政と平清盛との緊張関係が高まっていた。

陰晴不定、午後大雨、辰剋東方大以鳴動、如打大鼓、或曰将軍墓云々、十二度鳴之、後日又或曰、山階御陵云々、無一定、　（二三日）

去廿三日将軍墓鳴事、頭権大夫〈光能〉内々以書状問陰陽師等、占申口舌兵革公家御憂之内云々、占友人《（マヽ）》所可被問歟、　（二六日）

不安定な天候のなかで、朝八時ごろ、東方に大鳴動があった。将軍墓か天智天皇の山科陵かで意見が一定しなかったが、やがて将軍墓の鳴動と特定された。「如打大鼓」という表現のなかに、『漢書』五行志など中国の書物の影響を嗅ぎとることもできる。[12] 軒廊御卜は行われていない。蔵人頭藤原光能が陰陽師等に内々に問い、口舌以下の見立てを得ている。

じつのところ、この治承二年の鳴動は、史料上に現れる将軍塚鳴動の最も早い事例のひとつであった。鳴動一覧表で知られるように、天智天皇の山科陵も建久一〇年・文暦元年・寛元四年・宝治元年に鳴動の記録を残している。この治承二年の鳴動がなぜ将軍墓に特定されたのか、そのあたりの事情はわからない。しかしいずれにしも、この治承の鳴動が、『平家物語』「都遷」の鳴動譚に決定的な影響を与えたのではないかと私は考えている。

さらにつぎの史料も考慮にいれておくべきかもしれない。九条兼実の日記『玉葉』治承四年（一一八〇）一〇月一八日条である。

右中弁兼光来、召前談世上事等、下向維摩会、明後日可帰参福原云々、（中略）又兼光語云、去八月新院御祈為行御神楽、参賀茂社之次、神主重保相語云、去比通夜宝前、眠歟非眠歟之間、御宝殿震動、于時故法性寺殿、正束帯、御坐宝殿傍、又歎息而曰、無由キ遷都之有テ、如此久宝殿モ令揺動給也トテ、事外ニ思食歎タリト、見了覚了云々、此事実可恐事歟、

兼実のもとに右中弁藤原兼光がやってきた。維摩会のために下向し、明後日に福原に帰るついでである。その兼光が、八月に新院（高倉院）御祈の御神楽を執行しようとして賀茂社を訪れた際、神主賀茂重保が彼につぎのように語ったという。重保が賀茂社宝前で通夜をし、眠るか眠らないかの間に宝殿が震動した。見ると、故法性寺殿（藤原忠通）が束帯を正して宝殿の傍らに座っている。その忠通が嘆息して言った。訳もない遷都が行われて、このように宝殿も揺動するのだ――と。

賀茂社宝殿の震動も、故法性寺殿の御霊の出現も、「眠歟非眠歟之間」とあるのを見れば、あるいは歌人でもある重保の夢想に過ぎなかったのかもしれない。しかし仮に夢想であるとしても、夢想は現実に働きかける力を

持っていた。重保は夢想に言寄せ福原遷都を暴挙として非難しているのである。

注意がいるのは、平安京廃都と福原遷都に対する賀茂大明神の不満が、宝殿震動という形式で表徴されていることである。『平家物語』「都遷」と類似した状況設定が行われているということだ。福原遷都に怒った神々が、鳴動・震動によって暴政者にレジスタンスするという設定が、将軍塚鳴動以外にもありえたことを示している。

整理しておこう。

源経信が『和歌知顕集』に書きとめた桓武天皇と人形との物語は、後白河院政と平清盛との不可逆的な軋轢や、将軍墓の大鳴動、福原遷都、遷都へのレジスタンスとしての賀茂社宝殿の鳴動等々を生み出した時代状況のなかで、『平家物語』「都遷」のスタイルに変換されていったのではないかと私は考えているのである。

その際、決定的に重要なのは、『平家物語』「都遷」における将軍塚の挿話が、桓武天皇と平清盛との関係を強調していることである。「平家の曩祖」とその「御末」という関係、すなわち始祖とその子孫との関係の強調である。

《始祖の神霊が暴虐な子孫に警告を発する音、あるいは声》という鳴動のひとつの文脈がここに姿を現すことになる。

四　山陵から宗廟へ

《王権の危機の前兆として鳴動する》《始祖の神霊が暴虐な子孫に警告を発する音、あるいは声》という鳴動の二つの文脈を念頭に置きながら、あらためて鳴動一覧表を見てみたい。目を引くのが陵墓の鳴動である。一覧表のなかで、実線のアンダーラインを引いた箇所が天皇の山陵の鳴動例、破線のラインが摂関家の墓所の鳴動例である。ただし後者からは藤原鎌足墓である多武峯の事例を削除してある。

多武峯は『小右記』永観二年（九八四）一一月八日条を初見として、以後、頻々と鳴動を繰り返している。しかもただ単に鳴動を繰り返しただけではない。多武峯聖霊院には大織冠鎌足の御影（木像）が安置されている。その御影が大織冠破裂と呼ばれるひび割れを起こすことがあった。そのひび割れに際しても多武峯が鳴動した。大織冠破裂の記録上の初見は、後世の編纂物を除けば源俊房の日記『水左記』永保元年（一〇八一）三月一九日条に現れる永承年間（一〇四六～一〇五三）の事例である。それからおよそ五五〇年後、歴史上最後の破裂となった慶長一二年（一六〇七）時には、『当代記』同年七月三日条に「多武峯大織冠之木像、身体膿テ血流ル」と見え、また『孝亮宿祢記』同年八月一日条にも「御臭気有り云々」と見えている。聖霊院御影は鎌足神霊の御霊代どころか、膿んだ傷口から血を流し、臭気を発する神霊の肉体そのものとまで喧伝されていた。

大織冠御影が破裂したとの報告が上進されると、ただちに藤氏長者邸で宮廷陰陽師による御占が行われ、長者が鎌足神霊に告文を捧げる。神霊がこれを納受すれば、破裂は平癒する。藤氏長者がただちに告文使を派遣して神霊を宥めにかかるのは、神霊の御霊代である御影の破裂という現象を、子孫に対する始祖神の警告と認識していたからである。多武峯側の仕掛けの意図自体はともかく、破裂（鳴動）そして慰撫の過程を通じて、王権を輔弼する藤原氏のアイデンティティが再確認される。じつのところ、〈中世王権と鳴動〉というテーマを論ずるうえで、多武峯は特権的な地位を獲得している。そのことはあらためて触れなければならない。

鳴動一覧表を参照しながら、陵墓の鳴動例を概観、検討してみることにしたい。ただし陵墓制の研究史にトータルに関わることはしない。[13]私の好奇心は鳴動、つまりは墓の言語に向いている。

『続日本紀』大宝二年（七〇二）八月八日条に見える倭建命墓の震動《ないふる》記事が突出してはやく、神霊の荒魂的な性格が想定されるが、しかしこのときは震動のみで音声を伴ってはいない。そこでこれを省くとすると、楯列陵（神功皇后陵）の鳴動が、陵墓鳴動の最も初期のものとなる。楯列陵は飄風のような赤気をともない、雷鳴のように鳴っている。ちなみに鳴「動」はしていない。

『続日本後紀』承和一〇年（八四三）四月一日条に、

> 楯列陵守等言、去月十八日食時山陵鳴二度、其声如雷、即赤気如飄風、指離飛去、申時亦鳴、其気如初、指兌飛亘、遣参議正躬王、加検校、伐陵木七十七株、至楮木等、不可勝計、便即勘当陵守長百済春継上奏矣、

とあるように、楯列陵の鳴動は陵木が伐採されるという不法が加えられたためであることがわかる。これは山陵に住まう陵霊の祟りと考えてよい。実際、楯列陵は繰り返し祟りをなしている。論文「〈神〉・怨霊・山陵　タタリの全体史あるいは〈怨霊〉信仰再考」のなかで八・九世紀の祟りの全体像を俯瞰した西山良平氏は、「山陵のタタリは怨霊に触発されたと推定される」と述べている。[14]

しかしそれにしても、なぜ陵霊は天皇に祟るのか。兆域の樹木が聖樹とみなされ、その損害が神霊の怒りをかうのは、それは理解できる。『類聚国史』巻三十六を見れば王権が陵木に加えられた損傷を看過できなかったことはすぐにわかる。問題なのは、山陵の聖樹を損傷した当事者、たとえば陵守が祟られることなく、損傷に関与していない天皇が不予となるのはなぜなのかということなのである。

もちろん事態の推移は裏返されている。古記録には【山陵の祟り→天皇不予】という仮構が書きとめられている。現実には天皇不予が先にあった。山陵の祟りは天皇不予の説明原理のひとつである。平安王権の危機管理システムの一環と言い換えてもよい。天皇不予という王権の重大な危機を、その原因を創造、認知することで、雲散霧消させようとするわけだ。

基本的に――例外はあるが――聖樹損傷の当事者は天皇不予の責任を仮託され処罰される供犠でしかない。では、山陵に宿る霊とは何者なのか。西山良平氏の「〈神〉・怨霊・山陵」は、嵯峨天皇が高畠陵（桓武皇后藤原乙牟漏陵）の祟りによって不予となった弘仁元年（八一〇）七月を、山陵の祟りの初見としている。以後、山陵の

祟りは怨霊の場合と同様に、主に陵前読経によって鎮圧されるという。

他方で【山陵の祟り→天皇不予】の記録上の最後は、一二世紀初頭の小松山陵（後田邑山陵、光孝天皇）の事例であろう。嘉承元年（一一〇六）二月一九日、小松山陵が鳴動した。そのことを伝える中御門宗忠の日記『中右記』同日条には、【山陵の祟り→天皇不予】のコンテクストが明快な描線で書きとめられている。

又小松山陵使可被立日時使、右大将被定申、来二十八日、是仁和寺法親王去年被造房舎之間、築垣入山陵四至内、頗被掘破了、其後彼山陵頻鳴々(之カ)□□(上法親王カ)又入滅、近日公家玉躰不予之間、祖廟成祟之由、見御□□遣右衛門権佐実光実検之処、為被□(謝カ)申件事、可被立山陵使云々、予入其使、次官保隆者、

前年、仁和寺法親王が房舎を造営したが、その際、築垣（築地）が小松山陵の四至内に侵入し、頗る山陵を掘り破ってしまった。小松山陵の鳴動が始まったのはそれからである。法親王の入滅も、あるいは山陵の祟りと認識されていたかもしれない。やがて堀河天皇が不予となる。「近日公家玉躰不予、祖廟成祟」とあるように、天皇不予は祖廟の祟りと予想され、実検の後、小松山陵に山陵使が遣わされることになった。

繰り返すまでもなく、山陵は祖廟であり、山陵の祟りは祖廟のそれと認識されていたのである。宗廟を持たない日本の王権にとって、山陵が宗廟の代替と意識されていたことについてはすでに指摘がある。その意味で、山陵の祟りが祖廟の祟りと言い換えられるのは当然のことであった。

しかし他方で、つぎのような事実にも目を向けておかねばならない。嘉承元年の小松山陵の鳴動とほぼ時を同じくして、「国家の宗廟」が鳴動を始めるのである。伊勢神宮のことではない、石清水八幡宮（八幡山）の鳴動がそれである。音声を伴わない宇多天皇在世中の震動を排除すれば、石清水八幡宮の鳴動は嘉保二年（一〇九五）九月三〇日のそれが初例となる。

八幡宗廟観について概観しておきたい。吉原浩人氏の論文「八幡神に對する『宗廟』の呼稱をめぐって」によ

れば、『宗廟』の語が八幡に對して初めて公式に用いられた」のは寛治二年（一〇八八）であったという。[15] 以後、八幡宗廟観は継続して諸史料に現れる。その際、後冷泉天皇以下五朝に宮仕えした大江匡房（一〇四一～一一一一）の存在が決定的に重要である。匡房は彼自身が作成した告文・願文などのなかで、八幡宗廟観、ひいては八幡・伊勢宗廟観を繰り返し主張している。

中国的な宗廟を、皇祖神を祀る神社としての八幡・伊勢に読み換えること――匡房の意図を吉原氏はこのように要約している。院政期の王権は皇統譜の始源に立ち返りつつ、山陵という個々の陵霊の宿りに拡散しない、より統一的な宗廟を手に入れようとした。ただし中世的な国家第一の宗廟（伊勢）と第二の宗廟（八幡）の観念が、このとき同時的に成立したわけではない。

伊勢神宮宗廟観の成立とその展開のプロセスを検討した高橋美由紀氏によれば、八幡宗廟観と伊勢宗廟観の発展はおおよそ次のように推移するという。[16]

① 一二世紀初頭から八幡宗廟観が広がる。

② 伊勢宗廟観は遅れて一二世紀中頃から現れる。

③ 一三世紀には伊勢神宮宗廟観が一般化し、伊勢神宮を国家第一の宗廟、石清水八幡宮を国家第二の宗廟と称するようになる。

注意がいるのは、八幡・伊勢宗廟観、特に八幡宗廟観の展開が、時期的に八幡鳴動の展開と一致することである。そしてまた、もうひとつ注意がいるのは、八幡鳴動の展開と併行しながら、あの山陵の鳴動が終息していくことである。

嘉承元年の小松山陵の鳴動に先立って康和四年（一一〇二）九月二九日に誉田山陵が鳴動しているのは、誉田山陵が「（八幡）大菩薩御舎利之処」と理解されていたことからすれば、[17] 八幡大菩薩、すなわち応神天皇の神霊の鳴動と考えてよい。以後、一二世紀初頭の幾つかの鳴動例を経て、天承二年（一一三二）一月一二日の秋篠山陵、建久五年（一一九四）六月二〇日の後白河天皇廟、同一〇年（一一九九）一月一九日の天智天皇山科陵と鳴動例が断続的に記録上に現れた後、一三世紀三〇～四〇年代の複数の鳴動例を最後に山陵の鳴動は事実上終息する。[18]

後白河法皇崩御後数年にして起こったその廟の鳴動は、一四世紀中葉から活性化する後鳥羽天皇水無瀬廟の活動を想起させるところがある。『民経記』建永元年（一二〇六）四月二一日条によれば、刑部権大輔源仲国の妻に後白河院の死霊が憑依して「可被崇神社之由」託宣を下したという。しかしこの件は、後鳥羽院御前の議定において、「御祈請之後可有沙汰」と判断を留保され、やがて熊野において祈請、おそらくは熊野権現の神託「不快」を得て沙汰止みとなった。実現しなかったとはいえ、後白河院自身による崇徳院廟（神祠）の創建に続く動きであり、[19]人神の系譜を考える際に興味深い実例を提供することにはなるだろう。

さらに、一三世紀三〇～四〇年代における山陵の鳴動例が、後山科陵（醍醐天皇）と山科陵（天智天皇）のそれであるのは、京都東山の地底に横たわる花折断層の活動を予想させるが、そのことは今はおく。いずれにしても天智天皇陵の鳴動例をもって、山陵の鳴動が事実上終息するのは、天智天皇が直系皇統譜の始祖とされ、「太祖不遷之廟」と意識されていたことからみて、[20]中世王権の皇統意識の何がしかの改編を予想せしめるものがある。

他方、石清水八幡宮の鳴動例は、以後、中世を通じて継続する。九世紀中葉以降、断続的に王権を震撼させてきた山陵の鳴動が、新たな「宗廟」観念の創出とともに、石清水八幡宮にその座を譲ったと言えないかどうか。「大菩薩ハ国家の宗廟と御坐天、帝道乃洪基を鎮護給へり」とあるのは、石清水八幡宮宛の白河法皇告文（永久元年九月七日）の一節である。[21]

国家の宗廟と帝道の洪基との関係は、幾重にも変奏され、語り直される。

天智天皇陵の最後の鳴動の二年前、その石清水八幡宮で流血事件が起こった。俗別当紀兼盛が神官紀光資を笏で殴打、疵を負わせ、神殿内を血で汚染させる騒ぎがあったのである。早速、後嵯峨天皇の朝廷で仗議が行われたが、その折の定文の一節につぎのような文章がある。『平戸記』寛元二年（一二四四）一一月二〇日条から引用する。(22)

何ゾ況ヤ八幡宮ハ、昔ハコレ我ガ朝ノ聖皇、今ハマタ宗廟ノ尊神。霊託ヲ貞観ニ示シ、権跡ヲ当宮ニ垂レテヨリ以来《コノカタ》、百王ノ鎮護ソノ誓《チカヒ》厳《イツク》シク、万人ノ帰依ソノ効新タニシテ、君ノ恭フトコロ、人ノ敬《ツツシ》ムトコロ

（下略）

宗廟の尊神と百王との関係は、またつぎのようにも語り直される。『八幡愚童訓』上巻に見える一節である。

抑も、いかなれば行教和尚にしも伴なひ給て帝都に近付給らんと、おぼつかなく覚ゆるに、御示現に、貞観三六廿五日、自と聖とは往古の諸仏法身の大士也、和光同塵の利生遍せずと云事なし。八幡三所護国霊験威力神通大自在王菩薩と現ず。眷属の諸仏等廿五の菩薩、十五童子、よもすがらひめもすに首を王位と偕にす。たとへば影と形との如しと告給ふ物なれば、和尚の内証も高くして済度利生の化現なり。今此社壇は、天下の不思議あらんとては鳴動する事必あり。

王位と「よもすがらひめもすに」影とかたちのように寄り添う「八幡三所護国霊験威力神通大自在王菩薩」とその眷属たちの社壇。この社壇は「天下の不思議」を感知して鳴動する。つまりは王権に向かって警告する。たとえば【山陵の祟り→天皇不予】という裏返された仮構は、石清水八幡宮を含む諸社の鳴動では通用しない。石清水八幡宮高良社の御正体の鳴動を想起していただきたい。天福元年（一二三三）五月七日に、八幡宮若宮の巫女千手と宮仕の藤原氏が、御簾の外に懸けられていた御正体の「加良々々」と鳴るのを耳にした。やがてこの鳴動は「恠異」と認定され、朝廷で軒廊御卜が執行されることになった。紫宸殿南庭の軒廊で行われるこの御卜

で、神祇官と陰陽寮はこれを口舌・兵革・薬事の予兆と判定したが、これは現実に生起した口舌・兵革・薬事の原因を高良社の祟りに求めたわけではなかった。最初に鳴動があり、つぎにそれが王権と社会に対するどのような危機の予兆であるのかが問われたのである。

それは董仲舒的な天人相関説の範疇からは逸脱している。災異思想は災異を提示する天を始祖の神霊とは見なさなかった。《王権の危機の予兆として鳴動する》《始祖の神霊が暴虐な子孫に警告を発する音、あるいは声》《始祖の神霊が子孫の危機の予兆として鳴動する》などの文脈が語るように、日本中世の鳴動に際しては、始祖神の存在が反復して想起されている。

それならば最後に、摂関家の始祖、大織冠鎌足の遺骸が移葬されたと伝えられる聖地多武峯にも足を運んでおかねばならない。すでに私は、〈中世王権と鳴動〉というテーマを論ずるうえで、多武峯は特権的な地位を獲得している、と書いた。多武峯はなぜ特権的であるのか。

おわりに―始祖の神霊は警告する

藤原摂関家の故郷「小原」(現在の奈良県明日香村小原)の東方に聳える多武峯は、九世紀前半以降、始祖鎌足の墓所と意識され、「峯寺」妙楽寺の聖霊院にはその神霊の御霊代ともいうべき木像が安置されていた。このいわゆる多武峯墓については、考古学の立場からする秋山日出雄氏の魅力的な考察がある。(23)

多武峯妙楽寺の中心施設は現存する木造の十三重塔である。その十三重塔と聖霊院(現談山神社)について、秋山氏はつぎのように論じている。

① 多武峯妙楽寺の十三重塔と聖霊院は多武峯信仰の中心建築物であり、特に十三重塔は『延喜式』に見える多武峯墓の中心施設として、平安時代末期には藤原鎌足の墓と信じられていた。

② 十三重塔の占地は後期古墳築造の伝統に立つものであり、その形式は中国清涼山（五台山）宝池院の塼塔形式を移入した可能性がある。

③ 藤原良房の摂政・太政大臣の在任中における藤原氏祖先顕彰運動の結果として、十三重塔は九世紀なかばに完成したものと考えられる。

④ 聖霊院は墓塔に対する祖霊廟の先駆的形態である。それは密教の祖霊・祖師信仰より興り、系譜的に鎌倉仏教の御影堂に繋がるものである。

⑤ 多武峯妙楽寺の十三重塔と聖霊院—すなわち多武峯墓は、密教思想による営墓の最初期の形態を伝えている。

大織冠破裂と多武峯鳴動の歴史は、多武峯墓の以上のような性格を前提に語り出されねばならないだろう。藤原鎌足の墓塔としての十三重塔、その墓塔に対応する祖霊廟としての聖霊院。延喜一四年（九一四）に新造されたとおぼしい聖霊院には、[24] 鎌足の木像が安置されていた。

私見によれば、この木像は、中国儒教において祖霊を招く招魂再生儀礼の依代、すなわち木主《ぼくしゅ》（神主）に見立てられていた。[25] たとえば藤原頼長の日記『台記』久安六年（一一五〇）九月二六日条に、

無動寺律師実寛語曰、去比多武峯廟木主自裂申、長者無所驚怖、先例有此恠時、必有祈禱、今無其事遂有此凶、或曰件木主去々年裂、

とあるように、後世に言う大織冠破裂の先駆的な記事において、すでに「多武峯廟木主」の表現が使われていた。さらに多武峯聖霊院の鎌足木像を「漢家廟室之木主」に見立てることすらあった。一三世紀初頭、多武峯は金峯山衆徒に襲われて堂舎焼亡の憂き目にあっている。承元二年（一二〇八）二月なかばのことである。この時、問題の鎌足木像のうち、「表御影」と称されたものが焼失してしまった。[26] 摂関家にとっては一大事であり、やが

て関白近衛家実邸で議定が行われた。その議定の詳細が、家実の日記『猪熊関白記』同年四月一九日条に書きとめられている。

　於此御影者、以漢家廟室之木主可相准歟、

とあるのは、その議定の場における左大弁宰相長兼の発言であった。多武峯聖霊院の鎌足御影を「漢家廟室之木主」に準えているのである。

摂関家の始源的な祖である鎌足の墓所多武峯、その聖霊院に「多武峯廟木主」が安置されている。大織冠破裂と多武峯鳴動の歴史は、明らかに摂関家の祖霊廟に安置された木主をめぐる歴史でもあった。

ところで、この大織冠破裂や多武峯鳴動については、すでに黒田智氏の刺激的な研究が公表されている。[27] 破裂や鳴動の詳細はそれに譲るとして、ここでは最初期の多武峯鳴動の輪郭をなぞっておきたい。

多武峯鳴動の初見は、藤原実資の日記『小右記』の永観二年（九八四）一一月八日条である。

　今朝御物忌、大相府（藤原頼忠）被奏多武峯鳴占、可慎氏中其年男女者、然而御年相当、仍所被奏也、前例如之、

続いて藤原道長の日記『御堂関白記』に二つの記事が現れる。この二つの記事をまとめて引用する。

　寛弘元年（一〇〇四）九月二五日条

　　多武峯申、去廿三日御墓鳴恠異事、召晴明朝（臣脱カ）令卜、当年上達部許送卜方、

　長和二年（一〇一三）一一月八日条

　　従多武峯申御墓鳴由解文、召陰陽師等問、申可慎由、皇大（太）后宮・左衛門督同相当、

『御堂関白記』の記事を参照して『小右記』の記事を読み解くと、つぎのような解釈が成り立つだろう。多武峯から「御墓鳴」の報告を受けた摂関家では、氏長者が宮廷陰陽師を召して占わせる。鳴動の原因は不詳だが、対処法は明確である。十二支の特定の年を誕生年とする男女の氏人を慎ませるのである。『御堂関白記』の長和

二年の例では「申」年が条件となっている。『小右記』の例では花山天皇（冷泉天皇第一皇子、母は藤原伊尹の娘懐子）がその条件に該当していた。そこで関白頼忠から「多武峯鳴占」が奏せられたのであった。こうした対処法は一〇世紀末の段階ですでに慣例となっていたらしい。現存する記録では確認できないものの、多武峯鳴動の初例が一〇世紀なかば以前に遡ることは確かであろう。

以上の諸例から知られるのは、最初期の多武峯鳴動が藤原氏の氏人に「慎」を迫るものだったということだ。始祖鎌足の神霊が彼の子孫に対して何らかの警告を発していると受けとめられていたのである。しかしことはそれだけにはとどまらない。

『今昔物語集』巻第三十一の第三十五話「元明天皇陵点定恵和尚語」の末尾につぎのような一節がある。

> 然《さ》テ、峰ニハ大織冠《だいしよくわん》、淡海公《たんかいこう》モ御墓ヲシタル也。其ノ御骨《ほね》ヲバ舂《つき》篩《ふるひ》テ蒔《まき》テケリ。然レバ、馬・牛ニ不踏《ふま》セジトテ、廻《めぐり》ニハ壍《ほりき》ヲ遠クシテ、敢《あへ》テ取テ人不寄《よ》セズ。
>
> 其《そ》レニ、大織冠、淡海公ノ御流レ、国ノ一《いち》ノ大臣トシテ于今《いまに》栄エ給フ。而《しか》ルニ、天皇ノ御中《なか》ト不吉《よか》ラヌ事出来《いできた》ラムトテハ、其ノ大織冠ノ御墓、必ズ鳴リ響ク也、然レバ、此レヲ不怪《あやしま》ズト云フ事無シ（傍線は西山）。
>
> 多武峯《たむのみね》ト云フ所此レ也トナム語リ伝ヘタルトヤ。

ここでは、『延喜式』の記述【多武岑墓　贈太政大臣正一位淡海公藤原朝臣（下略）】を補塡するかたちで、多武峯には大織冠と淡海公の墓があるとしている。が、それはよい。問題なのは、その「大織冠ノ御墓」が、藤氏一門と天皇の間柄が「不吉《よか》ラヌ事」となると鳴動すると伝えていることである。王権を輔弼する家としての摂関家の危機意識が、多武峯鳴動の解釈に如実に反映しているのである。

大織冠破裂にも同様のフィルターが被せられている。大織冠御影破裂の初見は、『水左記』永保元年（一〇八一）三月一九日条に現れる永承年間（一〇四六〜一〇五三）の事例である。そこでは、「永承之比御面破、山階寺有焼亡事」とあるように、破裂は山階寺焼亡の予兆と位置づけられている。[28] しかしながら、より重要なのは永保元年三月における破裂であった。

永保元年、興福寺大衆と多武峯が衝突し、危険を感じた多武峯所司等が鎌足木像を動座させるという事件が起こった。その際、木像の顔面に罅割れが見つかったのである。異常な事態が緩慢に推移していくなかで、多武峯墓は鳴動し、「聖霊御影御面」にも新たな破裂が生じている。

興味深いことに、当時の摂関家には大織冠破裂平癒のための儀礼化されたマニュアルが存在していなかった。関係記事を載せる『水左記』『師記』の記述から見ても、永保元年三月の多分に「偶発的」な破裂が、[29] 摂関家が対応に苦慮した最初の破裂であったことが明らかである。

しかもこの一一世紀後半は、多武峯墓守の数値が雪だるま式に膨れあがる時期でもあった。以後一二世紀末にかけて、墓守は数百人規模で増大していく。[30] その一二世紀なかばにも大織冠破裂の記録が残っている。藤原頼長の日記『台記』久安六年（一一五〇）九月二六日条がそれである。そこに、無動寺律師実寛の言葉として「去比多武峯廟木主自裂申、長者無所驚怖、先例有此恠時、必有祈禱、今無其事遂有此凶」とあるのは、氏長者忠通批判の文脈においてではあるが、「多武峯廟木主」の「自」ずからなる破裂が、藤氏長者の驚怖を呼びさますものであったことを物語っている。

「鎌足木像の破裂に決定的な意味付け」が施されたのは、建久八年（一一九七）に成立した『多武峯略記』においてである――とは黒田論文の指摘であった。『多武峯略記』に「御面破裂」として「為氏為処欲示恠異之時、有御面破裂之事、爰寺家言上事由、即発遣御使、令読告文、拝謝事畢後、御躰復本、霊異掲焉、誠是大権之変作、極聖之示現者歟」とあるのは、確かに破裂平癒のための儀礼的なマニュアルが成立していたことを示している。

しかし私は『多武峯略記』の画期性よりも、摂関家が対応に苦慮した、永保元年の破裂事件のもつ画期性の方に魅力を感じている。摂関家祖霊廟としての多武峯聖霊院に安置された始祖鎌足の「木主」が破裂する。偶発的な破裂はやがて「自」ずからなる破裂に転化し、始祖の神霊が子孫に発する警告と解釈されるようになる。遠からず、破裂平癒のための、つまりは危機管理のための儀礼的なマニュアルが成立する。そうした危機管理システム構築の過程が、おそらくは永保元年の破裂とともに始まったという意味で、永保元年の破裂事件のもつ画期性は際だっている。

ちなみに摂関家の墓所で鳴動したのは多武峯墓だけではない。鳴動一覧表によれば、一二世紀三〇年代から一三世紀三〇年代にかけて、散発的に宇治殿墓所（頼通墓）・武智麻呂墓・浄妙寺陵などが鳴動している。しかし山陵の鳴動が一三世紀四〇年代に一応終息するように、摂関家の墓所の鳴動も、多武峯墓を除いて三〇年代に鳴動することをやめる。中世国家の宗廟であり天皇家の祖廟でもある石清水八幡宮の鳴動が、事実上山陵の鳴動に取って代わるが、王権を補弼する摂関家の墓所の場合は、始源的な家の始祖である鎌足の廟所が、宇治殿墓所以下の沈静化の後も、一貫して鳴動し続けることになるのである。

あまつさえ「多武峯廟木主」は、一一世紀後半以降、御体破裂という怪異現象を子孫につきつけることになった。《始祖の神霊が子孫に対して警告する》という文脈が、これほど見事に顕在化した事例は珍しい。天皇家の場合、後世の将軍家の場合を含めて、多武峯モデルという作業モデルを設定することが可能であり、有効であると私は考えている。

第四節の末尾において、〈中世王権と鳴動〉というテーマを論ずるうえで多武峯は特権的な地位を獲得していると書いたのは、そのように意味においてであった。

中世鳴動一覧表(11～13世紀)

年 月 日	寺社・その他	典 拠	備 考
長保2(1000)6.16	大神社	小記目録	
3(1001)4.23	宜陽殿	小記目録	
寛弘元(1004)9.23	多武峯御墓	御堂関白記9.25	道長、安倍晴明に占わせる
9.30	盾列陵	御堂関白記9.30	9.23カ
長和元(1012)6.12	春日社御在所南方	小右記6.16	聞如大樹倒声地響、この日氏長者以下病事と占う
2(1013)11.8	多武峰御墓	御堂関白記11.8	この日、道長、陰陽師に占わせる
寛仁2(1018)1.24	多武峯	小右記1.24	多武峰峯占方
閏4.25	内侍所神鏡	小右記閏4.25	御占「可令鎮火事」
4(1020)11.1	内侍所	小右記11.4	兵革の御占
万寿5(1028)7.13	侍従所塗籠	左経記7.13	塗籠内高鳴数度
長元2(1029)4.3	多武峯	小右記4.6	氏長者及び子午卯酉人病事と占う
4(1031)2.10	多武峯	小右記2.12	「鳴揺」陰陽博士孝秀、巳亥丑未年人病事と占う
康平6(1063)5.29	深草山陵	扶桑略記5.29	この日、軒廊御卜
治暦元(1065)6.22	神功皇后陵	水左記6.22	振動、この日、軒廊御卜
2(1066)3.28	春日社	扶桑略記3.28	天有光景、春日社大鳴
3.28	誉田天皇山陵	扶桑略記5.25	震動放光之異
延久元(1069)12.28	八幡宇佐宮正宮二所殿	扶桑略記12.28	この日、太宰府言上。翌2.2.7 陰陽寮に占わせる
永保元(1081)3.13	〔大織冠破裂〕	水左記3.9-19 帥記3.19-21	
3	多武峯御墓	帥記3.19	
寛治3(1089)1	住吉社	中右記1.17	この日、社司言上
7(1093)5.14	春日山	百錬抄5.14	
8.6	春日神鏡	百錬抄8.6	
11.17	春日神社・深草山陵	中右記11.17	春日神社大鳴、頻有光。11.27 深草山陵について軒廊御卜。12.24 臨時山陵使
8(1094)10.24	内侍所鈴	中右記10.24	内裏焼亡「可恐者神道」
11.23	内侍所	中右記11.23	この日、蔵人所で御卜
11.24	稲荷社	中右記11.24	この日、軒廊御卜
嘉保2(1095)8.14	出雲大社	中右記8.14	この日、軒廊御卜
9.30	石清水八幡宝殿	民経記:天福元.5.11	この日、軒廊御卜
永長元(1096)2.17	石清水釜	中右記2.17	この日、軒廊御卜
7.15	八幡宮御供所釜	石清水文書・中右記9.30	9.30 軒廊御卜
11.25	春日社	後二条師通記11.25	
承徳3(1099)1.24	感神院宝殿	続左丞抄:建久6.5.25勘例	「其声不異雷電」のち地震3.6 軒廊御卜
康和元(1099)4.30	深草山陵	本朝世紀4.30 後二条師通記	
閏9.11	祇園御殿	本朝世紀閏9.11	閏9.18 軒廊御卜
2(1100)2.22	石清水八幡宮	師守記:貞和5.閏6.26 宮寺縁事抄	「其声如雷」「中天有光」
4(1102)2.6	多武峯	殿暦2.6	多武峯墓守書状を持ち来る。彼峯光并鳴事
	多武峯	殿暦2.27	従多武峯人来、依鳴事也
9.29	誉田山陵	石清水文書	「振動如雷」

12.12	多武峯	殿暦12.12	この日、陰陽師卜す
5(1103) 1.12	多武峯	殿暦1.12	報告あり、1.15卜す
10.9	多武峯御廟	殿暦10.9	報告あり、陰陽師占う
長治2(1105) 2.23	多武峯	殿暦2.23	報告あり、陰陽師占う
5.1	多武峯御墓	殿暦5.1	報告あり、陰陽師占う
11.17	男山	師守記：貞和5.閏6.26 民経記：天福元.5.11	23日にも鳴動。12.2 軒廊御卜
12.20	成務天皇陵・神功皇后陵	中右記12.20	震動。御卜、山陵使を立つ
嘉承元(1106) 2.19	小松山陵	中右記2.19-28	(後田邑山陵)山陵使を立つ。「公家玉体不予」「祖廟成祟」
2(1107) 3.11	太宰府竈宮	中右記3.11	振動。この日、軒廊御卜
9.24	多武峯墓	殿暦9.24	高陽院において陰陽師占う
10.25	感神院供御所釜	中右記閏10.16・続左丞抄：建久3.5.7勘例	「鳴如牛音」この日、軒廊御卜
天仁元(1108)2.6-7	日吉八王子社	中右記3.2	軒廊御卜
6.12	鴨社	中右記6.12	振動。この日、軒廊御卜
8.15	大和池後池上山陵 (アキシノ、山陵)	中右記8.15 殿暦8.15-20	この日、軒廊御卜。8.20 山陵使立つ
8.18	東北方	殿暦8.18	東北方有大鳴、其声如大鼓 8.20 軒廊御卜
【参考： 9.1	多武峯焼亡	中右記9.14	「多武峯事為氏大事也」】
9.23	多武峯御墓山	中右記9.29	9.29 占う
2(1109)10.5	法成寺・大炊殿釜	殿暦10.5	
天永2(1111) 9.1	多武峯	中右記9.24	
9.24	多武峯	殿暦9.24	「例恠異」報告あり、占う
9.29	多武峯	殿暦9.29	報告あり、陰陽師占う
3(1112)10.24	東方(伊豆国海)	殿暦10.24-11.24	公家御慎、兵革歟
永久3(1115) 6.12	多武峯	殿暦6.12	陰陽師占う
元永元(1118) 4.28	出雲杵築社	中右記4.28	去々月、出雲国司言上
保安元(1120)12	木幡山陵・宇治殿墓所	中右記12.9	木幡鳴動、宇治振動
天治2(1125) 3.5	住吉社第二・三神殿	民経記：天福元.6.5	この日、住吉社言上す
大治5(1130) 6.16	天智天皇山陵	中右記6.16	この日、軒廊御卜
天承2(1132) 1.12	秋篠山陵	宮寺縁事抄・中右記1.27	1.27 軒廊御卜
保延3(1137) 1.22	男山	師守記：貞和5.閏6.26 宮寺縁事抄	
2.8	春日神木	中臣祐賢記：文永元.8.6	震動雷の如し、光頻り
康治3(1144) 1.1	八幡宮御供所釜	宮寺縁事抄・重憲記：12日付勘文・石清水皇年代記・本朝世紀2.5	2.5 軒廊御卜
天養元(1144) 9.8	多武峯御墓	台記9.8	大鳴
久安4(1148) 4.20	鏡筥	台記4.20	占わしむ
6(1150) 9.26	多武峯廟柱破裂	台記9.26	〈参照〉
仁平元(1151) 2.19	多武峯	台記・本朝世紀2.26	
3(1153)11.18	男山	兵範記11.19 師守記：貞和5.閏6.26 宮寺縁事抄	11.18-20「其声如微雷、其響似地震」(兵範記)。11.19 軒廊御卜
永万2(1166) 9.9	八幡宮御供所釜	宮寺縁事抄 石清水皇年代記	
嘉応2(1170)10.28	将軍塚	祐世記抄	
12.5	石清水八幡宮東宝殿	師守記：貞和5.閏6.26 宮寺縁事抄	「其音如鐘音」
承安元(1171)10.11	多武峯墓	玉葉10.18	長者口舌火事など

2 (1172) 12. 25	多武峯御墓	玉葉12. 25	この日、占う
3 (1173) 7 . 6	多武峯御墓・武智麻呂墓	玉葉7. 10	
安元元(1175) 9 . 18	宝殿(春日宝殿か)	山槐記9. 18	震動。光明、大風吹く
治承 2 (1178) 6 . 23	将軍墓	山槐記6. 23-26	如打大鼓。当初は山階陵とも。蔵人頭光能、内々陰陽師に占わしむ
3 (1179) 3 . 2	多武峰御墓山	山槐記3. 12	始自御廟山国中差光、関白基房、御卜せしむ
4 (1180) 1 . 13	西塔釈迦堂本堂・七社御正体	玉葉1. 13	去年動揺
5 . 19	住吉宝殿・御戸	民経記:天福元. 6. 5	7. 6 軒廊御卜
7 . 12	春日若宮御殿	玉葉7. 14	鏑二筋被射出、有其声云々
8 . 5	〔大織冠破裂〕	玉葉8. 15	
10. 18	賀茂社宝殿	玉葉10. 18	「去比」宝殿震動
寿永 2 (1183) 8 . 26	少将井神輿・師子	続左丞抄:正治2. 5. 13勘例	動揺
3 (1184) 1 . 1	将軍墓	百練抄1. 1	
元暦元(1184) 7 . 18	多武峯御墓	玉葉7. 18	
文治元(1185) 8 . 27	鎌倉御霊社	吾妻鏡	
3 (1187) 4 . 6	春日山	玉葉4. 9-10・百練抄4. 9	陰陽師をして占わしむ
4 . 8	鳥羽殿釜	玉葉4. 8	
5 . 8	賀茂社	玉葉5. 8	5. 7に御占か
11. 2	〔大織冠破裂〕	多武峯略記・玉葉11. 18	
4 (1188) 4 . 13	多武峯	玉葉4. 13	要検(怪異)
5 (1189) 9 . 28	多武峯	玉葉10. 3-4	10. 3 解状到来、占わしむ
建久 2 (1191) 12. 22	鹿島社	吾妻鏡12. 26	兵革・大葬兆、頼朝、神馬を献ず
3 (1192) 3 . 18	感神院供御所ノ釜	壬生家文書・続左丞抄:建久3. 5. 7勘例	3. 20にも鳴る
5 (1194) 6 . 20	後白河天皇廟	百練抄7. 23	7. 23 山陵使発遣
7 . 15	広田社末社戎宮	仲資王記・百練抄7. 28	7. 28 陣に卜す
6 (1195) 7 . 19	感神院旅所大政所神殿	続左丞抄:建久6. 5. 25勘例	
9 . 9	多武峯	三長記	要検(怪異)
7 (1196)	少将井神輿		動揺
10(1199) 1 . 19	天智天皇山陵	百練抄1. 26	1. 26 軒廊御卜
正治元(1199) 9 . 16	〔大織冠破裂〕	猪熊関白記9. 16	是日、摂政基通、告文使藤原重邦を発遣す
2 (1200) 5 . 4	感神院波梨采女御正体	続左丞抄:正治2. 5. 13勘例	揺動
3 (1201) 1 . 20	多武峯	猪熊関白記1. 20	要検(怪異)、告文使藤原重邦を発遣す
元久 2 (1205) 2 . 11	石清水八幡宮御供所釜	石清水皇年代記	2. 6 軒廊御卜。2. 11 官宣旨。3. 20 土御門天皇宣命
建永元(1206) 4 . 11	多武峯御墓	猪熊関白記4. 19	陰陽師を召して占わしむ
2 (1207) 8 . 7	多武峯御墓	猪熊関白記8. 7	この日、物忌
19	多武峯御墓山	猪熊関白記8. 23	占わしむ
承元 2 (1208) 2 . 1	多武峯御墓	猪熊関白記2. 4-12	2. 12 告文。「多武峯者始祖大織冠内大臣御墳墓乃地」(三社告文)
【 2. 3-4 金峯山衆徒、多武峯を襲う。多武峯堂舎、本御影焼失し、表御影は残る。 】			
3 . 6	多武峯御墓	猪熊関白記3. 11	3. 11 占わしむ
8	多武峯御墓	猪熊関白記3. 18-21	3. 21 占わしむ
4 . 10	多武峯御墓	猪熊関白記4. 21	4. 21 占わしむ
閏 4 . 13	多武峯御墓	猪熊関白記閏4. 16	閏4. 17占わしむ。29 告文使

14	〔大織冠破裂〕	猪熊関白記閏4.16	
5.26	感神院内陣	壬生家文書	
3 (1209) 2.10	武蔵太田庄鷲宮宝殿	吾妻鏡2.10	
26	多武峯	猪熊関白記7.16	
9.19	多武峯御墓	猪熊関白記9.22-25	9.24 占わしむ
4 (1210) 6.2	多武峯御墓	猪熊関白記6.5	6.6 占わしむ
5 (1211) 閏1.9	多武峯御墓	猪熊関白記閏1.17	閏1.17占わしむ
建保3 (1215) 11.12	鎌倉御霊社	吾妻鏡11.12	是日、幕府解謝す
11.25	将軍塚・宇治御墓	建保三年記11.25	京都地震
嘉禄3 (1227) 2	日吉十禅師御聖体	明月記2.27	(動揺)
4.18	多武峯	民経記4.14	要検(怪異)、告文使を発遣す
5.29	石清水八幡宮	師守記:貞和5.閏6.26 宮寺縁事抄 民経記:天福元.5.11	
6.2	石清水八幡宮	師守記:貞和5.閏6.26・宮寺縁事抄・石清水皇年代記・民経記:天福元.5.11	6.20軒廊御卜。6.23官宣旨
8.21	広田社	民経記8.21	この日、軒廊御卜
10.12	鎌倉幕府釜殿鼎	吾妻鏡10.12-20	12 釜殿鼎鳴。14 百怪祭。20 竈又鳴
安貞2 (1228) 6.6	将軍御所贄殿竈	吾妻鏡6.6	
寛喜2 (1230) 閏1.7	浄妙寺陵・多武峯墓	明月記閏1.7	道家、七座泰山府君祭等を修す
3 (1231) 11.17	鎌倉海辺	吾妻鏡11.17	「其響如雷音」
24	鶴丘内三嶋社宝殿	吾妻鏡11.24	
貞永元(1232) 5.8	八幡宮神殿	歴代皇紀	
7	日吉社大宮神殿	皇代記・皇年代略記	
2 (1233) 4.1	金峯山勝手社若宮宝殿	民経記4.22-5.23 明月記 諸官符口宣古宣命等文書	民経記「内陣震動揚声、其響如雷」、3日も震動。5.23軒廊御卜
4.5	多武峯	民経記4.6	この日、御卜
天福元(1233) 5.7	石清水高良社御正体	石清水八幡宮記録・石清水文書・民経記5.11-6.10・明月記5.13-22・吾妻鏡5.24	民経記5.11「加良々々ト令鳴動給」。5.21軒廊御卜
5.17	住吉社第三神殿	民経記6.5・明月記6.11	
6.7	八幡山	民経記6.10	
21	日吉社大宮・十禅師社	民経記6.22・明月記6.22・真経寺文書	民経記「其声只非鳴動、神殿内人有歩行之声」
12.13	東山将軍塚	帝王編年記	
2 (1234) 9.10	八幡宮御殿	百練抄9.10	
10.26	宇治殿御墓所	百練抄10.26	(震動)はじめ将軍塚、後に頼通墓と判明
文暦元(1234) 11.28	醍醐御陵	百錬抄:文暦2.2.11	去年11.28・29鳴動。文暦2.2.11軒廊御卜
仁治3 (1242) 9.27	東大寺広目天・持国天・大仏殿・鐘楼	平戸記10.11 民経記9.28	
寛元4 (1246) 2.7	大原野社釜	百錬抄2.7	大原野祭
4.29	多武峯陵	葉黄記閏4.9	蔵人所で御占
8.17	天智天皇陵	葉黄記8.17	山陵使発遣
宝治元(1247) 6.23	山科山陵	葉黄記・百練抄6.23	この日、山陵使発遣
3 (1249) 1.23	多武峯御墓山	岡屋関白記2.8	2.8 摂政兼経、家蔵人所で占わしむ
建長元(1249) 8.24	東大寺大仏	百練抄8.24・歴代編年集成	この日、軒廊御卜

2 (1250) 4．30	金峯山卅八所	百練抄4.30	この日、軒廊御卜
10.21	多武峯御墓山	岡屋関白記10.29	10.8 御墓山赫奕
6 (1254) 9．29	石清水八幡宮宝殿	経俊卿記9.29	
12.25	右大将家法華堂	吾妻鏡12.25-26	震動、26 不動護摩を修す
7 (1255) 4．28	八幡御山	百練抄4.28	この日、軒廊御卜
康元元(1256) 6．13	石清水八幡宮	経俊卿記6.15・百練抄6.14・不知記6.14・皇代略記・吾妻鏡7.12	不知記の記事、吉田兼倶密奏事件の情景に酷似
正嘉 2 (1258) 5．4	住吉社第一宝殿	歴代編年集成	
正元元(1259)閏10.5	男山	師守記：貞和5.閏6.26	29 軒廊御卜
弘長元(1261) 7．7	出雲杵築社	歴代編年集成・和漢合符・続史愚抄	
文永元(1264) 4．15	小日吉社宝殿	天台座主記・続史愚抄	
17	日吉八王子宝殿	天台座主記・続史愚抄	
7．29	春日山	外記日記・園太暦・歴代編年集成・中臣祐賢記8.1	8.6 軒廊御卜
8．26	春日若宮	中臣祐賢記8.26-28	9ヶ度鳴る
11(1274) 6．14	石清水八幡宮高良社神体	石清水文書	
12.14	賀茂社・八幡宮	文永代始公事抄・歴代編年集成・賀茂史綱	軒廊御卜
建治元(1275) 2．6	賀茂社	歴代編年集成・賀茂史綱・続史愚抄2.6	軒廊御卜
弘安 3 (1280) 6	熱田社	続史愚抄6月此夏	
11．9	男山	師守記・八幡宮寺縁事抄	
4 (1281) 4．28	高野山神殿	高野春秋編年輯録	
7．29	伊勢風宮宝殿	内宮注進状・大神宮参詣記	
9．25	〔大織冠破裂〕	弘安四年春日入洛記・皇代記・興福寺略年代記・勘仲記5.2.23	
5 (1282) 1．24	春日神木	勘仲記1.29-2.3 勘仲記紙背文書 続史愚抄1.24-29	法成寺にて鳴動。1.29 関白兼平第。2.3内蔵人所にて御占
3．19	金峯山若宮	勘仲記3.21-25 続史愚抄3.19	3.25 関白兼平第で御占
4．11	豊受大神宮西宝殿	続史愚抄4.11	
10.27	多武峯御墓山	勘仲記11.10-15 続史愚抄11.10-14	鳴動光明。11.14 関白兼平第で御占
30	多武峯	同上	
12.29	多武峯御墓山光明	勘仲記6.1.22	〈参照〉6.1.22 関白兼平第で御占
6 (1283)10．3	多武峯御墓山	勘仲記10.17 続史愚抄10.4	10.17 関白兼平第で御占
7 (1284) 6．2	多武峯	勘仲記6.8・続史愚抄6.8	6.8 関白兼平第で御占
9 (1286)12.19	石清水八幡宮神殿	実躬卿記12.21-28・師守記・八幡宮寺縁事抄	実躬卿記「光物出神殿、指南飛行」12.28 御体御卜
12.28	多武峯	勘仲記12.28	この日、卜す
10(1287) 1．24	伊勢内宮月読宮	勘仲記2.3	霊光振動
6．3	八幡	勘仲記6.3-4	6.3 蔵人所で御占
正応 2 (1289) 9．14	石清水八幡宮宝殿	師守記：貞和5.閏6.26	9.14-5 鳴動。10.28 軒廊御卜

（1）笹本正治『鳴動する中世』（朝日選書、二〇〇〇年）。なお笹本氏には関連する著作として『中世の災害予兆』（吉川弘文館、一九九六年）などがある。
（2）西山克「豊臣『始祖』神話の風景」（『思想』八二九、一九九三年）。なお鳴動関係の私の仕事に、「異性装と御釜」（『日本文学』四五―七、一九九六年）、「将軍塚鳴動」（竹市明弘・小橋澄治・笠谷和比古編『日本文化の二一世紀』頸草書房、一九九九年）、「騎乗する女神」（『三重県史だより（資料編中世1下）』一四、一九九九年）がある。
（3）宮地直一『神道史』下巻（理想社、一九六三年）。
（4）西山克「将軍塚鳴動」、注(2)を参照。
（5）黒田智「大織冠像の破裂と肖像」（『中世史研究』二三、一九九八年）。なお東アジア恠異学会（http://users.hoops.ne.jp/kaiigakkai/）第七回研究会（二〇〇一年一一月一〇日）における黒田の報告「コスモスとしての大地・身体と鳴動の波動」も刺激的な研究成果である。黒田智「鳴動論ノート」（『日本歴史』六四八号、二〇〇二年）を参照。
（6）最近の鳴動に関する仕事として、小峯和明『説話の声』「託宣としての鳴動」（新曜社、二〇〇〇年）がある。
（7）西山良平「〈聖体不予〉とタタリ」（門脇禎二編『日本古代国家の展開』上巻、思文閣出版、一九九五年）。
（8）中国古代の天人相関説については池田知久「中国古代の天人相関論―董仲舒の場合」（溝口雄三他編『世界像の形成』東京大学出版会、一九九四年）を参照。
（9）神社・神体・神木類を除けば鳴動例はある。たとえば『続日本紀』宝亀元年二月丙辰条に見える西大寺東塔の心礎が鳴った例。これについては、西山良平「〈神〉・怨霊・山陵　タタリの全体史あるいは〈御霊〉信仰再考」（斎藤英喜編『アマテラス神話の変身譜』森話社、一九九六年）を参照。
（10）岡田荘司『平安時代の国家と祭祀』（続群書類従完成会、一九九四年）。さらに上島享「中世宗教支配秩序の形成」（『新しい歴史学のために』二四二・三合併号、二〇〇一年）をも参照のこと。
（11）片桐洋一『伊勢物語の研究〔資料編〕』（明治書院、一九六九年）。なお、『和歌知顕集』については田中貴子氏から御教示を得た。日頃の学恩を含めて感謝したい。

(12) 中国・朝鮮の怪異については、戸田靖久「中国・朝鮮における怪異記事とその意義について」(二〇〇一年度京都教育大学教育学研究科社会科教育専攻修士論文)が興味深い考察を行っている。活字化を期待したい。
(13) 陵墓制研究の前線について参考文献を書きあげることはしない。しかし本稿が恩恵を受けたという意味で、日本史研究会・京都民科歴史部会編『「陵墓」からみた日本史』(青木書店、一九九五年)所収の田中聡「『陵墓』にみる『天皇』の形成と変質—古代から中世へ」をあげておく。
(14) 注(9)を参照。
　また西山良平「〈陵寺〉の誕生—嘉祥寺再考—」(大山喬平教授退官記念会編『日本国家の史的特質　古代・中世』思文閣出版、一九九七年)をも参照のこと。
(15) 吉原浩人「八幡神に対する『宗廟』の呼称をめぐって—大江匡房の活動を中心に—」(『東洋の思想と宗教』一〇、一九九三年)。
(16) 高橋美由紀「中世における神宮宗廟観の成立と展開」(源了圓他編『国家と宗教』思文閣出版、一九九二年)。
(17) 注(15)吉原論文を参照。
(18) 事実上終息すると書いたのは、後鳥羽(水無瀬)御影堂をひとまずおくとしても、たとえば『満済准后日記』永享四年(一四三二)一一月九日・二三日条に現れる醍醐陵・聖武天皇御廟の鳴動のような例があるからである。しかし中世後期の山陵の鳴動はそれ以前と性格が異なったものになっている。
　なお、一四世紀以降の鳴動については別稿を予定している。
(19) 山田雄司『崇徳院怨霊の研究』(思文閣出版、二〇〇一年)。
(20) 服藤早苗『家成立史の研究』(校倉書房、一九九一年)所収の「山陵祭祀より見た家の成立過程—天皇家の成立をめぐって—」を参照。
(21) 注(15)吉原論文を参照。
(22) この事件の概要と『平戸記』の記事については、早川荘八『中世に生きる律令　言葉と事件をめぐって』(平凡社選書、一九八六年)を参照。
(23) 秋山日出雄「『多武峯墓』の一考察—『律令制墳墓』より『中世墓』への転換」(斎藤忠先生頌寿記念論文集刊行会編『考古学叢考』中巻、吉川弘文館、一九八八年)。

(24) たとえば『多武峯略記』(『神道大系　神社編　大和國』神道大系編纂会、一九八七年)には「新造」とも「改造」とも見えている。ここは注(23)秋山論文による。
(25) 祖霊を招く招魂再生儀礼の依代としての儒教の木主については、加地伸行『儒教とは何か』(中公新書、一九九〇年)および『沈黙の宗教―儒教』(筑摩書房、一九九四年)を参照のこと。
(26) この鎌足木像焼失事件については、西口順子「承元二年多武峯大織冠像焼失をめぐって」(中西智海先生還暦記念論集『仏教と人間』永田文昌堂、一九九五年)を参照のこと。
なお西山克「日輪受胎―中世王権と想像力」(林屋辰三郎編集代表『民衆生活の日本史　火』思文閣出版、一九九六年)もこの事件を取り扱っている。
(27) 黒田論文については、注(5)を参照。
(28) 『多武峯略記』には「善妙検校記云、永承元年正月廿四日酉時、宮仕法師久聖告曰、聖霊右御面四寸余破裂給云々、(下略)」と見えている。『善妙検校記』については不詳。
(29) 「偶発的」の表現は黒田論文による。
(30) 多武峯墓守については網野善彦「多武峯の墓守について」(『年報中世史研究』一三、一九八八年)を参照。

神判と王権——王位の継承と神籤——

今谷　明

はじめに

応永三五年（一四二八）正月、室町殿足利義持は、腰に発した外傷の化膿がもとで、祈禱や療治のかいなく病死した。[1][2] 後継の室町殿は、重臣らの必死の歎願を却けて義持が指名しなかったため、[3] 八幡神の神判に委ねることになり、[4] 抽籤の結果、弟の青蓮院門跡義円（のちの将軍義教）が嗣立された。[5] この余りにも有名な史実について、従来からその唐突さが注目されてきたが、[6] 室町殿の地位はともかく、広く皇位を含めた王位継承の歴史として見た場合、抽籤（神判）による決定は実は永い前史があった。本稿ではその史実の経過を明らかにすると共に、当初から存在した神判に対する根強い批判にも注目し、神意と人智との優先如何ということも含めて、王権をめぐる神判の問題としてこの事件を再検討することを試みたいと思う。

一　皇位継承と卜占

(1)　堀河天皇譲位についての卜占

嘉承二年（一一〇七）七月六日、堀河天皇が重態に陥った。『讃岐典侍日記』は、

かくて七月六日より御心地大事におもらせ玉ひぬれば、大殿《(忠実)》かへり参らせたまひて、されば去年をととしの御事にも、さるさた《(譲位)》はさぶらひしかと、宮《(鳥羽)》の御年のおさなくおはしますによりて、けふまて侍らふにこそとなむはへると奏せらるにそ、

と、二年前から懸案であった譲位が、親王の幼年なるを以て延引されてこの日に至った事情を伝えている。さてこの卜占の上卿となった中納言中御門宗忠は、六日に院近臣葉室為隆から、軒廊御卜を行うべしとの院旨を告げられ、諸司に命じて紫宸殿軒廊に座を敷かしめ、外記に指示して神祇官と陰陽寮の卜占担当官を呼出した。神祇官からは神祇権少副卜部兼政・大中臣公長・卜部兼俊の三人が出頭し、陰陽寮からは安倍泰長一人が参上した。宗忠は兼政と泰長を別個に召喚して院旨を口頭で伝え、「此事可量恩重事歟、能々廻推条、可占申」由を指示している。[7] 宗忠の日記ではこの後に、卜占自体への批判が述べられるが、それは後章に譲り、関白忠実の記録により卜占の経過を記すと、

〔七日〕寅剋俄有軒廊御占、叡慮有所思食、吉凶可卜申之由、以為隆被仰下、上卿権中納言宗忠、御卜形奏聞、留御所[8]

〔十日〕去七日御譲位之有御占、新藤中納言宗忠為上卿、於陣頭被行軒廊御占也、無先例如何、又今日同有易御占[9]西山君懐尊占申之、件御占、於神祇官者吉也、而陰陽寮并易御占頗以不快、仍件事思止給歟[10]、

とあり、今回の卜占が「譲位」の可否をめぐって行われたこと、七日と一〇日の二度行われたものの、神祇官と陰陽寮で結果が異なり、結局白河上皇は堀河天皇の譲位を断念したことが記されている。

このト占で最も注目されるのは、忠実が「無先例如何」というように、皇位継承の如何をト占によって決するという前例のない事態(11)であったことである。関白忠実は不審を感じながらも、それ以上日記に謗説していないが、中納言宗忠は、後述のようにこの卜占への批判を日記に吐露し、上皇を批判している。

(2) 後鳥羽天皇践祚と卜占

寿永二年（一一八三）五月、木曽義仲は越中倶梨伽羅峠に平維盛の軍を大破し、一路上洛を期して七月二二日には琵琶湖を渡り叡山に陣した(12)。平宗盛以下の平家一門は、支え切れずとみて同二五日、安徳天皇を奉じて挙族西海に奔った(13)。所謂平家の都落ちである。後白河上皇は直前に法住寺仙洞を脱出し、叡山に幸して二日後には仙洞に戻ったが(14)、天皇や神器を欠いた京都に在って、新帝の擁立をどうするかという問題に直面した(15)。上皇は連日諸卿らと天皇・神器の還京のことを議したが名案はなく、二八日には、神器の返還について「可有卜筮之由(16)」が議せられている。その方法も「於院被訪亀兆(17)」すなわち蓮華王院仙洞に於て亀卜を行うことが提案されている。

1 神器還京についての卜占

吉田経房の日記は、先述のように七月二八日条に仙洞に於る亀卜実施の提案について叙し、同月三〇日条には次のように記す。

又召官寮、被行御卜、民部卿奉行也直衣、御卜事神鏡・神璽・宝剣等事也、共卜申云、相具三種宝物有還御欤、五十日内甲乙庚辛日、及冬節中云々(18)、

これによれば、上皇の命により、仙洞に於て神祇官人による亀卜(19)と陰陽寮官人による式占(20)が行われ、神祇官、陰

陽寮ともに神器の還京が五〇日以内に行われようと卜申した。[21]『百錬抄』ではこの部分が、

　召官寮於仙院、令卜申三種宝物事、民部卿成範奉行之、御出家之後、官御卜如何之由先日有議[22]

と記されており、卜占の場所は蓮華王院仙洞であって、軒廊御卜ではないことが明らかである。またこの記録で、上皇が「御出家之後」すなわち法皇たる出家の身分で卜占を行うことにつき、公卿の議定に於て批判があったとしているのは注目される。ともあれ、この卜占の結果に力を得たのか、上皇は民部卿成範に命じ、平時忠に院旨を伝えて、神器の返還を諭示している。[23]

2 新帝践祚の可否について卜占

上皇は、義仲・行家らに平氏追討の宣旨を下す[24]一方で、平時忠に院宣を発して神器の還京を望むという甚だ虫の好い態度をとっていた。しかし京都の治安は、

　京中追捕、自人家及公卿家、又及神社云々、[25]

あるいは、

　京中物捕追捕兼日倍増、天下已滅亡了、[26]

と伝えられるように悪化の一途を辿り、安徳天皇の還京や神器の返還を待たず、直ちに新帝の践祚を行うべきであるとの声が公卿中で大となってきた。この新帝擁立論を最も激しく主張していたのは、右大臣の九条兼実であった。上皇もこれらの意見を無視し切れなくなり、八月六日に至って新帝践祚の可否についての卜占が行われた。これが平家都落ち後二度目の卜占である。『百錬抄』は、

　践祚事有御卜[27]

と記し、九条兼実の日記には、後白河上皇の言として、

　立王事、所思食煩也、先可奉待主上(安徳)還御哉、将又且雖無剣璽、可奉立新主哉之由、被行御卜之処、官寮共、

申可被奉待主上之由、而猶此事依所思食、重被問官寮、各数人官二人寮八人申状、彼是不同、但吉凶半分也、(28)

と伝えている。安徳天皇の還京を待つか、新帝践祚を強行すべきか占ったところ、官寮とも、安徳還京を待つべしとの卦を得た。ところが、重ねて官寮の役人に再度尋問したところ、「彼是不同」つまり区々まちまちの「吉凶半分」という卜申であった。上皇が卜占に持込みながらもその結果を信頼しておらず、かなり場当り的、気紛れな諮問を下している状況が窺える。なお卜占の場所を記録は伝えていないが、一回目の卜占と同様仙洞に於て行われたものと考えられる。

こうして、天皇還京の卦が信拠できないと見た上皇は、右大臣兼実の建言も考慮して、新天皇擁立へ傾いていったようである。再度卜占のあった八月五日、上皇は高倉天皇の遺子である三宮雅成と四宮尊成の二皇子を引見したが(29)、三宮がむづがって泣いたので、上皇の撰に漏れたと『増鏡』が伝えているのは有名である。

3　諸皇子撰定の卜占

(イ)雅成と尊成をめぐる卜占

八月六日、法皇の詔により、平宗盛を除名し、平頼盛以下平家一門の官位が削除された。吉田家の記録に、

平家党類解官、自権大納言頼盛卿至于諸司三分、前内大臣(宗盛)除名(30)

とあるのがそれである。この事実は、上皇が天皇と神器の還京を断念したことを意味するとみられる。

上皇は新帝擁立を決意したものの、雅成と尊成の両皇子のうちいずれを立てるかで悩んでいた。右大臣兼実の日記の一四日条に、院使大蔵卿高階泰経の言として、

践祚事、高倉院宮二人一人義範女腹五歳、一人信隆卿女腹四歳之間思食煩之処(31)

とあるのがそれである。前述のように『増鏡』は、八月五日の二皇子引見の結果、尊成に決したかの如く記すが、事実は雅成が排除された訳ではなく、上皇は決定を逡巡していたというのが真相であった。かくて上皇はまたも

やト占を行うことになる。兼実の一八日の記に、

此事先始以高倉院両宮被卜之処、官寮共以兄宮為吉之由占申之(32)

とあり、このト占は、兄の雅成王を吉とする卦を伝えている。ト占の時期は、右記の後段に義仲の奏聞（後述）のことがみえ、それ以前と推測されることから、六日～一四日の間であろうと思われる。

ところが、ここに上皇の愛妾丹波局の夢想が伝えられ、上皇はト占の卦を破棄して尊成の擁立を決意することになる。兼実の日記は右に続けて、

其後、女房丹波御愛物遊君、今ハ号六条殿夢想云、弟宮(尊成)四条信隆卿外孫也有行幸、持松枝行之由見之、奏法皇、仍乖卜筮、可奉立四宮(尊成)之様思食云々、(33)

とあり、丹波局が、尊成の松枝をかざして行幸という自分の夢想を上皇に奏し、これに動かされた上皇は、ト占の結果を排して尊成の嗣立に傾いたのである。

(ロ)義仲奏聞によるト占やり直し

木曽義仲の皇位介入（奏聞）は、一四日に行われた。同日の兼実の日記が、「以外大事出来了」として伝える奏聞の内容は次のようである。

義仲、今日申云、故三条宮(以仁王)御息宮在北陸、義兵之勲功在彼宮御力、仍於立王事者、不可有異議之由所存也云々、仍重以俊堯僧正(法師)与義仲為親昵之故被仰子細云、我朝之習、以継体守文為先、高倉院宮両人御坐、乍置其王胤、強被求孫王之条、神慮難測、此条猶不可然欤云々、義仲重申云、於如此之大事者、源氏等雖不及執申、粗案事之理、法皇御隠居之刻、高倉院恐権臣、如無成敗、三条宮依至孝亡其身、争不思食忘其孝哉、猶此事難散其欝、但此上事在勅定云々者(35)

すなわち義仲は、以仁王の遺子北陸宮を皇位に就けるよう強く奏請した。この横槍に驚いた上皇は、高倉天皇の

遺児をさしおいて以仁王の子（高倉の孫）を皇位に据えることは、「継体守文」つまり先皇から血の濃い者より順に皇統を継がせるという伝統に背くと難色を示し、義仲はその説得に肯ぜず、以仁王の〝至孝〟を言い立てて抵抗した。ただし義仲も「此上事在勅定」と最後は院旨に従う旨を言明しているので、義仲の執奏を強制とみることは当らない。

上皇は義仲へ説得を試みる一方で、右大臣兼実に「此事如何可計奏」、つまり義仲の横車への対応策を諮詢した。兼実は、

偏任叡慮、須被行御占之由、雖可令計奏、其条猶有恐、只以叡念之所欲、可令存天運之令然之由御歟(36)、

と拝答した。上皇の意を察して、卜占を勧めたいが、それも実は恐れ多く、ただ上皇の素志を貫くように、と逃げを打ったのである。

八月一八日、上皇は前関白基房、前摂政基通、左大臣大炊御門経宗、兼実の四名を仙洞に召し（兼実は病により不参）、義仲が皇位につき「猶欝申」していることにつき諮詢した。兼実の日記に、

彼三人各被申云、北陸宮一切不可然、但武士之所申不可不恐、仍被行御卜、可被従彼趣、松殿（基房）ハ一向不及占、可被仰御子細於義仲云々、余（兼実）只奉勅定之由申了(37)、

とあるのがそれである。基通・経宗は卜占を主張し、基房が反対、兼実は院旨に任すと意見が分れた。よって「折中」をとり、結局卜占が実施された。四度目の卜占である。その結果は、

仍折中被行御占之処、今度、第一四宮（尊成）依夢想事也 第二三宮（雅成）、第三北陸宮、官寮共申第一最吉之由、第二半吉、第三始終不快(38)、

とあるように、丹波局の夢想が示唆した尊成が最吉と出た。この卜占の卦を義仲に示した結果は、

以卜形遣義仲之処、大忿怨申云、先次第之立様、甚以不当也、依御歳次第者、加賀宮（北陸）可立第一也、不然者、

又如初可被為先兄宮(雅成)、事体似矯餝、不思食故三条宮至孝之条、太以遺恨云々、然而一昨日重遣御使僧正俊堯、木曽之定使也数遍往還、愁申可在御定(勅)之由、仍其後一決云々、(39)

とある通り、はじめ義仲は以仁王遺子を無視するの非を鳴したが、結局上皇の説得に渋々承伏し、八月二〇日、後鳥羽天皇の践祚が実現した。所詮は丹波局の夢想の通りになった訳で、皇子撰定の二度の卜占は、初度は雅成、夢想後の卜占は尊成の卦が出たことになり、卜占自体、上皇により極めて恣意的に採用されたことが知られる。

(3) 土御門天皇践祚と卜占

建久九年(一一九八)正月一一日、後鳥羽天皇は第一皇子為仁を太子に立て(立坊)、即日譲位して、土御門天皇が践祚した。この譲位践祚(受禅践祚)につき、

幼主不甘心之由、東方頻雖令申、綸旨懇切、公朝法師下向之時、被仰子細之時、愁承諾申(40)

と伝えるように、鎌倉幕府(頼朝)ははじめ幼帝の不可を唱え、反対したものの、綸旨を携帯して鎌倉に下向した公朝の説得の前に、渋々譲位を呑んだのである。(41) 承久の乱後のように、関東による皇位決定権は、この段階では未だ確立していなかった。さて皇位の候補は僧能円の孫である為仁四才、(42) 坊門信清の孫三才、範季孫二才の三人であったが、幕府へ譲位の許可を求めた時点では誰を擁立するかは決定しておらず、その後卜占あるいは抽籤により決められたのである。その事情をいま諸記録により掲出してみると、

A・然而皇子之中、未被定其人、関東許可之後、敢取孔子賦、又被行御占、皆以能円孫為吉兆云々、仍被一定了、〔『玉葉』(43)〕

B・しはすのほとより、年あけなんまゝに、御位ゆつり申させ給ふへきことなと御さたあるよしきこゆ、かた(〜)御うら(ト)にも一宮(為仁)こそ侍るなる、其事さたまりて正月に一定ゆつり申させ給ふへしとて〔『源家長日記』〕

C・後鳥羽院御位すへらんと思食ける比、七日御精進ありて、毎夜石灰の壇にて、神宮の御拝ありて、土御門（為仁）院と光台院の御室道助法親王 俗名長仁親王とて御座す、継体いつれにてかをはしますへきと、くしをとらせ給たりけれは、土御門院なるへしととらせ給ぬ、

〔『五代帝王物語』[44]〕

この三種の記録史料によれば、Aは御占（恐らく官寮の卜占）と抽籤が併用されたとし、Bは御占のみ行われたとし、Cは上皇自らが鬮を取ったと記しており、一致しない。しかし史料の信憑性の順位からいって、Aの『玉葉』が最も史実に近いことが推測される。一応官寮の卜占と鬮取が併用されたと考えるべきであろうか。

このように考えれば、白河院政期以来、皇位継承にさいして卜占・易占が行われてきたのに対し、今回に至って初めて抽籤、すなわち鬮取なる方式が導入された訳である。この事実をどのように考うべきか。瀬田勝哉氏の研究によれば、神意を問う御鬮[45]は、古代の天武朝頃からすでに記録に現れ、武家に於ても頼朝以来早くから用いられていたという[46]。頼朝は鶴岡八幡宮の遷座を「取探鬮」によって行い[47]、幕府の評定では列席者の発言順を「孔子」によって決するため、孔子役なる担当が置かれていたことが知られる[48]。前述の後鳥羽践祚前に於ける丹波局夢想の採用も、夢による卜占、つまり夢占と見做せば、院政期の皇位継承にさいして用いられた卜占は、国家最高の公的卜占たる軒廊御占、あるいは軒廊によらぬ官寮卜占と、易占・夢占・抽籤等、いずれかといえば私的色彩の強い卜占とが併用されていたことに特色がある、といえるのではないか。

(4) 卜占に対する批判

1 中御門宗忠の批判

堀河天皇譲位に関する軒廊御卜で上卿を務めた中納言宗忠は、官寮の官人等に、

此事可量思重事歟、能々廻推条、可占申由[49]

を「仰せ含め」た。天皇の譲位や践祚なるものは「天下重事」であるというのが宗忠の信念であり、この趣旨を彼は再三日記に漏らしている。[50] 宗忠は軒廊御卜が翌七日寅刻に行われた旨を記したあと、次のように述懐している。

件御卜之趣候星、天下重事歟、□上臈之人被申行之也、此事甚(以脱)不得心、不穏便、天下者重器也、卜筮□顕露也、官寮之人定得心歟、尤不可有御卜、誠大事者不可卜、頗以無用心歟、但□莫言々々[51]

虫損の箇所があって、難解な部分もあるが、今般の御卜が「上臈之人」すなわち上皇と関白忠実の間で決定したことを述べ、「此事甚不得心、不穏便」と口を極めて非難している。その鉾先は、「無先例如何[52]」と疑問を日記に漏らしながらも上皇の命に随従した忠実へも向けられている。而して宗忠の批判の根拠は、

誠大事者不可卜

の七字であろう。宗忠は「莫言々々」として多くを語らないが、彼が皇位継承の如き「大事」は卜占でなく、故実にのっとり、群臣議定または摂関等の要路の人智によって決定さるべきであると考えていたことは推測できる。後年、仁治三年(一二四二)正月四条天皇夭折に当り、皇位決定が関東に委ねられた状況下に民部卿平経高は次のように回顧する。

我朝者神国也、不似異域之風、(中略)皆先主計立給、(中略)至光仁・光孝二代群臣議定歟、然而其趣偏為安天下也、今非群議、以異域蛮類之身、計申此事之条、宗廟之冥慮如何、(中略)凡重事出来之時、(中略)只決群議、為先天下安全之計、可被奉之、(中略)天下者重器也、[53]

このように経高は、「重事出来之時、只決群議」と主張し、宗忠が再三言明する「天下者重器也」の語を彼も締め括りとしていることは甚だ象徴的である。永く王朝の中流公卿の間で伝承されてきた考え方に相違あるまい。

さて、関白忠実が疑問を抱懐しながらも、上皇の命に従い卜占を実行した事実は興味あることである。御卜の

一二日後、堀河天皇崩去にさいして宗忠が忠実に、

　天下者重器也、不可空王位、先例一日之中被渡剣璽如何、(54)

と迫ったのに対し、忠実が、

　法王(白河)不被仰左右前、我独不可沙汰、(55)

と称して上皇の指示を待つよう諭した事実にも院旨に易々諾々と随従する忠実の姿勢は一貫している。践祚儀に関する院の主導権が確立した瞬間であるといえようが、それを可能としたのは、関白忠実の白河上皇への徹底した協力ぶりである。応徳三年（一〇八六）白河が父後三条の遺志に背いて関白師実の協力下に堀河への譲位を強行して以来、摂関家は院と運命共同体にあったと見る美川圭氏の見解(56)に従えば、忠実の姿勢は父師実のそれの継承であり、それはまた院権力が、

　太上天皇威儀、已同人主、就中我上皇已専政主也、(57)

と謳われるに至る、権威確立の所以でもあった。

2　九条兼実の批判

寿永二年八月五日、安徳天皇の帰京を待つか新帝擁立かで御占が行われ、翌六日、召により仙洞に参入した右大臣兼実は、「吉凶半分」なる卦にどう対応するかを上皇に諮詢された。兼実の応答は以下の通り。

　申云、先次第沙汰、頗以依違歟、先有議定人意不一決、偏可訪占卜之由、議奏之時、可有御卜也、而遮以被行御卜、今又被乖彼趣之条、太以無其謂、卜者不再三云々、而及度々之条、又以不可然、而於今者、偏可被用卜者(58)

このように兼実は、まず議定を優先し、衆議が一決せぬ場合に於て、止むなく卜占が許されるという立場を取る。「大事者不可卜」という卜占を認めない中御門宗忠の立場とは少し異なり、卜占を全面的に排除はしないけれど、

群議を優先すべしという点では軌を一にする。兼実は群議によらず直に卜占に持込んだ上皇を詰ったが、同時にその卜占の結果をも尊重せず官寮に推問した上皇の煮え切らぬ中途半端な措置をも非難した。[59]また宗忠の批判が日記の中に於てなされた非公開のものであったのに対し、兼実の批判は上皇に奉答されるという、いわば公開の批判であった点も注目すべきである。

兼実はこの卜占批判のあとで、新帝擁立の急務なることを根拠を列挙して上皇に具申し、上皇はその兼実の条理を尽した答申を容れ、新帝擁立を決意した。[60]しかし兼実はこの日の日記の末尾に、以上の経過をふり返って、

愚案次第之沙汰、悉以違乱散々、凡不能左右云々、未曽有之事也、天下滅亡、只此時也、可悲々々、[61]

と、自らの論理と計策が現実に裏切られていくことを歎き、「天下滅亡」と悲観している。

次に、既述のように義仲の横槍が入り、さらに丹波局の夢想が重なって卜筮がやり直されたことについて、兼実は八月一八日の日記に於て、

凡初度卜筮、与今度卜筮、被立替一二之条、甚有私事歟、卜筮者不再三、而此立王之沙汰之間、数度有御卜、神定無霊告歟、小人之政、万事不一決、可悲之世也、[62]

と上皇の「私事」(局の夢想を指すか)が入って卜筮が乱れたことを非難し、「卜者不再三」と八月六日の批判をむし返し、恣意的に卜筮を繰返すならば、神は神判を下さないであろうと警告している。「小人之政、万事不一決」とは、後白河上皇に向けられた激しい非難ともみられるが、上皇の恣意を放任している摂政基通に対する批判とも考えられ、その点では『愚管抄』に於る慈円の基通批判と同工異曲である。

兼実の卜占批判は、建久九年の土御門践祚時にも見られる。同年正月七日の日記の末尾に、

於占卜之吉兆及孔子賦等之条者、如此之事、只依根元之邪正、有霊告之真偽也、[63]

とあるのがそれで、卜占の卦よりも「根元之邪正」を強調するが、批判の力点は、為仁という「桑門外孫」の登

極は前例なく認められないというにあり、必ずしも卜占そのものへの批判とは言えない。よって右記事は卜占批判の史料として用いるのは問題であり、ここでは立ち入らない。

以上、白河・後白河両上皇による〝皇嗣卜占〟に対し、「大事は卜すべからず」という立場と「群議優先」の二つの主張がすでに平安末期の時点に於て確認することが出来たと思われる。

(5)　後嵯峨天皇践祚と幕府の抽籤

仁治三年（一二四二）正月九日、四条天皇が年歯わずかに一二歳で崩去した。(64) 大殿として政柄を握っていた九条道家(65)は幕府に急報して皇嗣の決定を仰いだ。(66) 承久の乱直後に擁立された後堀河天皇の皇統はここに断絶したので、皇位の候補は土御門上皇の皇子（阿波院宮）と在佐渡の順徳天皇皇子（佐渡院宮）の二人に絞られ、大殿道家は祖父兼実の墓所に告文を捧げ(67)順徳皇子の登極を祈請し、一方で土御門皇子の外戚に当る久我源氏一門は北条重時との縁辺を利用して、関東に阿波院宮の践祚を運動していた。(68) 決断を迫られた泰時の動静を、京都側の回想録では次のように伝えている。

泰時は（中略）進退きはまりたりとて、三日三夜寝食を忘れて案けるか、何ともあれ、土御門院の御末をこそとは心中におもひけれとも、所詮神明の御計ひに任へしとて、若宮社へ参て孔子をとりたりけるに、土御門院の宮ととりたれは、されはこそ愚意の所案相違なしと思ひて、やかて城介義景を使にて、其よしを申けるほとに(69)

泰時が、鶴岡八幡社に於て抽籤したことは、『増鏡』にも次のように見えている。

御うしろみは、承久にのほりし泰時朝臣なり、（中略）いとあさまし、さりとてあるべきならねは、そのむしろより、やかて神事はしめて、若宮社にてくしをそとりける。(70)

かくて泰時は阿波院宮を引いた訳だが、しかしながら、鬮の結果がたとい佐渡院宮と出ていても、泰時は阿波院宮を擁立する外なかったと推測される。何故ならば、佐渡院宮登極という事態になれば、順徳上皇の赦免還京、順徳院政の実現という、幕府にとって最悪の状況が予想され得るからで、好むと好まざるに拘わらず、泰時は久我一門の運動に乗って阿波院宮を立てるしかなかったのである。先引の『五代帝王物語』は続けて、泰時が東使義景に、道家らの策動で佐渡院宮践祚が実現していた場合の対応として、「よしさる事あらはおろしまいらすへし」と廃立の強行を厳命したことを記すが、このことも泰時の抽籤が「気休め」にすぎなかったことを示唆するものであろう。このように、泰時の鬮取りは、白河上皇以来の卜占とはやや趣を異にする私的な抽籤の色彩が強いとはいえ、院政期以来の王位継承に当っての卜占或いは抽籤という慣行の延長上にあると位置付けることが可能であろう。

二　足利義教の嗣立と抽籤

⑴　抽籤の提案と抽籤の場所

後嵯峨天皇の践祚を結果した仁治三年（一二四二）の抽籤から正長元年（一四二八）の義教嗣立を現出した抽籤まで、約一八〇年余の間、天皇ないし国王の嗣立に関わる卜占・抽籤が行われた明徴はない。(71) その理由を考えてみると、まず第一に、皇位決定権が幕府に移ったことにより、朝廷では卜占あるいは抽籤はおろか、群議によって決することも不可能となったのであり、皇位は関東申次西園寺氏と鎌倉幕府の間で専ら決せられることになった。(72) 朝廷に於る卜占記事が見られなくなったのは蓋し当然であろう。この事情は、建武三年（一三三六）の室町幕府成立後も基本的に変わらなかったと考えられる。

次に室町歴代将軍の嗣立については、二代の義詮の地位、[73]三代の義満の地位[74]ともに競争者もなく早くから後嗣として自明の事情であったとみられ、卜占・抽籤の入る余地は客観的にも存在しなかったように思われる。義持が嫡子なく、兄弟六人が残され、そのすべてが仏門に入っていたという特殊な事情が、抽籤を導き出した背景であろう。

さて義持病死にかかわって行われた抽籤については、戦後早くに臼井信義氏、ついで瀬田勝哉氏の詳細な研究があり、[75]問題点はほぼ出尽している観がある。ことに瀬田氏の研究は、臼井論文の問題点を掘り下げて究明されたもので、筆者も瀬田論文につけ加えることは殆んどない。ただ、瀬田氏が保留された抽籤の場所である「八幡神前」について私見を披露し、抽籤の性格について若干の検討を試みるにとどめる。

護持僧満済の記録に、

> 幸ニ御連枝御座候ヘハ、其内就御器用可被仰出候、其又けに〳〵不可叶時宜候者、御兄弟四人御名字ヲ於八幡神前御鬮ヲメサレ可被定欤由申入処、然ハ御鬮タルヘキ由被仰出了[76]

とあり、抽籤は満済が提案し、義持がそれに同意したことになっている。これに対し伝奏時房の日記では、

> 以御連枝四人〈各釈門也〉之内可被仰定之由各申之、然者（中略）可被任神慮之由有仰、[77]

と、諸大名が鬮を提案して義持が呑んだことになっており、さらに同記には右の箇所の行間に細字で「或説、御連枝四人之内諸大名可計申之由有仰之間、可為孔子之由諸大名評定云々」[78]と、いずれにせよ抽籤は宿老評定により提案された旨が記されている。瀬田氏指摘の如く、枢機の中心にいた満済の記録をより信ずべきなのであるが、[79]満済提案の抽籤策には諸大名の同意があった筈で、時房の記録は結果的には正しいとみられる。すなわち、院政期の卜占と異なり、ここでは〝群議〟の結果の抽籤であることを確認しておきたい。

次に満済の記録にある「八幡神前」が石清水を指すか三条八幡・六条八幡等のいずれを指すか瀬田氏は留保さ

れたが、これは時房の日記が記す石清水八幡が正しいと思われる。満済の記録、

管領戌終ニ参詣、於神前御鬮ヲ給テ亥終ニ罷帰云々[80]

とあり、八幡参着が戌終、幕府帰着が亥終と解され[81]、しかも不定時法で当時の一刻は三時間程と考えられるから[82]、石清水～幕府が片道三時間と見れば、あながち届かぬ距離ではない[83]。加えて、なぜ石清水でなければならぬかと言えば、先に後鳥羽天皇の卜占の項で見た如く、後継選定にかかわるのはあくまで宗廟の神であり、天皇家ならば伊勢[84]、将軍家なら石清水本社ということになる。三条八幡・六条八幡等の末社神前では抽籤の場として如何にもふさわしくないと思われる。

(2) 義教の抽籤執着とその批判

応永三五年の抽籤は、群議を排してのそれでなく、群議を背景としたものであっただけに、当時表立った批判は幕府の周辺では伝えられていない。しかし瀬田氏も明らかにされたように、その後の義教の治世に於て政策決定の手段としての抽籤が多用されたために、それへの批判も続出した。その事情を瀬田論文に拠りつつ概観し、前代の卜占批判とどのように異なるのかを聊か考察してみたい。

仁治の泰時による抽籤のあと、弘安六年（一二八三）の御家人家法に、次のような条文がある。

一、社壇鬮事

右、人情難及、子細叵弁之時、為決実冥慮、適取鬮者例也、而近来、不究理非、不糺真偽、無左右取之由、粗有其聞[85]、

このように理非曲直を究明するより先に抽籤に持込もうという傾向があり、当家ではそれを厳しく戒め、「社官等令会合可糺明事体」と衆議・人智による究明を優先するよう命じている。この家法が弘安六年という、元寇の

直後に出てきた点が注目に値する。笠松宏至氏の研究によれば、「神明（仏陀）施入地不可悔返」のいわゆる神明（仏陀）法の初出が建治年間頃であり、(86) 文永弘安両役後頃から、神仏の権威を強調する思潮が主として社家仏家辺から出てくる状況が推測されている。(87) 先の御家人家の抽籤主義なる事象が、この時代思潮と無関係とは言えないであろう。一方で、近江葛川庄の相論の過程で「人法之繁昌者為仏法繁昌歟(88)」なる法理が持出された如く、神仏に対する人間優先主義(89)とも言うべき考え方も他ならぬ仏家側から出されており、鎌倉後期は、神仏の威と人法の理がいわば鬩ぎ合っていた時代であったといえるかも知れない。

さて義教は、庶政の手始めに「近来非分御寄進神領数十ケ所在之」ために牢籠人が多く、神領返還を考慮して、満済を召して「御鬮ヲ可被取歟(90)」と抽籤を提案した。満済はこれに反対して次のように諫言する。

御鬮事ハ可有如何候覧ト覚候、其故ハ御鬮ハ近年非分御寄進可被破歟御鬮一、又如此間ニテ可被閣歟一タルヘシ、爾者二御鬮ノ内一ハ必可下歟、若可被破御鬮下ハ不及古今沙汰、国々守護々々於事左右乱(濫)吹儀可出来歟、於神慮又不可爾事也、是一、次不可被破御鬮ナラハ是又只今如被仰出諸人周章不便此事也、神ハ為化度衆生令同塵給者也、神慮ヲ推知スルニ此儀不可在存也、神慮折中儀ナラハ可被閣条モ又為御政道不可爾歟間、於御鬮ハ尚可有御思案歟由申了(91)、

これによれば、神領棄破の卦ならば政道混乱を現出し、現状維持の卦では牢人が救われず共に神慮に背くとして満済は、神領号を残して上分を社に与え、下地は本主に返付する「折中沙汰」を提案する。従来の卜占・抽籤批判と異なるのは、人智省略ゆえの神判批判でなく、予想される神判が共に神慮・政道に背くという論理である。

ここで注目されるのは、満済が「神ハ為化度衆生令同塵給」すなわち、人間救済の目的で神が降臨したとする、人間中心主義とも言うべき論理である。ここには、鎌倉後期に登場する「人法興隆(92)」「人法繁昌」とも通ずる神観念が現出しているといってよいのではないか。つまり神慮といえど、人間の救済、人を生かすものとしての神

意が前提になっているのである。ここに、院政期の卜占にみられる絶対的な神判とは異なった〝室町的神判〟の姿を見ることが出来よう。また瀬田氏も指摘されているように、神明（仏陀）法は依然として生き続けており、満済も人法興隆と神明法との間で苦慮し、その折合いをつけようと「折中」の理を持出したことが知られる。

永享五年（一四三三）一〇月後小松上皇が崩じ、皇統が断絶して崇光天皇四世の孫である後花園天皇が治天を継いだが、諒闇とするか否かで満済・摂関・義教の間で意見が割れ、後花園の実家である伏見宮家を贔屓する義教は諒闇回避を狙って抽籤に持込んだ。諒闇実施に理ありとする満済・前摂政一条兼良の両人は先例・儒教倫理等委曲を尽して義教に諒闇が道理であることを具申したが、すでに「一方御贔屓」に傾いている義教は、伊勢祭主・神祇伯・吉田神主の三者に抽籤させ、結局伊勢と伯の卦に諒闇と出て、渋々諒闇が決定した。(93)鬮に持込む迄もなく諒闇が常識であったのを、枉げて「神慮無覚束」(94)と称して抽籤を行わしめた義教の態度について、兼良は「御鬮之儀聊爾歟」と非難し、「今更如此及其（抽籤）沙汰之条、定有子細歟」(95)と義教の真意をいぶかっているが、義教の言い分「猶以凡慮難計申」(96)を見れば義教は基本的には衆議や理致に価値を置いていないことが明らかであり、瀬田氏はこれを「専制政治の深化」「神秘主義的」とし、抽籤多用策は「論理にかわる対抗手段」とまで極言されている。またその傍証として、義教一代の間に抽籤のみでなく、湯起請が上意の形で多用されるようになった事実を指摘されている。但し、恣意に卜占を行い、また恣意に卜占結果を無視もした院政期の治天と異なり、義教の頃は一旦抽籤に持込んだ以上、その卦が自己の意に添わぬものでも絶対的に従う他なかったことを瀬田氏は指摘されており、そこに「鬮の根源的な力」と籤の公正さに期待し支持する中世人の鬮信仰に言及されている。(97)従うべきであろう。

むすびにかえて

王位相続者決定に当って、卜占や抽籤すなわち神判を仰ぐという手法は、室町期に至って唐突に出現したものではない。すでに皇位継承に関して、院政初期から用いられていた慣行であったといえる。後白河院政期にそれが見られる史実については、夙に臼井信義が指摘しているところであり[98]、筆者はこれに新たに白河院政期の事例を付け加え得たにすぎない。但し院政期と雖も、鳥羽上皇は皇位撰定に当って、卜占を排除し、近衛天皇崩去に当って、諮詢を固辞する関白忠通に対し、「枉げて計らい申すべし」と答申を迫っている[99]。この鳥羽の態度こそ、奈良末以来の群臣議定の伝統にのっとったものであり、多くの公卿も支持する手法であった。しかし堀河天皇崩去のさいは、摂関家に大きな弱味があり、関白忠実は軒廊御卜を採用せんとする上皇に諫言も抵抗も出来なかったのである。

「誠大事者不可卜」という宗忠の批判は、その後もくり返し現出しており[100]、議定・人意を優先し、神判を仰ぐのは最後の手段であるとする主張は、九条兼実から三宝院満済・甘露寺親長まで三〇〇年の時空を超えて変らない。しかし、卜占抽籤による王位選定が中絶する鎌倉中期には、公卿や僧侶、衆庶の間に新しい神観念が出現する。人法繁昌・人法興隆に象徴される、神仏と雖も人間救済を前提とするものでなければならぬとする時代思潮である。従って、義教の登場を契機として多用される抽籤・湯起請も、あくまで右の考え方を前提としての神おろしであり、抽籤そのものも、院政期の卜占の如く恣意的な取捨は許されず、一旦抽籤に持込めば、その卦に従わねばならないということになったのである。このように神判の背景が考えられるとすれば、一部に言われるような、畠山満家の抽籤にいかさま、作為があったとする想定は、瀬田氏も指摘されるようにやはり成り立ち難いのではあるまいか。瀬田氏の言う「鬮の根源的な力」、それは院政期以来の卜占の試行錯誤を経て、室町期には

〝最後の審判〟としての抽籤として定着したと考えたいのである。

(1) 足利氏家督の謂。いずれは将軍に任官することが予定され、或いは将軍を経ているが、征夷大将軍職とは直接につながらない。この考え方については、富田正弘氏「室町殿と天皇」(『日本史研究』三一九、一九八九年)を参照。

(2) 『満済准后日記』(以下『満済』と略す)、『建内記』『師郷記』ほか。

(3) 『満済』同年正月一七日条、『建内記』正月一八日条、指名を拒否する義持の言として前者は「為上ハ不可被定也、管領以下面々寄合可相計云々」「蹤御実子雖有御座、不可被御定御心中也、況無其儀、只兎モ角モ面々相計可然様可定置云々」、後者は「依無其器不及被仰置、且蹤雖被仰置面々不用申者不可有正躰」とそれぞれ伝えている。

(4) 『満済』では、抽籤は満済が提案したのを義持が受容れたことになっており、『建内記』では、義持自身の発案とするが、「或説」として諸大名評定で抽籤に決したとする情報も併記している。なお後掲第二節の(1)参照。また神判については、中田薫「古代亜細亜諸邦に行はれたる神判補考」(『法制史論集』三巻下、岩波書店、一九四三年)、瀬田勝哉氏「神判と検断」(岩波シリーズ『日本の社会史』五、一九八七年)を参照。

(5) 『満済』同年正月一八日条、『建内記』同日条。

(6) 臼井信義「足利義持の薨去と継嗣問題」(『国史学』五七、一九五一年)、佐藤進一氏「足利義教嗣立期の幕府政治」(『法政史学』二〇、一九六八年)、瀬田勝哉氏「『鬮取』についての覚書—室町政治社会思想史の一試み」(『武蔵大学人文会雑誌』一三—四、一九八二年)。

(7) 以上、『中右記』同年七月六日条。

(8) 『殿暦』同年七月七日条。

(9) 『大日本史料』第三編嘉承二年七月六日条に引く『殿暦』には、この個所が「今日同有御占」と記され、軒廊御卜が二度行われたかのように表すが、『大日本古記録』本の『殿暦』(陽明文庫蔵、鎌倉期写本)では「今日同有易御占」とあり、後段の「陰陽寮并易御占頗以不快」の記述に対応しており、一〇日に実施されたのは亀卜・式占等の軒廊御卜ではなく、所謂易占であったことが知られる。易占については、三浦國雄氏「易占い」(『別冊太陽　占いとまじない』平凡社、一九九一年)を参照。

(10)『殿暦』同年七月一四日条。
(11)皇位継承に関して軒廊御卜が発動されたのは、これが初見とみられる。西岡芳文氏が作成された「六国史の卜占記事」および「軒廊御卜年表」(ともに、国際日本文化研究センター共同研究「王権と神祇」、二〇〇〇年八月二九日の同氏口頭報告のレジメによる)によっても、これ以前に践祚・譲位等に関する御卜が行われた形跡はない。
(12)以上、『百錬抄』同年五月一一日条、『玉葉』同年七月二三日条。
(13)『百錬抄』同年七月二五日条、『玉葉』同年七月二五日条。
(14)『玉葉』七月二五・二六・二七日各条、『百錬抄』七月二四日・二七日各条。
(15)新天皇の擁立に至る政治過程については、拙稿「君主押込め(王権の日本史(7))」(『創造の世界』九九、一九九六年)を参照。
(16)『吉記』同年七月二八日条。
(17)同右同日条。
(18)『吉記』同年七月三〇日条。
(19)亀卜については、さし当り和田萃氏「古代の占い」(季刊『is』七二、ポーラ文化研究所、一九九六年)、同「夕占と道饗祭」(『日本学』六、一九八五年)を参照。
(20)式占については、小坂真二氏「式占」(前掲『別冊太陽』九一年五月号)、同「陰陽寮の六壬式占について」(『古代文化』一九八六年七~九月号)、同「物忌と陰陽道の六壬式占—その指期法・指方法・指年法」(古代学協会編『後期摂関時代の研究』吉川弘文館、一九九〇年)。瀧川政次郎「遁甲と式盤」(日本歴史考古学会編『日本歴史考古学論叢』I、雄山閣出版、一九六六年)。
(21)『吉記』七月三〇日条。
(22)『百錬抄』七月三〇日条。
(23)『玉葉』同年八月一二日条。
(24)『百錬抄』七月二八日条、『玉葉』同日条。
(25)『百錬抄』七月三〇日条。
(26)『玉葉』八月六日条。

(27)『百練抄』八月五日条。
(28)『玉葉』八月六日条。
(29)『増鏡』『保暦間記』。
(30)『百錬抄』八月六日条。なお『百錬抄』が『吉記』『吉続記』等吉田家の記録類の抄録と推定される点については、平田俊春氏「百錬抄と吉記との関係について」(『防衛大学校紀要』二七、一九七四年)を参照。
(31)『玉葉』八月一四日条。
(32)同右八月一八日条。
(33)同右同日条。
(34)夢想は卜占の一種、すなわち夢占と見ることも出来る。古橋信孝氏「悪夢を違える」(前掲『is』七二)、江口孝夫氏「夢占い」(前掲『別冊太陽』)を参照。
(35)『玉葉』八月一四日条。
(36)同右同日条。
(37)同右八月一八日条。
(38)同右同日条。
(39)同右八月二〇日条、なおこの折の義仲の返答は、八月一八日条にも記録されており、それは、

申云、先以北陸宮可被立第一之処、被立第三無謂、凡今度大切、彼北陸宮御力也、争黙止哉、猶申合郎従等、可申左右之由申云々、

となっている。
(40)『玉葉』建久九年正月七日条。
(41)この践祚の前後、九条兼実が失脚して源通親が抬頭する過程は、学界で「建久の政変」と呼ばれる。上横手雅敬氏「承久の乱」(旧版『岩波講座　日本歴史』中世1、一九六二年)を参照。
(42)ただし能円の女は源通親の養女として入内したので、為仁の外戚は通親と見做されていた。
(43)『玉葉』正月七日条。
(44)本物語は、元来日記とは同列には扱えない後世(鎌倉後期成立と推定されている。後述五味文彦氏論文)成立の、

後嵯峨天皇前後五代にまつわる年代記であるが、叙述されている諸事件に作為性が薄く、諸記録に忠実に基づいて編纂されたとみられることから、『増鏡』と同様の史料的価値を認めてよいと考え、あえてここに掲出した。その作者像については、五味氏「王朝の物語」(同『武士と文士の中世史』東京大学出版会、一九九二年)を参照。五味氏によれば作者は「後嵯峨院の北面の可能性が高い」とされる。

(45) これに関連して、Cの『五代帝王物語』に毎夜石灰の壇にて、神宮の御拝ありて、(中略)くしをとらせ給」とある部分に注目したい(「石灰の壇」とは、内裏内の伊勢遥拝所)。白河・後白河両上皇の卜占のさいに比して、宗廟の祖神である天照皇大神の「神意」が強調され、神判としての抽籤という側面が濃厚となっている点に注意したいのである。

(46) 瀬田氏前掲注(6)論文。

(47) 『吾妻鏡』治承四年一〇月一二日条。瀬田氏前掲論文。

(48) 『沙汰未練書』。佐藤進一氏「鎌倉幕府政治の専制化について」(竹内理三編『日本封建制成立の研究』、一九五五年)。瀬田氏前掲論文。

(49) 『中右記』嘉承二年七月六日条。

(50) 『中右記』七月六日条に「可量思重事」、「件御卜之趣候星、天下重事歟」、「天下者重器也」と三度に亘って吐露されているほか、七月一〇日の堀河天皇崩去の条にも「天下者重器也」と関白忠実への言として記録されている。この場合の「天下」とは、皇位継承の意であろうと思われる。

(51) 『中右記』七月六日条。

(52) 『殿暦』七月一〇日条。

(53) 『平戸記』仁治三年正月一九日条。

(54) 『中右記』嘉承二年七月一九日条。

(55) 同右同日条。

(56) 同氏「公卿議定制から見る院政の成立」(『史林』六九—四、一九八六年)。

(57) 『中右記』天仁元年一〇月二六日条。

(58) 『玉葉』寿永二年八月六日条。

(59) 前掲、第一節の(2)の２に引用する『玉葉』を参照。

(60) 前掲拙稿「君主押込め」参照。

(61) 『玉葉』八月六日条。

(62) 同右八月一八日条。

(63) 『玉葉』建久九年正月七日条。

(64) 『百錬抄』仁治三年正月七・九日条、『後中記藤原資頼記』同年正月七・九日条ほか。

(65) この時期、摂政は近衛兼経であったが、摂関家の実権は大殿と称された九条道家が掌握していた。この道家の地位は「世務」とも呼ばれている（『経光卿記抄』同年正月一九日条）。

(66) 『経光卿記抄』同年正月一一日条。

(67) 『後中記藤原資頼記』同年正月一五日条。

(68) 『平戸記』正月一七日条に「阿波院宮依武士縁一定御出立(践祚)之由世以風聞、件縁者前内府公定通妻者、泰時・重時等姉妹也、如此之間、私差遣使者於関東、有殷懃之旨云々」とあり、一九日条に「以可執権之意趣、前内府公定通頻以発営、連々以飛脚示遣関東云々」とある。

(69) 『五代帝王物語』

(70) 『増鏡』四、三神山の条。

(71) 所謂両統迭立期の皇位継承については三浦周行『鎌倉時代史』（早大出版会、一九二六年）、新田英治氏「鎌倉後期の政治過程」（新版『岩波講座　日本歴史』中世2、一九七五年）、拙稿「両統迭立」（王権の日本史13『創造の世界』一〇五、一九九八年）。

(72) 前注(71)の諸論文参照。

(73) 尊氏の後継者としての義詮の地位に関しては、中先代の乱鎮定後、尊氏・直義らが挙兵西上した建武二年（一三三五）一一月に、鎌倉の押えとして義詮を残した時点で既に決定していたと考えられる。

(74) 義満嗣立の事情については、臼井信義『足利義満』（吉川弘文館、一九六〇年）、小川信氏『細川頼之』（吉川弘文館、一九七四年）。

(75) 前注(6)参照。

(76)『満済』応永三五年正月一七日条。
(77)『建内記』同年正月一八日条。
(78)宿老評定については拙稿「室町幕府の評定と重臣会議」(岸俊男教授退官記念会編『日本政治社会史研究(下)』塙書房、一九八五年)を参照。
(79)満済は義持の護持僧、かつ宿老寄合の座長格という特殊な地位にあり、継嗣決定の抽籤に、四候補の名字を署することから始まって一貫して直接にかかわっていた(但し八幡参詣と抽籤は管領畠山満家)。然るに満済の日記には、抽籤の場所をただ「八幡神前」としか記さず、候補四人の実名も記していない。これに対し時房の日記では伝聞ながら抽籤場所を明示すると共に、連枝四名も明記しており、部分的には史料価値に於て満済のそれを上回る。臼井論文はこの事情と、新出の『建内記』を紹介するという趣旨もあってか、『建内記』の史料価値を強調されすぎる嫌いがあり、そこが問題点となっている。
(80)『満済』正月一七日条。
(81)瀬田氏は「戌終ニ参詣」を、幕府出立と解し、京都―石清水間を往復二時間と推定されている。しかし「参詣」は、文字通り石清水社頭に参詣した意と解すべきではあるまいか。
(82)不定時法については角山栄氏『時計の社会史』(中公新書、一九八四年)を参照。
(83)時房はこの日梶井・仁和寺と年賀に回礼し、御室から馬を借りて短時間で洛中に戻っている(『建内記』同日条)。京都近効は交通至便で、数時間あれば石清水社往復は決して不可能ではない。
(84)久寿二年(一一五五)近衛天皇の崩後、鳥羽上皇が関白忠通に後継を諮問した時の言が「大神宮の仰と存ずべし。枉て計らい申すべし」(『続神皇正統記』、『愚管抄』も同趣旨の言を記す)と伝えられている。また先述仁治代替りの時の民部卿経高の言に「宗廟之冥慮如何」とあり、相続決定に干与するのは宗廟祖神という認識が当時の公家に広くあったことが推測される。
(85)『宇都宮家式条』第四条(『中世法制史料集』巻三)。
(86)同氏「仏陀施入之地不可悔返」(『史学雑誌』八〇―七、一九七一年)。
(87)拙稿「対外危機と神仏」(『あうろーら』九、一九九七年)。
(88)『葛川文書』文保二年四月日付葛川行者衆議申状(村山修一氏編『葛川明王院史料』四三一号)、黒田俊雄『蒙古襲来』（日本の歴史八、中央公論社、一九六五年）四〇二～四〇六頁。

(89) 貞和三年（一三四七）一一月、神木動座により藤氏卿相の公事出仕が不能となり光明天皇は、「暫閣敬神之儀、参勤之条何事候哉」「縦無先規、自然之事ニてそ候ハんなれハ、只以納言令奉行条、有何事哉」（『園太暦』同年同月二三日条）と、敬神や先例よりも「自然」の理が優先するという考え方を打出している。南北朝初期には公家の間でもこの思潮が抬頭したことを窺わせるものであろう（拙稿「十四・五世紀の日本」〈『岩波講座　日本通史』七、一九九四年〉）。

(90) 以上『満済』正長元年五月一三日条。

(91) 同右同日条、この経過については瀬田氏前掲注(6)論文に詳しい。

(92) 黒田俊雄前掲書。

(93) 以上の経過は、瀬田氏前掲注(6)論文を参照。

(94) 『満済』永享五年一〇月二三日条。

(95) 以上同日記一〇月二四日条。

(96) 『公名公記』一〇月二五日条。

(97) 以上、瀬田氏前掲注(6)論文。

(98) 臼井氏前掲論文。

(99) 前注(84)参照。なお事実経過については『玉葉』寿永二年八月一四日条に、

昔法皇御宇之始、近衛上(天)皇御事之後、以誰可為主哉之由、鳥羽院被問仰此法性寺入道相国、即奏以我君御事、従彼言践祚已了、彼時猶依恐冥鑑、両三度不言是非、只請勅断、叡問及再三之時、以道理奏達、朝之重臣、国之元老、猶恐重事之不軽、屢不能自専、

とあって、当時の公卿の群臣議定主義的考え方がよく出ている。

(100) 文明六年（一四七四）六月、賀茂社の相論にさいし、審理を尽した結果「両様申状也、猶以難決」と止むを得ぬ抽籤である旨、親長が天皇に具申している（『親長卿記』同年六月二九・三〇日条）。瀬田氏前掲論文。

第三部　神道説の諸様相

『渓嵐拾葉集』における王権と神祇
――神璽の箱をめぐる一説話から――

田中貴子

はじめに

『渓嵐拾葉集』は、一四世紀半ばに成立した、天台僧・光宗の編述にかかる仏書である。本書の成立時の性格は明確ではないが、(1)序文にあるように、「顕、密、戒、記、禅」、すなわち顕教、密教、戒律、記録、禅の五つについて記した大部な書物であったことがわかる。なかでも「記録」とは、比叡山の地主神である山王権現をはじめとする神々に関しての口伝を収載したもので、記家たる光宗にとってもっとも重要な部分であった。(2)いうまでもなく記家は「記録の家」の謂で、事物や出来事を克明に記録することがその務めであり、また彼らの修行の方法でもあったのである。

さて、『渓嵐拾葉集』の現存する一一六巻の内、記録部に属すると思われるものはいくつかある。とくに、山王権現について記した巻六や、「我国を大日の国と号す事」という一条で始まる巻四は、光宗が見聞きした中世の密教色の濃い神道の様相がうかがえて非常に興味深い。ここには、同時代の神道書に見られる、一種荒唐無稽な感のある秘説が私情を交えずに語られている。

この巻四に、三種の神器をめぐる不可思議な秘説が存在する。いずれも三種の神器を蘇悉地、金剛界、胎蔵界に当てはめるような、極めて仏教的な文言であるが、なかでも神璽の箱については次のような奇妙な口伝が書きつづられている。

正親町禅門物語していはく。後二乗《（条）》院崩御の御時。神璽等を持明院殿の方へ渡さるる時。上廊達各々に重宝等持ち給ひけるに。璽玉の箱以ての外軽かりけり。地体は形の如し。重くして動かせども鳴らず。世間不吉の事あるときは此の箱軽くしてかはかはと鳴る也。（大正蔵巻七十六、五一一頁）

これは、正親町禅門が後に伝えた口伝である。正親町禅門とは、恵心流嫡流の口伝法門を伝える正親町心賀を指すとみてよかろう。血脈では光宗と心賀の子弟関係は見あたらないが、直接に伝授を受けたわけではないにしろ、光宗がこの話を恵心流の誰かから聞いていたことは容易に推察される。

引用した説話は、後二条天皇（一二八五～一三〇八）崩御の際の奇怪な出来事である。天皇が亡くなり代が変わるとき、三種の神器は新しい天皇のもとへもたらされる。その際、神璽の箱がいやに軽かったというのである。そして、「世間不吉の事」があると、神璽の箱は「かはかは」と鳴るという。「かはかは」という擬声語には濁点や半濁点が付けられていないが、想像するに「かぱかぱ」とでもいうような軽やかに鳴る音であったのではないか。

管見の限りではほかの文献には見えないこの説話には、いくつかの要点があると思われる。一つは、なぜ後二条天皇の崩御という事件が「世間不吉の事」と意識されているのか、ということである。二つめは、何か不穏な出来事があるとき音を立ててそれを人民に知らせる、いわゆる「鳴動」がなぜ神璽の箱に起こったのか、である。

そして三つめには、そもそもここでは神璽の箱の中身は何だと考えられているか、である。

結論を先走るようであるが、一つめに関しては鎌倉から南北朝にかけて起こった「両統迭立」という政治的な問題がからんでいるのではないかと思われる。二つめは、たとえば京都が危機に陥ったとき鳴動する将軍塚や、王権の危機を示す後鳥羽院の御廟の鳴動のように、何らかの政治的危機を知らせるための鳴動だと推測される。とくに、王権のシンボルたる神璽の箱が鳴動するということは、いうまでもなく王権の危機を予告しているのだと見られよう。また、三つめは、中世神道の世界における神璽の実体の謎が秘められているのではないか。神璽が「玉」であると認識されたのは実はさほど古いことではない。もとより絶対に開けてはならない神璽の箱の中身を知る者は、中世ではほとんどといってよいほど存在しなかったのである。もちろん、天皇自身でさえ事情は同じであった。

本論では以上の三つの疑問点について順次述べて行きたいと思う。

一　後二条天皇と両統迭立

後二条天皇——彼は日本中世史においてさほど大きく取り上げられることのなかった天皇である。弘安八年（一二八五）二月二日に誕生した後二条は、正安三年（一三〇一）から延慶元年（一三〇八）まで、わずか八年間の在位であった。当時、天皇家は大覚寺統と持明院統の二つに分かれており、後二条は大覚寺統の後宇多の皇子である。

後二条は、『神皇正統記』の記載によれば、

後二条世ヲハヤクシマシマシテ、父ノ上皇ナゲカセ給シ中ニモ、ヨロヅコノ君ニゾ委附シ申サセ給ケル。

（日本古典文学大系本）

という早世の天皇だった。享年二四歳。早すぎる死である。在位の間、彼はほとんど大きな事業を行っていなかったので、日本史の中に確かな足跡を残すことのない天皇であったと思われる。

三浦周行氏の名著、『鎌倉時代史』は、後二条についてかなり大きなスペースを割いている。(3) 氏によると、後二条の崩御は次のように語られている。

後二条天皇には八月の初より御不予なりしかば、御修法、奉幣相次ぎしも其験なく、八月二十五日、二条高倉殿に於て崩じ給ふ。

どうやら後二条は若い頃から体が弱く、病気がちであったようである。そして、後宇多の第一皇子として立太子してからも、さほど幸せな人生を送ったわけではないことが、三浦氏の著書からうかがえる。氏の言をもう一度引用しよう。

天皇は後宇多法皇の第一皇子として皇位に即かせ給ひしも、亀山、後宇多両法皇の御愛情は左迄濃かならざりしに似たり。天皇嘗て御製の奥に左の一首を留め給へりといふ。

我身世になからん後は哀とも誰かいまはの水くきのあと

「自分が死んでしまっても、誰か哀れと言ってくれるのだろうか」という意味の御製には、同情して余りある。大覚寺統の一員として皇室の権力を掌握することも許されず、もっぱら父・後宇多の陰になり続けた一生であった。というのも、後二条即位をめぐって、祖父の亀山と父の後宇多の二人は第一皇子を初めから推していたのではなかったからである。

『神皇正統記』を見ると、後二条即位の背景には複雑な人間関係のもつれがあった。この頃、大覚寺統第一番目の天皇として亀山が即位し、その後を皇子の後宇多が継いだが、その次の皇位は両統迭立の定めに従って持明院統の伏見にめぐってきた。伏見は皇子の後伏見を自分の後継者に指名し、その後は再び大覚寺統に皇位継承権が与えられるのだが、亀山も後宇多も後二条ではなく、第二皇子の後醍醐の立太子を考えていたのである。

次に引くのは、その経緯を示した『神皇正統記』の一部分である。

> 弘安ニ、時ウツリテ亀山・後宇多世ヲシロシメサズナリニシヲ、タビタビ関東ニ仰給シカバ、天命ノ理カタジケナクオソレ思ケレバニヤ、俄ニ立太子ノ沙汰アリシニ、亀山ハコノ君（田中注・後醍醐）ヲスヘ奉ラントオボシメシテ、八幡宮ニ告文ヲオ《（ヲ）》サメ給シカド、一ノ御子サシタルユヘ《（エ）》ナクテステラレガタキ御コトナリケレバ、後二条ゾヰ給ヘリシ。サレド後宇多ノ御心ザシモアサカラズ。（日本古典文学大系本）

そもそも、後二条の立太子からしてさまざまな思惑がからみあった末の出来事であった。『国史大辞典』の「両統迭立」の項目には、簡潔にして要を得た解説が記されているので、ここでその記述に沿って後二条即位までの経緯を見ておこう。

当時の皇位継承は鎌倉幕府の指示なくしてはありえなかったが、関東申次という要職にあった西園寺実兼が持明院統に接近し、後宇多の後継者として伏見を立て、後深草の院政という案を幕府に奏上させたのである。それにより後宇多は退位を余儀なくされた。続いて問題となったのは、伏見の次の皇位である。ここで後宇多の皇子である後二条と伏見の皇子である後伏見が争う格好となり、結果的には後伏見が立太子することとなった。伏見が皇位を後伏見に譲った後、大覚寺統は後二条の立太子を成功させたが、その際皇太子の決定をめぐって両統は激しく対立し、争って幕府に運動したのである。

再び『鎌倉時代史』より引くと、

> 八月には後宇多上皇の万里小路殿に於て立坊の御祈を修せられ、結願の翌日、即ち十日に於て、上皇の皇子邦治親王は立られて皇太子となり給へり。御年十四。天皇より長じ給ふこと三才。

とあり、この邦治親王が後二条で後伏見より年長の皇太子であった。立太子の争いに破れ、しかも祖父や父は第二皇子の方を推しており、ようやく皇太子になったと思えば天皇より年をとっていた、という後二条の生涯は、さほど幸福なものではなかったように想像される。

さて、『渓嵐拾葉集』の説話では、後二条が崩御の際の怪異が語られているのだが、なぜ後二条崩御という時でないとならなかったのであろうか。それは、端的に言ってしまえば両統迭立という政治背景があったからだと思われる。大覚寺統も持明院統も、どちらが多くの天皇を出し続けられるかを競っていた時代である。もちろんのこと、後二条の崩御に当たっての皇位継承争いは、幕府をも巻き込んで大きな問題となっていた。ここで三たび『鎌倉時代史』を引用しておく。

後二条天皇の崩御あらせらるるや、大覚寺、持明院の両統よりは、各々御使を鎌倉に遣されて幕府に諭し給ふところありしが、九月、東使入京して奏上するところあり。これより伏見上皇、持明院殿に御して、万機を視給ふ。十一月十六日、天皇(花園)大政官ノ庁に御即位あらせらる。

幕府は結局、両統迭立の理念を重んじて後二条の後は持明院統の花園を支持したのである。しかしながら、この間の両統の激しい動きと対立は容易に想像でき、早すぎる後二条崩御のもたらした政情不安定は明らかに王権の危機を意味していたと考えられる。つまり、両統の反目が極限に達したとき、神璽の箱は王権の危機を「世間不吉の事」として「かはかは」と鳴動したのではなかっただろうか。

二　鳴動

「はじめに」でも触れたが、『渓嵐拾葉集』説話のなかで問題となる第二点は、神璽の箱が「世間不吉」のときに「かはかは」と鳴ることである。この「軽さ」をイメージさせる擬声語から推し量るに、神璽の内容物が鳴動して、箱にその動きが伝わったと考えられる。

いうまでもなく、神璽は天皇の王権を象徴する三種の神器の一つである。だが、ほかの剣や鏡とは異なり、神璽だけは箱に入っており、しかも天皇でさえそれじたいを見ることができないという特異性を持っていた。かの慈円も、有名な神璽の正体を知らず、霊夢を見てから日本書紀の注釈書を人から送ってもらい、はじめて神璽が「宝珠」であることを知ったくらいである。(4) しばしば狂王の異名を与えられる冷泉天皇が、内侍の止めるのを聞かず神璽の箱にかかる紐をほどいてしまったという説話も『続古事談』巻一に伝えられている。(5)

神璽宝剣、神ノ代ヨリツタハリテ御門ノ御マモリニテ、サラニアケヌク事ナシ。冷泉院ウツシ心ナクヲハシマシマシケレバニヤ、シルシノハコノカラゲヲトキテアケムトシ給ケレバ、ハコヨリ白雲タチノボリケリ。ヲソレテステ給タリケレバ、紀氏ノ内侍モトノゴトクカラゲケリ。

まるで御伽草子の「浦島太郎」を想像させるような説話だが、いかな冷泉天皇でさえ、箱から立ち上った白煙に怖じ気づいて遂に中身を見ることはかなわなかったのである。神璽の中身が何であるかという問題について悩んだ人は多かったらしく、日本書紀の注釈でもしばしば話題に取り上げられている。

この神璽の中身については次節で詳しく考察することとして、まずは神璽の箱とはどのようなものであったかを資料に基づいて見ておくことにしたい。もちろん、三種の神器は平家滅亡の際、二位尼によって海底深く沈められ、剣を除いた後の二つは引き上げられたと伝えられるが、その真偽はさだかではない。憶測を逞しくすれば、神璽とその箱が発見に至らなかったため、ひそかに都で新たなものを作り出した可能性もある。したがって、ここで引く仁和寺蔵『遷宮用意』も、必ずしも原初の神璽の箱というわけではない。(6)

璽箱事

一、桧木白木長一尺六寸。高六寸、広八寸皆外ノリ也。木釘也。右之外イエハ准可意得調也。塗黒漆、金物アリ。内ノ箱ハ錦ニテ内ヲ帳也。金物蓋底上下角ノ八ツ中ノ金物四ツ、但一ツニ十二ツツ、中ノ金物一ツニ六ツ合百二十也。角中ノ金物ノ外ニ蓋ヲシムル。ホシ釘十二、但蓋斗也。金物ノ間々ニ二ツ也。已上皆外イエニ付也。

これが古来の伝承に基づいて作られた神璽の箱だとすれば、箱は桧造りで内に錦が張ってあったらしい。ただし、内とはいえ、誰も見たことのない神璽の中身を考慮すれば、箱は単なる外箱で、そこに昔から伝わる神璽の箱を納めたのかも知れない。

さて、この神璽の箱が音を立てるという現象は、いわゆる鳴動に分類されるであろう。鳴動とは、何か不吉な出来事が起こる前にそれを知らせるため、山や御陵がみずから鳴り響く現象である。三種の神器でも、鳴動するといわれるのは鏡が多く、中世の日記にはしばしば「内侍所鳴動」として書き残されている。笹本正治氏によると(7)内侍所の鳴動は知られているだけで次の四回にも及ぶという。

『応仁記』　文明元年（一四六九）一〇月一六日
『親長卿記』文明二年（一四七〇）一二月　七日
　　　　　　文明四年（一四七二）　正月二五日
　　　　　　文明九年（一四七七）　正月　九日

文明年間に鳴動が集中して起こっているのは、当時が応仁の乱の真っ最中であることと深い関係があるからであろう。時々刻々と変化する乱の情勢に、鏡を奉ってある温明殿がしきりに鳴動を繰り返す。この現象は、都の危機への警鐘にほかならないと思われる。

笹本氏は、温明殿の鳴動について次のように考察している。

鳴動と祖先の霊は関係するが（中略）つまり、内侍所は御所の中で、天皇家の祖霊ともいえる天照大神の宿る神聖な場所なのである。御所の中で先祖が天皇たちの身に何か起きることを告げるとすると、祖霊を祀る

賢所が最も適当な場所だといえる。(8)

氏は、一貫して鳴動を「祖先の霊」が引き起こすものとし、内侍所の場合も同じように考えている。しかし、三種の神器の一つである内侍所を単に「天皇家の祖霊である天照大神」とするのはいかがなものだろうか。鳴動の例をたどって行くと、天皇の御陵が鳴動する例もみられるが、これをも祖霊からの警鐘とするのは問題が多い。西山克氏が主張するように、(9)鳴動はほとんどの場合王権の危機を象徴するものとして機能しているからである。祖先の霊が鳴動を起こすというなら、たとえば藤原鎌足の墓所である談山神社の山陵の鳴動は藤原氏の危機を表していると考えなければならないが、山陵の鳴動は必ずしも藤原氏という「家」の危機のみを告げているのではなく、世情の不安定や不吉な出来事の予兆という感が強い。とくに、三種の神器の一つが鳴動するということは、王権のシンボルの鳴動という意味で、天皇の王権の危機を告げるものだと考えるほうが妥当ではないだろうか。

鳴動が王権と深い関わりがあるということは、鳴動のごく早い例を見れば明らかである。『伊勢物語』の平安末期の注釈書である書陵部蔵『和歌知顕集』の第二段の注には、次のような興味深い鳴動の例が見えている。(10)

この所ききしよりは、みるはまさりたりければ、賀茂大明神を鎮守として、我王法のするたへざらんかぎりは、末代にもこの宮こをほかへうつすべからず、と御心に祈請しつつ、つちにて八尺の人かたをつくりて、くろがねをもてよろひをし、ひをどしにおどしてきせつつ、あしげなる馬の大きなるにのせて、王城をながく守護せよとて、ひがしやま阿弥陀がみねといふ所に、西にむかへてたかくうづませ給てけり。天下にわづらひあらんとては、かのつか、いまもなりさはぎ侍也。(11)

平安京造営に関する有名な話であるが、ここで「我王法」という桓武天皇の言葉に注目すると、鳴動が王権の危機を知らせるものであるという認識が明確にうかがえるのである。『平家物語』では、都が平清盛によって福原へ遷都されるという前代未聞の凶事にあたって鳴動がなされたとある。この文脈からは、笹本氏のいうような祖霊の鳴動という答えは出てこない。あくまで、都と不二一体となった桓武天皇と、それにつづく歴代天皇の王権の危機が問題となってくると思われる。

『今昔物語集』には多武峰の鎌足の墓所の鳴動という出典未詳の説話が記される。ここにも、王権という問題がからんでくると見られる。

其レニ、太織冠・淡海ノ御流レ、国ノ一ノ大臣トシテ于今栄エ給フ。而ルニ天皇ノ御中ト不吉ラヌ事出来ラムトテハ、其ノ太職冠ノ御墓必ズ鳴リ響ク也。（新日本古典文学大系本）

一見すると鎌足は藤原氏の祖霊というように思えるが、それ以上に重要なのは天皇と一体になって日本を動かす摂関家の権力という構造である。摂関家が天皇と仲違いするのは「不吉ラヌ事」であるという記述の背後には、天皇の王権に寄り添った摂関政治のありようが見て取れる。したがって、これも王権の危機を表す鳴動であると言うことができよう。

このように、鳴動とはすぐれて王権と不可分な存在であった。しかも、『渓嵐拾葉集』説話のように三種の神器が鳴動するということは、ずばり王権の危機そのものを象徴していると考えられる。こうした文脈で神璽の箱の鳴動を見直すとき、後二条天皇崩御にともなう王権の乱れの予兆という読みがあらわれてくるのである。では、もう一歩進んで、なぜ神璽の箱が鳴動しなければいけないのかという問題を考えて行きたい。それは、神璽の中身に対する解釈とかかわりあってくると思われるからである。

三　箱の中身

神璽の箱の中身は、先に述べたように天皇ですら知らないものだった。そのため、さまざまな憶測が中世にはあらわれたのである。それは、日本書紀の中世的解釈という、いわゆる「中世日本紀」の世界で秘説化されていた。本節では、それら多くの中世日本紀が神璽の箱の中身をどのように捉えているかを考察したいと思う。それらの説を大きく分類すると、内容の重なりはあるが、だいたい三つに分かれると思われる。これから、それを順次見て行こう。

一つめは、現代の日本人にとって周知の事実である「宝珠」説である。もちろん今でも神璽の箱を開けてみることはしないが、国家神道の洗礼を受けている現代人には、神璽＝宝珠という認識は浸透していると見てよかろう。この説も、鎌倉から室町時代に至る神道書の中にすでに見ることができる。まずは、本奥書が元徳二年（一三三〇）である、真福寺蔵の『八幡菩薩』を引用する。

神璽之箱者、皇帝之宝物也。此事ヲハ人多何物ト言事ヲ不知。是、竜宮ノ宝珠也。(12)

この後、いわゆる「海幸山幸」の説話が続き、宝珠が竜宮からもたらされたことの裏付けをしている。そして、それに続く部分（豊玉姫が出産する場面）はこうなっている。

ソノトキ、ウミタテマツル大蛇者、人王ノ始、神武天王、是也。神璽箱者、彼ノ帝ノ竜宮ノ宝珠也。是、仏法ニハ、以印信、印璽ト云ヒ、是、大日覚王ノ印璽也。世間ニハ竜宮ノ珠ヲ以テ神璽ト云フ。是亦、神代最初神璽也。

ここでは、神璽は正しくは「印璽」、つまりしるしの印であるが、一般に流布している説は竜宮の珠とされている。注目すべきは「皇帝之宝物」としている点で、日本の王権が海からもたらされた宝物によっていることを示しているのである。

宝珠説はしばしばほかの神器とも混同され、これを、イザナギ・イザナミが国生みをした際に用いた「天の逆鉾」とする説も存在する。たとえば、『麗気記』が本文で引用している「宝山記」なる書物には、

宝珠者神璽ノ異名、宝剣ノ字《あざな》也、象両体ヲ以也。(13)

とあるように、神璽は宝珠と宝剣の両方を兼ね備えたものであるという。この逆鉾説は、三輪流の神道書では独古としてあらわれる。形状の類似による連想であろう。天文一七年（一五四八）以前の成立にかかる『日本紀三輪流』では、

逆鉾ト申ハ、真言ニハ独古、人間ノ具ニハ鍬ヲ申也。(14)

という記述が見え、早くから真言密教系の神道では神璽の中身を重層的に考えていたことがわかる。つまり、この記述では次のような体系がうかがえるのである。

神璽─┬─神道では逆鉾
　　　├─真言では独古
　　　└─人間には鍬

神璽＝宝珠説にはほかにも多数のバリエーションがあり、よく知られているのは、天照大神が日本の国を作るとき、そこを支配していた第六天の魔王から「国土の譲り状」、あるいは「譲りのしるし」を受けたという説話である。なかでも叡山天海蔵の『天地灌頂記』は、逆鉾説、宝珠説を交えた興味深い資料である。

口決曰、神璽者坂瓊。天照大神第六天魔王ヲ取乞、子息等ノ守ノ為。然而、神代人皇神武天皇ニ渡シ、已来代々帝皇ノ守ト為ス。

中世の宗教世界の複雑さをかいま見させる記述であるが、この後には、神璽は「霊玉」であり、国が乱れないのはこれが守っているからだという一文がある。

此ノ玉ハ忝モ天下泰平国家豊饒の霊玉也。和漢両朝ニ悪魔悪鬼乱入シテ衆生ヲ悩スコト、此霊玉之無故也。

これによると、神璽は邪気を祓い、国家を安穏に保つ力を持つ霊宝ということになる。蛇足ながら、神璽の玉が天皇を天皇たらしめる力、すなわち霊的王権のレガリアとして機能していることは、先の『天地灌頂記』に見

える奇妙な慣習からもうかがうことができる。

此ノ玉を帝王ノ御誕生ノ時ノ恵那ニ取副テ、共ニ七重ノ箱ニ入、七重ノ錦ノ袋ニ之ヲ裹テ重宝ト為。

常識的に考えると、天皇が生まれたときは必ず玉が必要になるはずだから、神璽の玉が複数なくてはならないことになるが、それは中世のマジカルな意識では不思議なことではないのだろう。天皇の生成を守る重要な役割が神璽の玉にあったということは、とりもなおさず王権が神璽によって保証される、保護されるという思想を物語っていよう。

また、三輪流神道の書である『三輪流第二重即位灌頂分』には次のように記される。

示曰、此玉ヲ神璽ト名ヅク事、天照大神此ノ国ヲ開闢之時、第六天魔王仏法ヲ障碍シテ国土ヲナカラシメントスル時ニ、大神魔王ニ託此ノ玉ヲ請ヒ国土ヲ成シ給ヘリ。(15)

第六天魔王と天照大神とのやりとりについては伊藤聡氏の論に詳しいので、ここでは立ち入らないことにする。(16)ただ、この説話は神道や仏教以外の分野においても広く流布していたと思われ、仏教の灌頂になぞらえて古今集を伝授する際に伝えた秘書である『古今和歌集灌頂口伝』では次のような簡単な記述となっている。

日本国を天照大神に奉給、譲状を神璽と云。今の内裏の重宝也。(17)

宝珠から譲り状へと変化する理由はわからないが、王権という視点から考えると、日本の国土を支配するための王権が神璽に象徴されていると思われる。

さて、次に神璽の中身についてのもう一つの説に触れておきたい。それは、先に引いた資料にもあったが、独古であるというものである。それをシンプルに断言しているのが『麗気記』の注釈である『麗気記抄』である。

第二、独古ハ神璽也。(18)

独古とは密教で用いる法具で、両端が鋭くとがった形状をしている。その姿から宝珠を想起することは難しいが、先に引いたように天逆鉾説をとれば共通点を見出すことができよう。仁和寺蔵の『三種神器口決大事』では、顕教、密教、そして神道の三教それぞれに神璽の姿は異なって理解されているという見解を示している。

一、神璽ト者、其躰日本国大八六十四天ノ嶋下ツ嶋継図也。（中略）顕教ニハ法華経巻軸ト習也。密宗ニハ独古ノ躰ト習也。天ノトホコ是也。ホノ字を略シテ独古ト云也。[19]

伊藤聡氏はこの資料を引き、次のように説いている。[20]

右にても明らかなごとく、神璽もまた独古と同一視されている。両部神道における神璽の図像表現は、鎌倉期以来独古形で図示されるのが通例だった。

ところで、今まで敢えて触れなかったが、『三種神器口決大事』には神璽に関するもう一つの重要なシンボリズムが現れていた。すなわち、引用の最初にあるごとく、神璽の正体を日本の地図（継図）とする認識である。そこで、節を改めて神璽＝地図説とはどのようなものか、吟味して行きたい。

四　独古と日本図

まず、中世における日本の地図とはどのようなものであったか確認しておきたい。日本で作られた最古の地図はすでに失われているが、現存するものでもっとも古い年代の地図は、嘉元三年（一三〇五）成立の仁和寺蔵「日本図」といわれている。[21] 論者は写真版でしか見たことがないが、そこに描かれる「日本」は長細い形で、伊藤氏によると「明らかに独古の形を模している」という。[22]

中世、「日本」は「大日如来の本の国」という意味で「大日本国」と呼ばれた。『渓嵐拾葉集』には、巻四の神明部に「我国ヲ大日本国ト号スル事」なる一条があり、当時の密教と神道の混淆ぶりを知ることができる。

大日如来色界ノ頂ニ成道シテ。南浮提ノ之海中へ天逆鉾ヲ投入シ給。入海之時泡沫凝テ州ト成ル。所謂日本

国是也。（五一一頁）

こうして成った「日本国」の生成神話からは、『天地灌頂記』のような天逆鉾＝神璽説が派生することがあり、また、次にあげるような日本国＝独古形という説も生まれ得たのである。『神祇秘抄』中巻は、「大日本国」生成神話の後に続けて、

爰以、此州者、表神国之本国、法性一理故、国姿独古形也。(23)

と、日本図＝独古説を記している。ほかにも、『渓嵐拾葉集』巻六には次のような詳しい説話が載せられている。
これは、日本の古図を行基図と称することの始まりを表している(24)（図参照）。

問。我カ国ヲ以テ独古ノ形ニ習方如何。答。行基菩薩ノ記ニ云。日本ハ其レ独古ト云ヘリ。謂意ハ行基菩薩日本ヲ遍歴シテ国境ヲ定メ田畠ヲ開キ給。其時十人シテ作ルベキ田ヲハ十人ニ変シテ雇ハル。乃至百人シテ作ルベキ田ヲハ百人ニ変シテ雇ハル。此如変作シテ我国ノ田畠ヲハ開給ヘリ。其時感見ノ様ヲ図シ給ヘリ。其形独古ノ形也云々。（五一九頁）

行基が足で歩いて作った日本図が独古の形だったというものである。このほか、『鼻帰書』にも似た記述が見られる(25)。

では、日本図が独古の形をなしているという説と、神璽＝日本図という説の接点は何だろうか。伊藤氏は、

つまり、日本図と神璽とが結びつくのは、独古を介してのことだったのである。

『渓嵐拾葉集』
大蔵経本巻六

と述べているが(26)、混沌とした中世日本紀の間でこのような整然とした図式が描けるのだろうか。しかも、神璽＝独古＝日本図という三者を同時に等式で結ぶ資料は、管見の限りでは見出すことができないのである。私見では、

独古を介することなくしても神璽を日本図と見なす考え方を示す資料が散見されるので、神璽を日本図とする思想の背景には、もっと深い意味があると思うのである。

まず、神璽＝日本図とする説をいくつか列挙してみよう。

> 亦神璽ト者此国指図也ト、此ノ玉内裏ニ在テハ帝王即位毎ニ授ケ奉ル。（『三輪流第二重即位灌頂分』[27]）
>
> 師云、神武天皇ノ御時、天照大神虚空ニ現シテ、百王守リヲ下給。其守ト者、神璽是也。神璽者日本ノ指図也。（『祖師伝来口伝』[28]）
>
> 神璽と申し奉るは、此の国は第六天の魔に領しけるを、天照大神御安堵有りて、大日本国の指図を拳ににぎり給へり。（『桐火桶』[29]）

これらの例を見ると、神璽が日本図と結びつく契機となったのが独古である、というだけでは説明できないように思われる。この三例はいずれも、神璽＝日本図を天皇、あるいはその祖先たる天照大神が手中に納めたとき、「日本」という国が生まれたと解することができよう。すなわち、重要なのは日本図そのものの利権がどこにあるか、という問題なのである。地図を手にする者とは、その国を治めることのできる人物を意味するからである。

これに関して、先にも触れた天照大神と第六天魔王との「国譲り」を再び取り上げてみたい。この説話は広く中世に流布していたようであるが、中には「魔王が譲り状に手形を押しつけた」とするものがある。『神代巻取意文』[30]は、その手形が神璽でありかつ日本図でもあるという一条が見える点、注目される。[31]

> （魔王）手形ヲ押テ奉ル。此ノ手形、則チ日本ノ差図也。其ノ名ヲ神璽ト名ク。彼ノ神璽ト申奉ハ、神代ヨリ伝、代々帝皇ノ御守ニテ、印ヲ箱ニ納玉。

唐突なように思えるかも知れないが、このような地図と王権の関係の深さを考えるうえでは、中国の古代神話の影響を見逃すことはできないと思われる。地図と王権をめぐる話題は中国神話の中には事欠かないからである。

もちろん、それが直接中世日本紀に影響を及ぼしたとはいえないかも知れないが、両者には新たな領土をめぐるやりとりの要素として地図が登場する点、通じ合う感覚が流れていると思われる。

とくに、中国では国土整備のためには河川の氾濫を防ぐことが重要であった。そのため、治水のための地図は帝にとって必携のものだったのである。『中国学芸大事典』の「河図洛書」の項によると、

それは聖天子が現れると黄河の中からすぐれた法則を図形によって示した文書が浮かび出るという、いわゆる河図の伝説をふまえたものである。

という。この、聖天子が治水のための地図を手に入れるという伝説は中国古代から脈々と続いており、いつの時代でも「王たる者」が河の精や神秘的な存在によって地図を得るという伝説がくり返し語られていたのである(32)。たとえば、中国古代の王である禹が治水しながら黄河へやってくると河の精から地形を描いた黒い石を貫う、という伝説などがもっとも有名であろう。類書である『太平御覧』巻八七二には、その様子が簡潔に記されている(33)。

尭使禹治水、禹辞。天地重功、帝欽択人。帝曰、出爾命図乃天。禹臨河観、有白面長人魚、出曰、吾河精也。表曰、文命治淫水。臣河図去入淵。

この治水のための地図作りは後代まで続いたらしい。いかに地図が国土を領するために必要不可欠であったかがうかがい知れよう。武田雅哉氏によると、一七世紀の康熙帝さえ地図作りに腐心したといい、ついには一六八六年、全国規模の地誌を作成させるに至る。その際帝は「地を描き、図を成す」ことを命じたのだった(34)。

このように、地図とは王権を手中に納めた者の持つ、一種のレガリアだったということができる。もちろん、その地図は現存するような精密な実体を指してはおらず、あくまでも理念上の存在だっただろう。だが、神璽＝日本図という説は必ずしも独古からの連想で発生したのではない。この「大日本国」の王権を支えるもっとも重要な宝物、それが地図だという意識がそこにはあったのである。そしてそれが「鳴る」ことこそ、王権の危機を

告げる現象に他ならないのだといえよう。

おわりに

以上、『渓嵐拾葉集』の一説話の背後にある文化史的な文脈をたどってきた。その結果、中世の王権を支える宝物の意味が少しでも見えてきたのではないかと思う。心賀が伝授の際に語ったほんのわずかな説話が、光宗によって記述されたということの意義は大きいといえる。『渓嵐拾葉集』の神明部には、まだまだ光の当てられていない王権に関する説話が潜んでいる。それは今後の課題として、ここで稿を閉じたいと思う。

(1) 松尾剛次は「恵鎮円観を中心とした戒律の復興」(『三浦古文化』四七、一九九〇年)において『渓嵐拾葉集』を「北嶺戒壇系の新義律僧たちのテキスト的存在」であったとするが、『渓嵐拾葉集』現存本のうち、戒律に関わるのは『普通広釈見聞』を編集した部分にとどまっており、主たる写本が天部や密部、神明部に偏っていることから、「テキスト」として流布したとは思えず、氏の見解は的外れと言わざるを得ない。この問題についての論者の見解は、『渓嵐拾葉集の基礎的研究』(仮題)にて行う予定である。
(2) 光宗は恵鎮の同門であるが、専ら戒律復興のため行動した恵鎮や興円とは異なった生涯を送った人物である。光宗が戒家と深い交渉を持っていたことを否定するわけではないが、あくまで彼は「記家」と呼ぶのにふさわしい。この点についても、注(1)の拙著で述べるつもりである。なお、記家に関するもっとも詳しい論に、黒田俊雄「顕密仏教における歴史意識」(『日本中世の社会と宗教』岩波書店、一九九〇年)がある。
(3) 三浦周行『鎌倉時代史』(早稲田出版会、一九一六年)。
(4) 『夢想記』及び『毘逝別』〈続天台宗全書、密教3〉(春秋社、一九九四年)。
(5) 『続古事談注解』(和泉書院、一九九四年)。ほかに陽成天皇の類似の説話が『富家語』にある。
(6) 『名古屋大学比較人文学研究年報 第二集 仁和寺資料神道篇』二〇〇〇年。
(7) 笹本正治『鳴動する中世』(朝日選書、朝日新聞社、二〇〇〇年)。

(8) 注(7)に同じ。
(9) 二〇〇〇年度国際日本文化研究センター共同研究「王権と神祇」における発表。
(10) 同様の話は後代の『平家物語』「都遷」にも見える。
(11) 片桐洋一編『伊勢物語の研究　資料篇』(明治書院、一九六九年)。なお、この記事は『和歌知顕集』の他の伝本には見えない。
(12) 『真福寺善本叢刊　中世日本紀集』(臨川書店、二〇〇〇年)。
(13) 『神道大系　真言神道上巻』(神道大系編纂会、一九九三年)。
(14) 注(12)に同じ。
(15) 『神道大系　真言神道下巻』(神道大系編纂会、一九九二年)。
(16) 伊藤聡「第六点魔王説の成立―特に『中臣祓訓解』の所説を中心として」(『日本文学』四四―七、一九九五年)。
(17) 片桐洋一『中世古今集注釈書解題五』(赤尾照文堂、一九八六年)。
(18) 注(13)に同じ。
(19) 注(6)に同じ。
(20) 伊藤聡「大日本国説について」(『日本文学』五〇―七、二〇〇一年)。
(21) 秋岡武次郎『日本地図史』(河出書房、一九五五年)、海野一隆『地図の文化史』(八坂書房、一九九六年)、ほか。
(22) 注(20)に同じ。
(23) 注(12)に同じ。
(24) このほか、巻三七、一〇八にも図とともに類同の説が見える。
(25) 「其天ノ逆鉾ト云、実ニハ日本ハ独古形ナルカ故ニ、此国ヲ表逆鉾ヲ下スト云、独古ノ形指同(図カ)也」。
(26) 注(20)に同じ。
(27) 注(15)に同じ。
(28) 注(20)の伊藤氏論文で紹介されている。
(29) 『歌学大系　第四巻』(ひたく書房、一九五六年)
(30) 伊藤正義「神代巻取意文」(『人文研究』一九七五年一二月)。

(31) 手形の話は、屋代本平家物語の「剣巻、三種神器大事」にも見える。
(32) 袁珂『中国の神話伝説』(青土社、一九九三年)。
(33) 間嶋潤一「鄭玄の祀地思想と大九州説」(中村璋八編『緯学研究論叢』平河出版社、一九九三年)。
(34) 武田雅哉『星への筏』(角川春樹事務所、一九九七年)。

〔付記〕『渓嵐拾葉集』の引用文は、大蔵経本(底本は真如蔵本、対校本は浅草寺本)に基づき、適宜西教寺本などを参照し、書き下しにしてある。

伊勢に参る聖と王
——『東大寺衆徒参詣伊勢大神宮記』をめぐりて——

阿部泰郎

一　王権と〝神仏習合〟

所謂〝神仏習合〟と称されるような宗教現象は、一般に、固有の神と外来の仏という異質な〈聖なるもの〉が出会い、重なり合って互いのありようを変え、あらたな存在形態を生みだすような事態としてとらえられる。だが、それは、何時の間にか時の流れに沿って自然に生成された化学反応のような融合—変容の現象であったろうか。否、それは歴史という一回限りの契機に満ちた運動のなかで生起した〝事件〟と呼ぶにふさわしい出来事であったのではなかろうか。いったい、その時の「神」と「仏」とは、何ものを指していたのだろうか。「習合」と言う場合、既にして〝神〟という概念自体が、無前提に自民族の基層信仰上の固有な存在として観念化されてはいないだろうか。「日本」の〝神〟がそうした固有な「神《カミ》」であるとは、〝単一民族〟観と等しく、歴史的に形成された一箇の幻想に過ぎないであろう。その一方で、〝仏〟という概念も、仏教の教理と思想の変遷と展開に随ってその仏身観と図像とを変容させつつ、その過程で様々な「神」のイデアを摂り込みながら形成されてきた存在であろう。それを唯一かくあるべき存在として絶対化するのも、また虚化なるものとして否定するのも、原理主義者流の幻想であろう。普遍宗教としての仏教と、固有信仰としての神祇という、二元論的な二項対立の図式の許に、両者の「習合」を認識しようとすること自体が近代的なドグマではないかと反省されよう。そもそも、仏教に対しての「神道」というカテゴリーもまた、歴史的な所産であった。「神」と「仏」という関係は、常に歴史の上で節目が意識される毎に認識され、互いに姿を象られるものであったといえよう。換言すれば、「日本」における「神と仏」の関係とは、絶えざる歴史的事態として生起するものであった。たとえば、この両者の分離が明治初年に「排仏棄釈」と呼ばれるきわめて政治的な思想文化闘争として人為的に惹起された事態であったことが物語るように、仏教伝来以降、徐々に進行したかにみえる「習合」もまた、或る時点や段階での画期をなす歴史の所産ではなかったか。むしろ、「神」という一見固有な神格観念が成立する事態こそ、他ならぬ〝神仏習合〟のもたらした結果であったかも知れないのである。「八幡大菩薩」のごとく、あらたな「神」が、たとえば大仏建立に際して託宣を発して上京したように、終始、仏教の領導の許に歴史上の各時点で登場し、国家と王権に深く関わりながら祭祀され発展を遂げた経緯などは、神―仏の静態的な二元論的図式では到底とらえられない事態というべきであろう。

「神と仏」が、互いに変容を遂げながら生成し重なり合う様相の動態的把握は、あくまで歴史の文脈のなかで、その現象に則して語らしむるより術はない。そのなかで、葛藤する両者の運動が、或る一点に収斂し、焦点化するような局面が必ずや到来したことであったろう。それはおのずから、文献研究の範囲を超えた、一箇の精神史への試みとなるだろう。

二　大仏再興と重源

『東大寺衆徒参詣伊勢大神宮記』（以下『参詣記』と略称する）一巻は、文治二年（一一八六）四月に行われた、東大寺僧による伊勢神宮参詣の記録で、これに参加した六〇人の僧侶のうちの一人である大法師慶俊が著したものである。現存伝本の祖本として唯一の鎌倉時代に溯る古写本は、真福寺宝生院（大須文庫）に蔵される。(1)当寺の二世信瑜が授法の師である東大寺東南院門跡聖珍法親王より伝領した、東大寺関係の南都諸宗聖教および典籍と共に伝来した古記録の一つと推考される。(2)僧侶による伊勢神宮への参詣は、鎌倉時代以降中世に盛んに行われて、それらは参詣した僧侶自身の信仰にとっても深い意義を担い、また思想史上の運動としても大きな影響を与えるものであった。(3)本書は、史料上では、その最も初期の記録であり、以降の僧侶による大規模な参宮の先蹤をなす出来事を、直接その当事者の一人が記した稀有のドキュメントとしても興味深い文献である。この『参詣記』をめぐって、その参宮が行われた歴史的状況を述べると共に、この儀によって如何なる事態があらたに生じたのか、或いはこの『参詣記』の言説自体が何を語り表象しようとしているのかを探り、その上で神祇と仏教の関係を当時の王権が如何に認識し、かつ創りだしたか、という点を考察してみたい。

治承四年（一一八〇）一二月二八日、平重衡を将軍とする平家軍を主体とする官兵は南都に進攻し、衆徒と合戦してこれを敗り、東大寺と興福寺は伽藍の大半を焼失し、大仏殿と盧舎那大仏も倶に炎上焼尽した。この惨事はただちに朝廷に報ぜられ、時に右大臣の任に在った九条兼実はその日記『玉葉』の同二九日条に、「（これら諸寺の）悉く灰燼に変ずるの条、世のため民のため、仏法と王法と滅尽し了《おわ》るか（中略）猶々大仏の再び造立せんこと、何《いっ》の世何の時にや、会昌の天子（武宗の破仏）の跡に異ならざるものか」（原漢文・以下同）と歎じている。また、年が明けて治承五年正月元旦条でも、改めて「東大寺は、我朝第一の伽藍、異域无類の精舎なり。今、乱逆の世に当り、忽ち魔滅の期《ご》を顕はすか。天然の理《ことはり》、人力いかにせん」と、東大寺および大仏の焼失を魔障による仏法の滅亡（法滅）の顕われであり、同時に王法の破滅として認識している。ここに想起され、彼の念頭にあったのは、天平の大仏造立に際して聖武天皇が下したとされる詔にみえる、「吾寺興復天下興復、吾寺衰微天下衰微」の辞《ことば》であった。この詞は、大仏炎上の大事件を文芸の上で最も劇的に表現した『平家物語』にも引かれてその出来事を象るものとなっており、とりわけそれについて兼実の認識とも共通した「法滅」の語が見えることが注目される。仏教と深く結びついた古代国家の象徴というべき、聖武天皇御願の大仏と東大寺の焼失がもたらした衝撃は甚大であったろう。正月十四日には病篤かった高倉上皇が崩御、程なく清盛も病死し、彼によって治承三年の政変以来幽閉されていた後白河法皇は院政を回復するのであるが、この事態は院にとって、まさしく王権の危機そのものとして受けとめられたことであろう。

この危機を、院および朝廷は如何に克服しようとしたのであろうか。(4) 治承が改元された養和元年六月、左小弁藤原行隆が法皇の命により造東大寺および大仏造立の長官に任ぜられ、法皇による「知識」を募る詔書が下され、八月には重源を勧進聖人と定める宣旨が出され、重源による「勧進状」が作られた。(5) この間の経緯を東大寺の側で、それも重源の立場に則して記されたものが『東大寺造立供養記』(6) である。それによれば、これより先の四月、南都に赴いて東大寺の検分を了えた行隆の許に重源が訪れ、大仏に関する「霊夢」を蒙り、それに導かれて炎上の跡を拝した旨を談じた、という。重源は諸国に大仏造立の勧進を行うと共に、宋人陳和卿を鋳師として寿永元年（一一八二）には本格的な大仏の鋳造を開始し、炎上から五年後の文治元年（一一八五）八月二八日、法皇の臨御の許で大仏開眼の法会が営まれた。

開眼に先立つ二三日に、重源の発願により二粒の仏舎利が大仏の腹蔵へ納められた。この為に藤原親経が草した『重源願文』(7) によれば、この舎利は、法皇より招提寺と東寺の分、すなわち鑒真と空海の請来した由緒ある舎利が奉加され、勝賢が百箇日手ずから祈ったものとされ、勧進入宋聖人としての自身の履歴を述べた後に、「夢想」による大仏との結縁のいきさつが説かれている。既に治承年中、夢告により東大寺に詣で、大仏を礼した後に程なく炎上し、その(大仏との)「符契」を思い「機縁之純熟」を知った、という。それは前述した『東大寺造立供養記』において重源が行隆に告げたという霊験とも通底し、それが早く重源自身により唱導されていたことを示している。(8) なお、この時の大仏への舎利奉納には兼実も結縁していたことが『玉葉』により知られるが、より溯って寿永二年五月の日付をもつ兼実自筆の『大仏舎利奉納願文』が今に伝えられている。その願文にも、先の聖武天皇の詔文が冒頭に掲げられて、「霊像已再顕者、国家蓋中興哉」の為に「生身舎利」を捧げて「君臣合躰」を祈っている。何れも、大仏再興の為に舎利を以って奉納する、法皇が奉請し、摂籙が所持した舎利を仏法と王法を媒介する象徴として祈念するところに、再興されるべき大仏に籠められる中世の王権観の一端をみることができよう。

開眼法会の当日、後白河法皇は開眼師定遍に先んじて大仏に攀《よじのぼ》り、自ら筆を執って開眼を遂げた。あらかじめ左大臣経宗によって作られた次第に無いこの儀は、おそらく大仏創建の時に聖武上皇が自ら開眼したのを意識してのことであろう。用いた筆も天平時の御物を使ったのである。藤原兼光草の『御願文』(9)には、「弟子阿闍梨たる法皇が聖武天皇の大仏造営を継承再興する王である旨を宣べ、その実現において「爰有一比丘、同勧十方界」と重源の勧進を顕賞し、自身も五年間の営みにおいて「大清浄之願」を遂げたことを揚言しているのである。その法会前後の時期には五畿内に殺生禁断令が下されているが、これも『続日本紀』に記される大仏開眼供養の前後一箇年にわたる殺生禁断令を踏まえてのことであろう。やがて文治三年八月には四天王寺において公顕を大阿闍梨として伝法灌頂を遂げる法皇であるが、それを既に先取りする境地に立っての営為であった。

大仏の造立に続く大きな課題が、大仏殿をはじめとする巨大な伽藍の建設であった。重源は、早くから大仏殿の造営を計画しており、そのために、元暦元年（一一八四）の春には、その料材を大神宮の御杣の木を以て宛て用いたいと朝廷に申請した。『玉葉』同年三月三〇日条によれば、それは「霊告」による要請であったという。この希望は実現しなかったが、既に伊勢神宮が東大寺再興勧進のターゲットとなっていた消息をうかがわせる。養和元年の『勧進状』においても、天平の大仏造立に際して、天照大神の示現により下野と奥州両国の黄金が産出され塗金の叶うことが聖武天皇に告げられた、という伝承（『東大寺要録』所引「大神宮祢宜延平日記」天平一九年九月二九日条）をふまえて作文していることが確かめられる。そのような、東大寺の大仏と伊勢神宮の天照大神との古い由縁《ゆかり》が、大仏の再建という画期に至って改めて想起されることになる。

『参詣記』は、その本文冒頭条「参詣由来事」に、重源による参宮と夢告のことを述べている。それが東大寺衆徒の参詣の契機となったとするのである。文治二年二月中旬、「大仏殿事」を祈り申すため重源は大神宮へ参詣した。偸《ひそ》かに瑞垣の辺《ほとり》に通夜すると、二三日夜に大神の「示現」があり、夢中に「吾、近年身疲れ力衰へて大事を成し難し。若し此の願を遂げんと欲せば、汝、早く我が身を肥《こや》しむべし」と告げられた。東大寺に還り、この事を衆徒の間に披露すると、「神明の威光増益は、般若の威力に過ぐる莫し」と衆議一決し、大般若経二部を新たに写し、僧綱已下の衆徒がこれを頂戴して参詣し、内外二宮において各一部を供養・転読し、兼て番論義《つがい》を行うことが定められた。重源にたいする「御示現」は、ただちに一寺を挙げての写経に始まり、六〇人という大規模な僧侶集団による群参というべき伊勢参宮および社頭での供養仏事という、前代未聞の盛儀《イベント》へと発展したのである。

三　重源参宮と宝珠感得

この参宮が、重源という一人の聖《ヒジリ》が参詣し、霊告を蒙ることから始まる点に注目すべきだろう。それは、聖が主体となって伊勢に参り、天照大神から託宣を授かるという巫祝《シャーマン》的な役割を彼自らが演じていることである。この『参詣記』発端と共通した伝承を、『東大寺造立供養記』は潤色して霊験譚化している。「造寺事」を祈請した重源の夢うつつに「束帯俗人」が宝殿の前に現われ、また「幼童」が上人の懐中に出来して、願を遂げんと欲せば我身を肥《こや》しむべしと告げた、という。その俗人と幼童とは、外宮と内宮を象った姿であろうか。また、以下の文脈では重源自らが衆徒を率いて参宮法楽したように読める。更に、「其後、二度書写供養、次第同前。但、導師、醍醐僧正勝賢・笠置上人貞慶」とある、以降二度の参宮大般若経供養のことは、『参詣記』真福寺本の本紙の前に付載される記事（巻頭に後白河院の祭主への院宣とその請状が掲げられ、その次に続く）「東大寺勧進上人重源当寺造営祈禱於大神宮大般若経書写供養并転読間事三ヶ度」にはじまる一段に『参詣記』の記す文治二年度の事と併せて記されている。それによれば、建久四年（一一九三）と同六年の参宮について、四年（月日不詳）には両宮の法楽としての大般若供養を二見の天覚寺にて勝賢を導師として曼荼羅供により行い、外宮では番論義を定範已講（のち東大寺別当）により営んだ。六年の四月一七日に伊勢の菩提山寺にて外宮法楽の為に貞慶を導師として供養を行い、翌一八日に内宮法楽の為に導師を明遍が勤めるところ、聴聞衆が貞慶の説法を所望したので重ねて勤めた、という。貞慶の説法の最中に道場に光明が赫《かがや》くなど種々の瑞相があったのを、両上人は願主（重源）の信力により、また説法を随喜して（神明が）影向されたのだ、と言った。更にその夕べ、重源が坐禅して眠るうち「无止貴女《やんごとなき》」が聖人の前に来たりて水精の珠を二顆（一は紅薄様《くれないうすよう》に、一は白薄様《しろうすよう》に裹《つつ》んだ）を授け、誰かと問えば「吾是、風宮也」と答えた。覚めてみれば袖の上に在った珠を頂戴して南都に帰り、火執珠・水取珠と名付けて長く安置した、という。これら二度の参宮法楽の事については、前掲の『東大寺造立供養記』の他に、重源自草『南無阿弥陀仏作善集』[10]に「伊勢大神宮奉《ル》下書写供養《シ》中大般若六部上。内宮三部 外宮三部 六部ヲ二度ニ奉《ル》二供養《シ》一。毎度ニ加《クハヘテ》二持経者十人《ヲ》一六十人。請僧并持経者、皆勢州《セイシウ》ノ人也 導師解脱御房。今《イマ》二度者、以二本寺ノ（東大寺）僧徒《トヲ》一奉三供二養之㆓」とある他に史料に見えず、貴重な記録だが、既にいちじるしく霊験譚化されていることに注意される。

三度目の参宮において重源が風宮より感得したという珠に関する説話は、『吾妻鏡』建久六年三月一二日条、つまり東大寺大仏殿供養の記事の中にも「上人、尋㆓往昔之例㆒、詣㆓太神宮㆒、致㆓造寺祈念㆒之処、依㆓風社神睠㆒親得㆓一顆宝珠㆒、為㆓当寺重宝㆒、在㆓勅封蔵㆒」と見え、『参詣記』前文では四月であるから恐らく大仏殿供養の奉謝として行われた参宮での霊験であった筈が、これでは予祝の霊瑞として説話化されている。そうした重源の参宮―宝珠感得霊験譚として最も流布した形は、『古今著聞集』巻一神祇に収められる一段であろう。時は定かに示されないが、東大寺建立の願を発《おこ》し祈請の為に大神宮に詣で、内宮と外宮に各七日参籠し満ずる夜の夢に宝珠を賜ると見て、覚むれば袖より玉が落ちて感得した、その珠、一は御室《おむろ》、一は卿二品に伝わったと言う。[11] 宝珠の行方について伝えられることと併せ、重源が東大寺建立祈請の為に参宮し大神宮より宝珠を得たという伝承は、中世の東大寺に受け継がれるところであった。永仁二年（一二九四）聖然編『東大寺八幡験記』[12]にも、それは重源の参宮に関する記述の一環として言及される。次いで元応二年（一三二〇）頃成立の『東大寺記録』[13]「再興営作事」条にも、『造立供養記』とほぼ共通した形で記され、なおその宝珠は「東南院経蔵」に収められ、それが道深法親王により取出されて仁和寺に安ぜられ、当時は関東に在ると言う。更に、建武四年（一三三七）玄龍撰『東大寺縁起絵詞』[14]（巻十七）に至れば、遥かに『参詣記』前文の記事まで含めて、それら重源参宮―宝珠感得譚をとり聚めて集成したような形となっている。これらの重源による宝珠感得の伝承は、彼が東大寺造営を祈る為に大神宮に参り、そこで影向や示現を蒙り、その証として感得するという、聖人を媒ちとした神明霊験譚を介して、大願成就という以上の価値ある〈聖なるシンボル〉がもたらされる仕組みである。そこに、前述した大仏への舎利奉納および彼の活発にして多様な舎利祭祀の諸相が想起されよう。その背後に後白河院の意図も働いていたかと想像される、宝生寺における宀一《べんいち》山舎利（―如意宝珠）の盗掘に関与して逐電した事件[15]なども、その一端であったと思われる。

四　東大寺衆徒参宮と後白河院

重源のことは暫し措いて、『参詣記』の主体をなす東大寺衆徒の大神宮参詣の纏末について見ることにしよう。

この参詣は、四月二三日の進発から、二六日の外宮における大般若経供養、そして二九日の内宮における同仏事を了えて五月三日の帰寺という、前後一〇日間で行われた。その準備と用意の消息も『参詣記』は詳しく記すが、そのなかで「願文事」条は、この参宮の意義と公的な位置付けについて注目すべき件りである。衆徒の参詣の事が法皇の聴に達して、(願文を製すよう)公家より儒者に仰せられたが、大神宮において仏事を行われる例の先蹤が分明でないとの理由で実現せず、代って寺家の側から私《わたくし》に藤原親経に願文を誂えて草せしめた。つまり、本来ならば院の御願文がこの参詣のため仏事に際して読まれる筈であったが、果たせず寺家の願文の形となったのである。その消息をはしなくも示すものが、『参詣記』において内宮の大般若経供養にあたっての導師弁暁の表白文末尾に添えられた一文である。(以上の表白の旨趣は)「具在㆓御願文㆒」という。おそらく法皇の「御願文」あるべきを期して、あらかじめ用意してあった表白草がそのままこの記録に載せられてしまったものであろう。果たして、近年紹介された[16]金沢文庫寄託称名寺蔵聖教中の弁暁草『大神宮大般若供養内宮御料』帖には、この部分が「具又在㆓院宣状并寺家願文㆒」と事実に則したかたちになっており、南都より称名寺へ伝えられた弁暁草の原本は、おそらく訂された本文が伝えられたのであろう。『参詣記』が示す齟齬は、法皇と重源を軸として朝廷と東大寺がこの参詣遂行をめぐって惹きおこしたであろう葛藤を示唆して興味深い。

おそらく院の御願文の替りとなるものであろう、法皇から参詣において供養仏事の導師を勤める権少僧都弁暁にたいして、異例の長文にわたる院宣が長官行隆の奉ずるところとして下された。これを収める「御経供養導師事」条によれば、「始は聖人（重源）の勧進たりといえども、後には法皇の恩請に及ぶ」（原漢文）とあり、法皇のこの参詣に対する意願は、請ぜられた弁暁に付託されるべく院宣に籠められ、寺家の願文と共に読まれ披露されたのである。すなわち、参詣儀式の意義を王（公家）の側から表明する最も重要なテクストが、寺家側の願文と並ぶ「院宣文」ということになる。

院宣の冒頭では、大仏について「聖武皇帝、天下の衆庶を勧進し、伊世《（ママ）》の大神宮に禱請《とうしよう》して建立するところなり」（原漢文・以下同）と認識され、この天平創建の先蹤を逐って行事の官《つかさ》を定め、知識の上人重源に付託して共に再興を営み、開眼に際して法皇が手ずから点じたことを「神宮の冥助に非ずや」と述べる。そして重源が参宮しての夢告は「御願を成就すべきの趣き」であって、この先例にない参詣仏事は「偏《ひとへ》に是れ聖人に任せて、君（法皇）より成《さだめ》られ已《おはん》ぬ。何ぞ必しも昔を温《たづ》ねんや」と、それが新儀であっても積極的に重源の企てを後白河院が承認し、後援する旨を表明している。これのみならず、この参詣を推進しようとする法皇の意志は、『参詣記』真福寺本全体にわたって満ちている。それは、前述した巻頭に付された祭主に対する院宣（東大寺聖人重源が夢想の告により大神宮で大般若供養をするべく宿所の用意を命じたもの）がそれであり、また『参詣記』末尾近くにおいても参詣の衆徒を殊に手厚くもてなした内宮一祢宜荒木田成長の助成に対して特に御感の院宣を付載したことにおいても明らかである。

かくして、この東大寺衆徒による参宮は、重源の企てにより、大般若経を以って神宮への法楽とする仏事を介し、法皇の御願を遂げるべき一大盛儀として実現された。強訴の表現でもある「群参」と記される僧徒の集団による伊勢参宮とは、恐らく歴史上初めての、前代未聞の〝事件〟であったといえよう。『参詣記』は、その末尾において特に「御示現事」の一条を設けている。そこで、重源の弟子聖人生蓮なる人物（延慶本『平家物語』第六末によれば、重盛の末子土佐守宗実は、重源の許で出家し東大寺の油倉に庇護されていたが、後に高野山蓮花谷にて

「生蓮房」と名のったという(17)の夢想記が掲げられ、内宮祢宜成長への祝福の瑞相と併せて、その夢中に感得した神詠というべき一首の詠歌が披露された。

今日《けふ》こそは天津尊《あまつみこと》の始《はし》めなれ　葦芽《あしかひ》も又今《またいま》ぞ見《み》ゆ覧《らん》

それは、この参詣法楽が（仏法の威力によって）神明の再生（ひいて国土の再生）を喚起するに至るであろうことを象徴的に予祝する歌であった。そのように、重源への示現に始まり、またその弟子の聖への示現で終る、夢告で枠どられる『参詣記』は、その構造それ自体が一種の祭儀の過程を象っており、それが記録する対象である東大寺衆徒の参宮という歴史上の出来事を神話的に意義付けているのである。

この『参詣記』のテクストの構造そのものが示す祭儀―神話的構造は、ひいては参詣によって成就を期される東大寺大仏および大伽藍の再興という大事業が、同様に何らかの神話的構造によって支えられ成り立っているということを予期させる。果たしてそのことは、実際に一箇の神話的言説として、『参詣記』における院宣・願文と並ぶもう一方の中核的テクストである導師弁暁の「啓白詞」すなわち内宮における大般若供養表白に述べられるところであった。その冒頭に、天照大神がその本地を秘しながらも大悲の応現として我国の祖神となり垂迹されたことを『日本書紀』に拠りながら述べた後、聖武天皇による仏法興隆の大願として大仏と大伽藍の造立を思い立ち、「即ち勅使を当宮に献じて、霊応を大神に待ち奉り御《おはしま》すの処、神慮大いに感じ、冥助忽ちに通ず。御託宣の新たなる旨に任せて、悦びて盧舎那の霊像を鋳たてまつる」とあって、聖武の発願にたいする伊勢神宮の「霊応」としての「御託宣」が示され、それにより大仏が造立されたと言うのである。次いで、治承の回禄を受けて後白河法皇が修補の詔命を下したのは、天平の聖武の昔の跡を尋ねるものであり、重源が知識を勧進するのも行基菩薩の古風を学ぶものであると言う。更には、その大厦造営の善願を果たすにあたり、「聖人（重源）偸《ひそ》かに草創の旧跡を尋ね、深く祈精を神宮に致し奉り、而して夢中に御示現あり、忝《かたじけ》なくも効験顕はるべきの趣なり」と、前述した『参詣記』冒頭「参詣由来事」条に説かれる、衆徒参詣の契機としての重源の参宮と示現に言及して、その因果を説明するのである。その因縁の背景としての、大仏と伊勢神宮との結び付きは、東大寺に伝承されていた古い縁起説に根拠が求められるところのものである。

五　行基参宮と霊告―東大寺縁起と両部神道

『東大寺要録』[18]本願章第一は、東大寺創草の経緯を記す年代記叙述の中に、天平一四年（七四二）一一月三日条で「大神宮祢宜延平日記云」として次のような記事を引用する。橘諸兄が勅使として伊勢大神宮に参入し、天皇が御願寺を建立されるべき由を祈った。勅使が帰参した同一五日の夜、聖武天皇に「示現」があり、御前に「玉女」が坐《まし》し、金光を放ち「当朝は神国なり、尤も神明を欽仰し奉り給ふべきなり。而して日輪は大日如来なり、本地は盧舎那仏なり。衆生は此の理を悟り解し、当《まさ》に仏法に帰依すべきなり」（原漢文）と宣うた。この「御夢」が覚めた後、いよいよ堅固の道心を発《おこ》され、御願寺として東大寺の創建を企てられた、と言う一節である。この「日記」の中心をなすのは、「示現」ないし夢告として「玉女」の姿をとって顕われた天照大神の〝御託宣〟というべき文句であり、それは「日輪」に象られる天照《アマテラス》大神の本地が大日如来すなわち「盧舎那仏」であるという本地垂迹説である。[19]それは、我朝が「神国」として神明を崇仰するものならば、(その王は進んで）その本地たる盧舎那仏（たる大仏を造立して）それが象徴する仏法へ帰依しなくてはならない、と唱導する文脈であろう。更にこの記事は、伊勢神宮の本地が東大寺大仏として顕われることを、垂迹の神明の側から本願の天皇に託宣するという、霊告説話というべき霊験譚の形をもっている。これと殆ど同文の記事が、伊勢神宮の年代記である『太神宮諸雑事記』の天平一四年一一月三日及び一五日条にもあり（但し「大神宮祢宜延平日記云」という出典は示されない）、東大寺の側と伊勢神宮の側と、それぞれの立場でこの説話が呼応するように位置付けられている。『東大寺要録』は嘉承元年（一一〇六）に原型が成立し、長承三年（一一三四）観厳により増補・再編されたもので一二世紀前半の成立であり、『太神宮諸雑事記』も平安末期には成立していたものと思われ[20]、両者が共有する東大寺大仏を大神宮本地と主張する縁起説も、院政期に形成されていたことが確認されるのである。

『参詣記』が記録した東大寺衆徒の参宮およびその契機をなした重源の参宮における霊告は、こうした大仏創建に関わる〝神話〟ともいうべき縁起説を前提として、大仏と東大寺再建のためのあらたな神話生成を目論んで営まれたものと思しい。しかし、『参詣記』をめぐる神話言説生成の営為は、『参詣記』の内部のみでは完結せず、更なる展開をもたらすのである。それが如何なるものであるかは、この『参詣記』を主要な素材のひとつとして鎌倉時代中期に成立した、やはり僧侶による伊勢参宮を主題としたテクストである、通海の撰になる『太神宮参詣記』[21]（以下、『通海参詣記』と略称する）において明らかに提示されている。

弘安九年（一二八六）に成立した『通海参詣記』は、全体の構想として、参宮した僧と俗（神宮祢宜）との仮構の問答を設けなして、その対話を介して伊勢神宮の歴史を明らめ（上巻）、神宮における仏法崇敬の意義を主張する（下巻）為に、祭主大中臣氏出身の醍醐寺僧権僧正通海が著したものである[22]。その上巻は、内宮の摂社風宮の霊威を説く件で重源による参宮とその奇瑞を挙げるが、これは前述した『参詣記』冒頭の別記にある文治二年の重源参宮記事に加えて、建久四年と六年の参宮大般若供養の事績を併せて記されたものである。また、神宮における法楽（仏法による神祇への廻向）の意義を様々な角度から説く下巻において、『参詣記』からは、特に仏法による法楽の例《ためし》として般若の法味を神宮が納受した先蹤に、その冒頭の条の重源の参宮と示現の夢告のことを抄録し、また院宣の文章を大幅に引用して、この参詣の意義を特筆している。この引用から見ても、やはり院宣文こそが『参詣記』で最も重要な意義を担う文書であることが察せられる利用の仕方である。ここで興味深いのは、重源の参宮と示現についての抄出文において「東大寺ノ上人重源号春乗房、天平ノ往時ヲ思テ、造ラント二大仏殿ヲ一祈リ申サン為ニ、大神宮ニ参詣シテ……（傍点筆者）」の如く付加されている一文である[23]。この「天平ノ往時」とは、単に天平の大仏創建という一般的な意味では文脈上あり得まい。明らかに重源の如き僧（聖人）による大神宮参詣を想定しての詞であろう。そして、その先蹤にあたる事績が『通海参詣記』では確かに記されている。それが下巻で大神宮における仏法納受の例《ためし》として第一に掲げられる行基菩薩参宮説話[24]である。

行基が参宮に至る経緯は、「聖武天皇ノ御代、東大寺ヲ御建立ノ為ニ、大神宮ニ申合セラル。『吾朝ハ神国也、神態ヲサキ（先）トスベシ。但シ、仏菩薩ノ光ヲ和ゲ給ナラバ、吾願ヲ納受シ給ハザラズヤ。若神慮ニ相叶ベクハ、其告ヲ示給フベシ。垂跡ノ本地ヲシリ（知）奉リナバ、速ニ大伽藍ヲ建立スベシ』トテ、試ニ行基菩薩ヲ勅使トシテ、一粒ノ仏舎利ヲ奉リ給フ」とあって、行基が勅を蒙り大神宮に参詣し、内宮の南の御門の大杉の本に七日七夜参籠祈念すれば、大神宮は御殿を開き、次のように告げた。

　実相真如ノ日輪ハ生死長夜ノ暗（闇）ヲ明ラメ、
本有常住ノ月輪ハ無明煩悩ノ雲ヲ払フ。
吾受難キ宝珠ヲ受テ、闇夜ニ燈ヲ得タルガ如シ。
又遇難キ大願ニアヒテ、渡海ニ般ヲ得タルガ如シ。
其名福セルニヨリテ、飯高ノ郡ニ埋ベシ。

行基はこれを受けて舎利を奉納し、その告げの趣を天皇に奏した。天皇はこれを喜び（大仏造立の）御願を思い立ったが、なお（大神宮の）御本地が審《つまびら》かでなく、「（行基）菩薩ハ仏法流布ノ為ニ聊モ詐言《イツハリ》ヲ交ヘ給ハヽ、神慮恐レ有ベキニ依テ」、重ねて諸兄を勅使として遣し（但し、その年代は「天平三年辛未」となっている）、天皇への霊告に至るという構成になっている。この『通海参詣記』では、以上の一連の説話を、「神宮雑事ト申ス神宮ノフルキ記録ニモ載ラレタリ。依レ是、東大寺一ノ本仏ハ盧舎那仏也」と結んでいるが、これらの拠と思しい『大神宮諸雑事記』には、前述したように橘諸兄勅使参宮および聖武天皇霊告説話しか含まれておらず、また『東大寺要録』も同様である。ここで通海が一繋りの因果を以て叙述したその前半の行基勅使参宮および大神宮示現霊告説話は、伊勢神宮をめぐる中世のあらたな本地垂迹の〝神話〟というべきものである。

この説話は、以降、鎌倉後期の東大寺において、三節に前述した重源参宮説話と同様に継承・展開されている。『東大寺八幡験記』では、後半の橘諸兄参宮・聖武天皇霊告説話と共に『通海参詣記』に拠って、その仮名交り文をそのまま漢文化したかたちで記述されて、この験記における東大寺創草に際しての神明感応の初めに位置付けられている。更に、両説話を叙した後文に、これも『通海参詣記』に拠りつつ、「是以、一十六丈盧舎那仏者、大神宮之御本地」であり、脇侍の観音と虚空蔵は左右相殿の春日と太玉の本地であって「可レ知、当寺三尊者、国主天照大神之三所御本地也」と、東大寺と伊勢神宮の一層緊密で体系的な本地垂迹説を唱導している。更に、東大寺縁起の草稿本というべき『東大寺記録』の「祈請感応事在伊勢御本地」条においては、『八幡験記』をふまえつつより潤色されて説話化されている。たとえば、参宮した行基が仏弟子として七度転生した都度に所持し、今生では一六歳まで左手に拳《にぎ》っていた舎利一粒を献じた、という如きである。また、「御託宣」の偈頌は、『通海参詣記』等の八句に六句を加えた形で、「飯高施福衆生故」の句で結んでおり、これは後述する両部神道書の所説と等しい形である。なお、後半の橘諸兄参宮・聖武霊告説話については、その年代を天平一四年としており、また『八幡験記』と共通して大仏と脇侍の三尊が伊勢の内宮と左右相殿の本地なることを説いて、その結びに「然則、彼太神宮者、神国之大本、一天之尊崇無レ比。此東大寺者、仏界之惣郭、四衆之欽仰絶レ類。国号二大日本国一、神云二天照大神一、良有レ由者歟。寺名二金光明寺一、仏称二大日如来一、又有レ故者歟」と修辞を巧んで、伊勢神宮と東大寺を双べて垂迹と本地の一体不可分なることを讃えている。次いで『東大寺縁起絵詞』(第二巻)に至るや、ふたつの説話は年代記的構成の許に分離され相互の連関は失われたが、行基参宮説話については、『東大寺記録』を元にしながら一層の潤色と増補・修文が施され説話化が進展している。そこでの行基は自ら聖武に奏して参詣し祈禱すべき旨を告げて伊勢へ赴く。その中核となる「示現」の偈頌も『記録』と同文であるが詳らかな訓が付され、また後文が加えられ、行基は夢覚めて舎利を納めた後に帰洛してその由を奏した、と首尾呼応するのである。但し、『験記』や『記録』の如き本地垂迹説の押し出しは、『縁起』全体の文脈のなかに埋没している。

以上に示したように、中世の東大寺における重源参宮説話は、その同じ伝承の場において、行基参宮説話と重なり並立するのであり、その参宮—霊告を因として古層の橘諸兄参宮・聖武霊告説話が結果し、東大寺大仏を伊勢神宮天照大神の本地と説く唱導が成り立つのである。その枠組は『通海参詣記』が提供したものであるが、やがて独自の展開を遂げていった経過も知られよう。

六　聖の参宮と霊告—両部神道と寺社縁起

一方、中世に活発な展開を遂げた神道説の中にも、行基参宮・霊告説話および橘諸兄参宮・聖武霊告説話が見いだされる。特に、いわゆる両部神道——伊勢神宮を中心として内外両宮を両部曼荼羅に宛て神祇と神話を密教による象徴体系と儀礼によって解釈する神道のテクストの中に、東大寺の縁起テクストとほぼ共通した形で、その重要な所説の一環として位置付けられているのである。たとえば、空海に著者を仮託した『両宮形文深釈』(25)は、その冒頭にこの二つの参宮—霊告の説話を掲げている。ただし、それらの説話は『通海参詣記』やその影響下にある『東大寺八幡験記』また『東大寺記録』とは異なり、先に橘諸兄参宮・聖武霊告説話を掲げ、行基参宮・霊告説話を後に配する構成となっており、さきに指摘した両説話の位置がもたらす因果による縁起説が全く無視された形である。前者の説話は『東大寺要録』や『大神宮諸雑事記』とほぼ共通しているが、後者については『通海参詣記』とはやや異なり、前節で紹介した『東大寺記録』や『東大寺縁起絵詞』のそれと共通する。特に、その中心となる行基への託宣文の偈頌が同文であることは興味深い。[26]両者に共通するその後半部は、次のような詞である（原漢文を私に訓読）。

聖武大仏を造《あらは》さんが為に、豊受の大神に事《つか》へて、
善哉《よきかな》〳〵善哉たり、神《まことにかなひ》 妙々自《をのづか》ら珍《めづらか》なりてへり、
吾れ垂迹の地神の霊に先《さきだち》て、富を相応《あひかな》ふ所一志に安ぜん、
飯高は福を衆生に施す故に。

そこには難解ながら聖武による大仏造立を喜び法味を納受しようという伊勢神宮の神意、とりわけ外宮（豊受大神宮）の介在が認められる。また、後文には行基が夢覚めて歓喜踊躍して舎利を奉納した後、「如体(女カ)御門」と良弁に奏し、「弥《いよい》よ信力を増して、神《しん》を秘しながら語《かた》り驚かい(し)て、朝中《くにのうち》に随分の結縁を致し、日本を振《まはつ》て若干の数の助成を以て矣、三国第一の伽藍を興《たて》たまふ。駄都(ダト)と神力の課《おほ》す所なり」と結ぶ。ここに説かれる行基の営みは、国中を巡って結縁を勧め多数の助成を得て大伽藍を造立したという、まさしく重源が成し遂げたのに等しい勧進聖としてのはたらきが映し出されている。それは東大寺の側の諸縁起説にも見えぬ姿であった。しかも、その営みは「駄都」すなわち舎利と神力によって遂げられた、という。その説話は、『両宮形文深釈』において、行基による神宮への舎利奉納の功能—霊験として大仏殿造営が成就した、と明らかに説かれているのである。この舎利は、託宣文では（神にとっては）「宝珠」として納受された。行基という聖人を介する王による神への舎利奉納を、神が納受し威を増して御願を成就させるという説話の構図は、現実に営まれた勧進聖人重源が法皇の奉請した舎利を賜って大仏に奉納した事蹟と、一方で参宮して夢中に宝珠を授けられたと称す霊験の唱導に、丁度対応するかたちを成していることが興味深い。なお、久保田収はこれらの説話から、『両宮形文深釈』を典拠として

『通海参詣記』が作られたものと判断して『深釈』の成立を推定しているが[27]、両者の説話の順序が逆であり、通海が独自の論理をもって両者の因果を説いている点、また行基説話の本文が同一でなく、むしろ後出の『東大寺記録』や『縁起絵詞』に通ずる点などから、『両宮形文深釈』を通海が参照したとすることには無理があろう。上述したその所説の特徴からは、むしろその後出性や、鎌倉末期の東大寺の縁起説との一層の接近の結果が反映したものとすることができる。

両部神道書においては、この他にも、二つの説話の中核となる霊告の託宣文を天照大神の神託として、その本文を要文として掲げる『天地霊覚秘書[28]』のような形でも流通した。とりわけ行基への託宣文は、やはり空海に仮託される中臣祓の注釈書『中臣祓訓解[29]』の本文注「天照大神ハ大日遍照尊、諸神最貴者無二尊、諸皆眷属仕者」に付して「伊勢大神託して曰く〈天平年中、行基菩薩、聖武天皇の勅使として、東大寺を造らんが為に祈誠申し給ふ、此の時の御告文なり〉（原漢文）」として冒頭の四句が引かれている。ここに注目すべきは、初句の「実相真如之日輪」に「日輪則天照皇大神」、第三句の「本有常住之月輪」に「月輪則豊受皇大神」と注され、更に「両部不二也〈胎蔵界大日、教令輪身不動／金剛界大日、教令輪身降三世〉」と釈されていることである。つまり、託宣文を典拠として内宮と外宮を両部不二とする対偶的な本地説の体系が説かれている。『中臣祓訓解』の成立は、これも久保田収により、両部神道書中でも最古（院政期—一二世紀後半）に属すものと推定されていたが[30]、近年はこれに再検討を加える論[31]も提出され、定まらない。その歴史的位置付けはなお留保するとしても、参宮する行基を媒ちとして天照大神がその本誓を告げ、宝珠—舎利の納受を悦ぶ霊験説話が、両部神道書のなかで一種の典拠—本説というべき位置を占めていることは確かである。

その霊告としての託宣文が、偈頌の文体で神よりもたらされること、およびその所説が両宮—両界—日月輪という象徴の連環を成している点は、行基の如き聖人がその聖なる言説を媒介することを含めて、更により古層の両部神道テクストにその原型が求められよう。そこに参照すべきは、院政期には既に成立し天台寺門派に伝承されていたことが確実な、『天照大神儀軌（宝志和尚伝）』および『天照大神儀軌解（宝志和尚口伝）』という上下二巻一具の両部神道書である。[32] 梁朝に十一面観音の化身として信仰された神僧宝志が登場し、その自記もしくは彼が感得した霊異の記という体裁で天照大神および十一別宮の本地説が展開される。『儀軌』は「天照大神各別真言経」という〝儀軌〟を中心とし、『儀軌解』はその〝口伝〟として縁起的な位相を担う。その冒頭は「天照大神ハ日輪也、豊受大神ハ月輪也」と説き出され、次いで星宿諸道森羅万象全てを天照大神とし、宝志が頌を誦すや天照大神は日月輪の御躰を顕わし、入定すれば両部諸尊と観念される。更に、微妙の音声にて讃が天照大神より宝志にたいして唱えられる。

善哉善哉蓮華王　汝暫離法性真土
和光同塵利衆生　兼為払無間業果
我等毘盧遮那仏　檀戒忍進禅恵方
願力智以十智光　照世間有无為世
汝等別三十三身　十九説法清浄光
無煩悩破諸暗黒　汝我倶代照一切

この時、宝志の額より光が放たれ衆会の人を照らし、即ち観音の尊像を現じた。かくて日輪宮殿の内には大日と観音の両躰が世間を照し、月輪宮殿には十二光仏と十五童子が世間を照し、その他諸天仏神と化顕して六道衆生を済《すく》う故に「遍照尊」と号すと、天照大神が凡ゆる尊格に重ね合せられながら説かれる。その中核には、聖人的菩薩が媒介し、天照大神の本地顕現が霊告というべき偈頌に託されて示現する霊異の一幕が設定され、その偈文中には「汝」を含めた「我等」が共に「毘盧遮那仏」であると、その究竟身を明かす一句が備わるのである。これは直接東大寺大仏に結び付くものではないが、行基参宮・霊告説話のより古層に属する、両部神道の教説と未分化な縁起説と見ることができよう。本地垂迹の深義を神が告げる讃（偈頌）に託すその構造は、たしかに参宮・霊告説話の先触れをなしている。

いま、それを縁起説と呼ぶのも故ないことではない。聖人が参宮において本地身を感得するという構造をもつ縁起説が実際に寺社縁起の中に見いだされる。中世長谷寺の縁起テクストの一環である『長谷寺密奏記』(33)がそれである。菅原道真撰に仮託された『長谷寺縁起文』と一具をなして寛平八年（八九六）に宇多天皇に上奏すべく縁起の神祇篇――長谷観音の本地垂迹の深秘の相を明かす――として位置付けられる(34)『密奏記』の中心は、本願の徳道聖人が伊勢に参宮したところに天照大神が本地十一面観音として影向し告げる聖なる言説にある。徳道聖人は、老翁に化現した手力雄明神に導かれて泊瀬が天照大神の岩戸を開き降臨した霊山であることを示され、聖人の前生が役行者であり此処が有縁の地であることを告げられる。次いで天照大神の本地を祈請しこれを造立する本尊とすべく、伊勢五十鈴河上磯宮へ赴き百日参籠して法楽を手向けると、満ずる暁に宝殿に日輪が現じその中に十一面観音が影向する。それが変じた貴女から詞と偈頌を授かるのである。その詞は、「我礼陰仁居須留登伎者秘密荘厳大日如来也。我礼陽尓居須留登茂報身万徳盧舎那如来也。然登毛依レ恨二太人諸人一天、閉二天岩戸一、為レ弘二法道仏道一仁、開二天岩戸一。汝賀心似レ我梨、我賀心同レ汝志。汝欲レ知二我本地一、能思二我言一云云」とあり、次に六句の偈頌が唱えられる。

　我本秘密大日尊　大日日輪観世音
　観音応化日天子　日天権迹名日神
　此界能救大悲心　所以示現観世音

この霊告を蒙り、徳道は春日大明神（の本地不空羂索と地蔵）の化身である二人の巧匠を語らい、かの「日輪影向之像」たる十一面観音像を造立しようとするのである。

『密奏記』の説く徳道の本地感得譚は、驚くほど行基参宮・霊告説話と相似する。[35] 中心に位置するのは天照大神であり、その本地を知ろうと欲して参宮し示現を蒙る聖人の役割は媒介者として等しい。天照大神の本地が十一面観音であるという所説は、両部神道のなかで大日―盧舎那説と並ぶ有力な一方の伝承であり、前述した『天照大神儀軌』の宝志和尚の存在でも明らかなように、それは矛盾することなく併存していた。『密奏記』の天照大神の詞の冒頭には、陰にては大日、陽にては盧舎那と告げる一節があり、また偈でも大日の日輪が観音に変じ、その応化である日天の権迹が日神と説いている。この、日輪―大日―盧舎那という三位一体《トリニティ》こそは、かの古き大仏と伊勢神宮を巡る東大寺の本地説と共通するものであり、むしろそれを前提として、長谷寺独自の縁起説の許に換骨奪胎したものであろう。長谷寺観音は、中世を通じて南都における伊勢信仰の中心であり、伊勢参宮の中継地であった。近世に両部神道の後身である三輪流神道を伝承していたのもそうした伝統故であろう。そうした長谷寺の縁起説の一画を担う『密奏記』は、鎌倉中期には成っていたと考えられている『長谷寺験記』が『縁起文』と共に両者を踏まえてその所説を綜合した形で再叙しているところから、一三世紀初めには成立していたであろう。それらは既に長谷寺が興福寺の末寺として春日社と藤原氏の由縁に深く結び付けられた後の所産であるが、本来は、一〇世紀末までは東大寺の末寺であって、[36] 私度沙弥の勧進による巨像の造立という経緯やこれを助成した聖武天皇との繋がりからも、東大寺大仏建立との関わりが無視できない寺院であったのである。長谷寺観音が伊勢神宮の本地であるという縁起説も、東大寺における縁起説との旧い紐帯を、中世に至ってあらたに結び改めたものといえよう。そして、その縁起説において中世あらたに登場する本地感得の媒介者としての聖《ヒジリ》の役割も、東大寺の行基と長谷寺の徳道それぞれに、古くからの縁起中の重要な役割の上に等しく加えられたものであった。彼らの蒙る霊告の表示する象徴体系も重なり合って通底する大きな連環を成している。その上で、本願としての徳道のはたらきは、『参詣記』を介してみたとき、一層、勧進聖人としての重源のはたらきを彷彿させるのは興味深いことである。

七　東大寺の王と聖

東大寺復興という時代を画す巨大な事業が進行する最中に生起した重源の伊勢参宮と、そこに蒙った霊告を契機として行われた東大寺衆徒の参宮法楽は、東大寺の盧舎那大仏と伊勢神宮の天照大神との本地垂迹説による融合を更に喚びおこす画期となる運動であった。それは、聖武天皇が蒙った霊告を核とする古い縁起説を素材とし、進んであらたな縁起説を創り出す炉床となった。とりわけ行基参宮説話は、その天照大神の託宣というべき霊告を核として、さきの聖武霊告説話と併せ、南都―東大寺をその伝承の場として、中世神道の縁起説のひとつとしても流布し、あらたな〝中世神話〟のひとつとなったのである。こうした、テクストの生成や〝神話〟言説の創出もまた、聖《ヒジリ》や僧侶による運動の一側面と言ってよい。しかも、その運動には、『東大寺衆徒参詣伊勢大神宮記』に端的に読みとられる如く、古えの聖武の草創を終始意識した、後白河院の強い意志が一貫してはたらいており、助成を惜しまず遂行せしめた。隠密には、舎利の奉請や分与を介して勧進聖人の営為に象徴財としての価値を付与することをも司り、彼らにより大神宮へ法楽を捧げしむることによって成し遂げられる神威の復活と東大寺の再建とは、併せて一体不可分な、院による王権を仏神の次元において維持強化する必須の再構築であった。その過程で〝神話〟として創り出された縁起説を顕密寺院の縁起説と分けもって担うのは、顕密仏教の象徴体系と修験道の儀礼体系のアマルガムとして形成された両部神道であった。その神道説には、もとより聖《ヒジリ》的人物を媒介者として彼が〝参る〟ことにより神がその本懐（本誓・本地）を示現し告げる、参詣―霊告説話の構造が伝承され、テクスト化されていた。それは各地の霊場の縁起説とも様々な回路により繋がり合っていたが、その焦点は言うまでもなく伊勢であった。長谷寺とその本願徳道聖人の立ちはたらく縁起説のように、その参宮・霊告説話は修験者的な聖による勧進の営為が〝神話〟化されたものであった。自ら巧んで〝神話〟を造り出そうとする、半ば伝承の霧に覆われた重源の勧進聖としての事蹟も、それと遠く隔たるものではなく連なり重なり合っていたと思われる。そして、それはやはり王に結びついた営みであった。

東大寺は、そのはじまりの創建伝承から、王と聖との霊異を介した深い紐帯を語り続けている寺院である。古く『日本霊異記』に伝える、その祈りの本尊執金剛神像の蹲《はぎ》から光が放たれて聖武天皇に届き、御願を果たすことになる金鍾行者（金鷲優婆塞）、そしてこの修験行者の後身である良弁が蔵王権現に大仏の金を乞い請けようと祈り、その行方を示された『三宝絵』の古縁起が示すように、神に参る聖との霊告を介した関わりは、この王権の寺——古代国家仏教の頂点に立つ寺——の深層に伝承され続けていた。それは再び、大仏と大伽藍の滅びと再建に象徴される、中世のはじまりに際会して、後白河院という王、そして重源という聖を得てあらたに蘇ることになったのである。

（1）国文学研究資料館編、真福寺善本叢刊8『古文書集一』（臨川書店、二〇〇〇年）所収。阿部泰郎解題。
（2）注1前掲書、稲葉伸道解説。
（3）梅田義彦『僧徒の大神宮崇拝史』（会通社、一九四四年）、久保田収「重源の伊勢神宮参詣」（『神道史の研究』皇学館大学出版部、一九七三年）、荻原龍夫「伊勢神宮と仏教」（『神々と村落』弘文堂、一九八八年）。
（4）五味文彦『大仏再建　中世民衆の熱狂』（講談社、一九九五年）は、この間の経緯を手際よく叙述する概説となっている。
（5）『東大寺続要録』（続群書類従）・小林剛編『俊乗房重源史料』（奈良国立文化財研究所、一九六五年）所収。
（6）『群書類従』釈家部。

(7) 注5前掲書所収。

(8) 『東大寺縁起絵詞』(注14参照) 巻十五には、大仏炎上は仏師湛慶の炎魔王庁からの蘇生を介して重源に告げられたと、より説話化されて構成されている。

(9) 注5前掲書所収。

(10) 史料編纂所蔵古写本・注5前掲書所収。

(11) 『古今著聞集』では、重源の夢に大師の「東大寺造るべき者」との告げがあり、その如く果し遂げたと重源の東大寺造営が予祝されるが、それは大神宮より賜った宝珠の功徳として説かれている。なお、伊藤聡「重源と宝珠」(『仏教文学』二六号、二〇〇二年)は『古今著聞集』のこの説話を起点として重源による大仏への舎利奉納と宝珠感得譚の背後に、醍醐三宝院の勝賢による舎利―宝珠法の実修が存在したことを三宝院流の聖教等から指摘して示唆に富む。当時の舎利/宝珠法と王権との関わりについては、拙稿「宝珠と王権―中世王権と密教儀礼」(『岩波講座東洋思想 日本思想2』岩波書店、一九八九年)を参照されたい。

(12) 『続群書類従』釈家部所収。千本英史「聖然と東大寺八幡験記」(『験記文学の研究』勉誠社、一九九九年)。

(13) 注1前掲書所収。稲葉伸道・鳥居和之解題(続群書類従所収『東大寺縁起』の底本。元応二年東大寺群訴目安案が付載され、東大寺を真言宗の本寺と主張する目的で編まれた東大寺縁起の草案と推定される)。

(14) 小山正文・小島恵昭・渡邉信和「共同研究―『東大寺縁起絵詞』の研究」(『同朋学園仏教文化研究所紀要』九、一九八八年)。「永享三年延営本『東大寺縁起絵詞』翻刻」。

(15) 『玉葉』建久二年五月条。

(16) 伊藤聡「文治二年東大寺衆徒伊勢参宮と弁暁」(『仏教文学』二五、二〇〇一年)。

(17) 覚一本はじめこの伝承を含む『平家物語』諸本には、宗実について「生蓮」の名は見えず、後に鎌倉に召喚され、下向の途で湯水を断って自死したと伝える。東大寺の油倉は、重源滅後、蓮実上人により創建された機関であり、時代錯誤を含む伝承である。なお『吾妻鏡』には経宗より宗実の助命を請う書状が頼朝の許に到来した事が記されるが、宥免されたか否かは詳らかでない。

(18) 筒井英俊校訂『東大寺要録』(国書刊行会、一九四四年)。

(19) 久保田収「伊勢神宮の本地」(注3前掲書)は、大日の本地が盧舎那であるとのみ解して、この文が天照大神の本地説であることを認めない。しかしこの文を素直に読めば（また後述する霊告の偈頌と同様に対句構成の文と把えれば）、神明―日輪―大日―盧舎那は全て連環し同一の存在を言うのであり、限定的に読む必要は無かろう。

(20) 田中卓『神宮の創祀と発展』（同著作集所収）では、『大神宮諸雑事記』について真観・延喜以前成立の古記とするが、祢宜延平は承保二年（一〇七五）の補任であり、また同記は延久年間（一〇六九～七四）までの記事を含む為、この時期以降の成立とするのが妥当と判断される。

(21) 神宮司庁編『大神宮参拝記大成』（大神宮叢書）（一九三七年）所収。『神宮文庫本 金剛三昧院本 太神宮参詣記』（神道資料叢刊二、皇学館大学神道研究所、一九九〇年）黒川典雄解説。

(22) 小島鉦作『伊勢神宮史の研究』（同著作集第一巻、吉川弘文館、一九八五年）。

(23) 後述する『東大寺八幡験記』も「温二天平之往時一」として『通海参詣記』に拠る。また、第三節前掲『吾妻鏡』建久六年三月条の東大寺供養記事に「上人尋二往昔之例一」とあることも思い合せられる。

(24) 行基参宮説話が虎関師錬『元亨釈書』に載せられる事については、注19久保田前掲論文参照。小峯和明「伊勢をめざした僧―行基の伊勢参宮をめぐる」（『語文（日本大学）』九五、一九九六年）。

(25) 真福寺善本叢刊6『両部神道集』（臨川書店、一九九九年）伊藤聡解題。

(26) 木下資一「西行と真言神道―行基信仰との関わりから」（『国文学』四五―一二、二〇〇〇年）に紹介された『行基菩薩秘文』中の一文は『両宮形文深釈』とほぼ同文である。但し偈頌第十三句以下は「自自《（ママ）》称者五先《（ママ）》岳跡地神霊」となっている。

(27) 「両部神道の成立と発展」（『中世神道の研究』神道史学会、一九五九年）。

(28) 注25前掲書所収。

(29) 大隅和雄校注『中世神道論』（日本思想大系、岩波書店、一九七五年）所収。

(30) 注27前掲論文。

(31) 岡田荘司「両部神道の成立期」（安津素彦博士古稀祝賀会編『神道思想史研究』一九八三年）。

(32) 櫛田良洪『真言密教成立過程の研究』（山喜房仏書林、一九六四年）。金沢文庫編『金沢文庫の中世神道資料』（一九九六年）所収（称名寺蔵素睿写本全文翻刻）。同文庫蔵『宝志儀軌相伝事』（弘安元年覚禅写）には、長寛二年（一一六四年）に祭主永頼（『古事談』に蓮台寺の建立にあたり大神宮の本地を十一面観音と感得した人物と伝える）の玄孫である園城寺謬（證）禅が百光房律師慶暹より相伝という。

(33) 宗淵編『北野文叢』（『北野誌』上巻所収）に明応八年（一四九九）琳尊写本を収める。この他、長谷寺蔵古写本・尊経閣本・成簣堂本・内閣文庫本・金沢文庫本等が伝わる。

(34) 拙稿「長谷寺の縁起と霊験記」（『仏教民俗学の諸問題』〈仏教民俗学大系第一巻〉、名著出版、一九九六年）。

(35) 藤巻和宏「『長谷寺縁起文』に見る〈東大寺〉」（『説話文学研究』三四、一九九九年）。

(36) 『東大寺要録』末寺章「長谷寺」条。但し、その縁起では徳道が良弁の弟子「道徳」となり、東大寺に引き寄せての潤色や作為が見られて古伝とは信じ難い。

中世密教における神道相承について
——特に麗気灌頂相承血脈をめぐって——

伊藤　聡

はじめに

中世神道を担っていたのは、僧徒、社家、修験者、歌学者等、さまざまだが、中世を通じて、常に中核にあったのは、密教僧たちだった。後世両部神道と総称されるその所説は、仮託書・注釈書・印信切紙といった形式を以て流通し、中世の精神史に大きな影響を与え続けたのである。しかもこれらは、近世以降も寺院の内外で相承された。しかしかかる伝統は、明治維新時の廃仏毀釈と、以降の仏教の「近代化」によってほぼ廃絶し、今日ではその少数が行われているに過ぎず、それとても中世そのままの姿ではない。

中世密教寺院における神道享受の様相を、残された資料から窺うとき、そこにみえてくるのは、神道に関する所説が、教相・事相上の知識の体系のなかに取り込まれていたという事実である。従って、それらは本来の密教上の知識と同様、灌頂・伝授といった手続きを介して、師から弟子へと継受されたのだった。

本稿は、中世の密教において神道説がどのように相承されていたのかを追究せんとするものであるが、ここでは特に、麗気灌頂に関する相承血脈を採り上げることとする。麗気灌頂とは、『麗気記』を本説として成立した神道灌頂である。現在各地寺院や所蔵機関には、麗気灌頂の相承を示す幾多の血脈が残されており、それらによって中世の神道相承の実態の一端を復元することが可能である。ただ本論で述べるごとく、これらの血脈は、多くの作為が加えられ、人名の捏造・改変がなされている。かかる系譜の偽作・仮託は、中世神道通有の傾向でもある。従ってその作為の過程を明らかにすることは、中世神道の全体的性格を明める作業の一環ともなるであろう。

一　灌頂の書としての『麗気記』

中世の両部神道書のなかで、『日本書紀』に次ぐ「聖典」とされたのが『麗気記』である。(1) 本書は本文一四巻・絵図四巻、都合一八巻より成り、真言密教に基づく伊勢神宮の深秘説を集成したものである。成立は鎌倉中後期以降と推定されている。中世を通じて『麗気記』が極めて重要な典籍と位置づけられていたことは、『麗気制作鈔』(康応元年〈一三八九〉以前成立)、良遍『麗気聞書』(応永二六年〈一四一九〉成立)、聖冏(一三四一～一四二〇)『麗気私鈔』、同『麗気記拾遺鈔』、『神宮方神仏一致抄』といった、幾多の注釈書が編まれた事実に如実に現れている。(2)

『麗気記』というテキストを特徴づけるのは、これが灌頂の書だったということである。そのことは『麗気記』の本文じたいに、根拠が求められる。

「天照皇大神鎮座次第」の末尾には次のような附記がある。

神代金剛宝山記并日本書紀中、天照大神ノ事、雖ニ所レ明多一ト、十八所ノ後、伊勢伍什鈴河上ニ鎮座事、諸記不レ具。深義ナル故、即位十一年正月一日、発二偽殆一祈レ仏告ケレ神ニ、同二十一年正月十八日、入二秘密灌頂壇一以二加持ノ冥力ヲ一、獲二奥旨於龍神ノ指南ニ一、所レ記如レ右。輙及二披見一者、加ヘ二冥応ヲ一令二治罰セ一給耳。

すなわち、天皇が伊勢鎮座の深義について、秘密灌頂壇で、龍神の指南を得たというのである。右においては、何れの天皇か明記されていないが、『麗気制作鈔』冒頭には、「延喜御門御作也。其子細、彼書第三(五歟)天照太神鎮座次第ノ奥書ニ見也。彼文云」として、以下右の文章をそのまま引いており、延喜御門すなわち醍醐天皇のことであると明かしている。(3)

醍醐天皇が龍神より伝授された「奥旨」は、「天照皇大神鎮座次第」附記には伊勢鎮座の事とされていたが、歴代の注釈書では、これが「天札巻」だったとする。たとえば、良遍注(4)では、次の如くある。

凡此書ノ起リ、仁王六十代醍醐天皇御宇、従二神泉薗池一、容顔美麗女人王宮ヘ昇殿申テ、和国ノ風儀・神道深義述フ。聞人驚シレ耳ヲ、見ル仁巻レ舌ヲ。嘲リ二顔子伶倫ヲ一、疑フ二文殊普賢ノ再来歟一ト。然後、天皇ニ奉レ授二最極甚深之秘法ヲ一。謂二天札巻一是也。(中略)彼書十八巻事。天札ハ是法爾天然之札也。余十七巻、彼ノ龍神、弘法ハ如レ是宣シト云、或ハ伝教・行基者如レ是宣シ等ト申シ、当座ノ龍神之詞ヲ、延喜御門筆授者トシテ而首尾十七巻云々。

(『麗気聞書』)

麗気事。示云、真言ニハ云レ汀ト、神道ニハ云二麗気一、同事也。汀ノ異名也。是ハ神代事トモ悉ニ廃レテ不レ知レ之。爰帝王ノ嫡々相承ノ三種ノ神器持玉ヘトモ、三種ノ神器ノ様ヲ不二知及一。延喜ノ御門、時ニ天下諸宗人ニ有二御尋一。然トモ倶ニ不レ知レ之。殊ニ一紙ノ書在レ之。更其様ヲ不レ知。帝悲レ之思食、仏神ニ祈御ス時、神泉苑ノ池ヨリ青衣ヲ着タル女人来テ奉レ教。是ハ天照太神ノ御使也云云。此書ト者麗気第十二天札ノ巻也。此巻ヲ奉レ教以テ、君ハ仏法ヲ貴ミ御座ス故ニ、日本ノ弘通ノ祖師達ノ判シ置ケルヲ以テ、神道ノ事ヲ能知リ玉ヘト云シカハ、去弘法・伝教ノ御尺ヲ引テ所レ造書、今麗気也。麗気ノ根本ハ、第十二ノ天札ノ巻不二知給ハ一リ事起テ出来也。天札巻印明等在二別紙一ニ。

（『神代巻私見聞』下）

すなわち、醍醐天皇が神泉苑より出現した龍女（天照大神の御使）より、「天札巻」を伝授され、さらに弘法・伝教・行基の言を、天皇に筆記させたのが『麗気記』なのだというのである。

「天札巻」とは、右に「麗気第十二天札ノ巻」とあることから分かるごとく、『麗気記』巻十二に当たる「三界表麗気記」のことである。[5] 本巻は、二つの引用文と三つの図より構成されている。引用は「宝山記」と「天札巻抄文」である。このうち「宝山記」とは、役行者撰として『麗気記』本文中に屢々引かれる『金剛宝山記』で、光明大梵天王（＝天照太神）が、天地開闢以降、迷悟・有無の差別を立てて、忘れられてしまった法性法爾の道を知らしめんために、娑婆世界に降臨することを説く。次いで降臨した「大梵天王常恒説法」として「天札抄」が引かれる。その内容は、降臨した大梵天王＝大日如来より「男女」に授与された七つの真言（A縛曰羅駄都鑁鑁〈金界大日真言＋鑁〉・B鑁吽怛落紇哩悪〈五智明〉・C鑁阿鑁覧唅欠〈鑁＋一字無点真言〉・D阿毘羅吽欠阿〈胎界大日真言＋阿〉・E阿阿引暗悪悪引〈五阿明〉・F阿囀羅訶佉〈五字無点真言〉・J阿羅波左那〈文殊五字真言〉）に関するものである。

この「天札抄」について、『麗気制作抄』は、

文云、天札抄文文、天札抄者、日本国ノ事ヲ記テ、梵天ヨリ下シ給ヘルフミ也。皆梵字也。示云、灌頂ノ根元ハ在二此巻一ニ。

と、梵天より下された文で、皆梵字だったと注する。つまり、龍女が醍醐天皇に伝授したのは、これらの真言をいうのである。

『麗気記』の伝授に伴う灌頂を〈麗気灌頂〉という。成立当初における灌頂の実態については分からないが、およそ南北朝以降室町期にかけての麗気灌頂の次第書や印信が残されており、この時期における麗気灌頂の様子

は復元が可能である。[6]これらによれば、作法の中核となるのは、「天札巻」を本説とする印明の伝授である。次第の内容は諸本によって違いがあるが、ここでは『神宮方并神仏一致抄』[7]所収の伝授作法を例として説明しておきたい（真言は、先の説明で付したA～Jで表記する）。

先ず、灌頂壇の前に阿闍梨と受者の座を敷き、その間に机を設置し『麗気記』一部を筥に入れて置く（ただし、他の次第書では壇場に「麗気本尊」を掲げる場合もある）。印明授与作法は三重より成る。初重作法では、受者は東の畳に座し（左膝を立てる）、阿闍梨は西の畳に座す（右膝を立てる）。阿闍梨は右手、受者は左手を出し、無所不至印を結び、D明・A明を誦し、次いで内五古印を結び、A・D明を誦す。受者は西の畳に座し（右膝を立てる）、阿闍梨は東の畳に座し（左膝を立てる）、前と同様の所作を繰り返す。第二重作法では、受者は東に、阿闍梨は西の畳に座し、師資手を合わせ、外五古印を結び、E明を誦す。同様に塔印（無所不至印）を結び、B明を誦す。さらに手を開き合せて、C・F明を誦す（ただしCは鑁を缺く）。両者座を代え、同様の所作を繰り返す。第三重作法でも同様であるが、印は内縛・外縛印である。次いで、鳥居相承・岩戸開・吒枳尼相伝（即位法印明）を授く。さらに、『麗気記』の三種神器を描いた巻（神体図二のことか）を授与する。灌頂作法はこれでおわり、翌日印信を授く、というものである。

密教の伝法灌頂においては、師から資に対し、紹文・印明・血脈の三つの印信が授与されるが、麗気灌頂でも、同様の授与が行われた。それを示す一例として、仁和寺の神道阿闍梨行慶が弟子行与に対して行った麗気灌頂がある。これは、永正一〇年（一五一三）に、日本紀灌頂・即位灌頂等も含む、神道灌頂[8]の一環として行われたもので、仁和寺には、麗気灌頂に関連する以下の印信が残っている。

① 二所皇太神宮麗気秘密灌頂印信（端裏題「二所皇太神宮麗気汀職位事」）
② 最極秘密法界躰伝法灌頂（端裏題「麗気伝法灌頂　初重」）

③ 最極秘密灌頂印真言（端裏題「麗気伝法灌頂　二重」）
④ 最極秘中深秘心頂真言（端裏題「麗気伝法灌頂　三重」）
⑤ 麗気灌頂血脈　三国相承（端裏題「麗気灌頂血脈」）

このうち、①は紹文、②③④は印明、⑤は血脈に相当し、麗気灌頂は、「灌頂」の名の要件を充分満たすものだったことが分かる。

二　儀海から宥恵への麗気灌頂伝授

現段階において、麗気灌頂の存在が確認できるのは、南北朝期頃からである。その初見は、名古屋市大須の真福寺文庫に蔵される『二所皇太神宮麗気灌頂印信』である。これは文和二年（一三五三）五月二一日に、儀海（一二八〇～？）から宥恵（一三二一～？）に伝授されたものである。

二所皇大神宮麗気秘密灌頂印信
一天照大神、人寿八万歳之時、皇御孫尊、従妙高山頂三十三天帝釈宮中摩訶摩尼最勝楼閣、高日国金剛宝山降化坐。十蒙大日金剛法界宮加持、垂化月氏国、説法利正云々。垂仁天皇廿六年丁巳十月甲子、度遇五十鈴河上御鎮座。後、醍醐天皇廿一年正月十八日、入秘密灌頂壇、以加持冥力、獲奥旨、於龍神之指南、開両宮秘密曼荼羅之界会。代々御門相続而受秘密灌頂之印璽坐事、明鏡也。爰、宥恵阿闍梨之懇請故、奉授麗気神鏡之大事、存累代相承之道肝、守法流、如両眼。重恩高徳、昼夜四時精進観修、酬四恩答仏徳。後弟勿散耳。
　文和二年癸巳五月廿一日
伝受阿闍梨法印大和尚位儀海

【釈文】

二所皇大神宮麗気秘密灌頂印信

むかし天照大神、人寿八万歳の時、皇御孫尊として、妙高山頂三十三天帝釈宮中摩訶摩尼最勝楼閣より、高日国金剛宝山に降化坐す。いま大日金剛法界宮の加持を蒙り、月氏国に垂化し、説法利正すと云々。垂仁天皇二十六年〈丁巳〉十月甲子、度会五十鈴河上に御鎮座す。後、醍醐天皇二十一年正月十八日、秘密灌頂壇に入り、加持冥力を以て、奥旨を獲、龍神の指南に於て、両宮秘密曼荼羅の界会を開けり。代々の御門相続して、秘密灌頂の印璽を受け坐す事明鏡なり。爰に、宥恵阿闍梨の懇請する故に、麗気神鏡の大事を授け奉る。累代相承の道肝に存じ、法流を守ること、両眼の如くせよ。重恩の高徳、昼夜四時、精進観修し、四恩に酬い、仏徳に答へよ。後弟散ずること勿らんのみ。

文和二年〈癸巳〉五月二十一日

伝受阿闍梨法印大和尚位儀海

この説くところは、天照大神がその身を変え、何度となく地上世界に降臨する次第と、麗気灌頂の由来である。一部推定も交えて解すれば、おおよそ次のような内容であろう。天照大神は、人の寿命が八万歳だった昔、皇御孫尊（ニニギノミコト）として、「帝釈天摩訶摩尼最勝楼閣」（＝高天原）より「高日国」（日本国）の「金剛宝山」（葛城山）に降化した。次いで、釈迦如来（ただし、この場合大日如来＝天照大神の応身）として「月氏国」（インド）に垂化して利生を施した。さらに垂仁天皇二十六年十月、「度会五十鈴川上」（伊勢神宮の地）に鎮座した。そして、醍醐天皇二十一年正月十八日、龍女となって帝に「奥旨」を授け、以後代々の帝は「秘密灌頂之印璽」を伝えた。その大事（「麗気神鏡之大事」）を今宥恵に授与するのである云々。このうち、醍醐天皇のくだりは、前述「天照皇大神鎮座次第」附記の「同二十一年正月十八日、入二秘密灌頂壇一、以二加持ノ冥力一ヲ、獲二奥旨於龍神ノ指南一ニ、」を踏まえた文言なることは明らかである。そして「秘密灌頂之印璽」「麗気神鏡之大事」といっているのは、麗気灌頂の印明を指すと見てよかろう。

右印信は、前節で掲げた仁和寺蔵『二所皇太神宮麗気秘密灌頂印信』と全く同文で、仁和寺の場合と同じく、麗気灌頂の紹文印信に相当しよう。後述の如く、真福寺にはこれと対になる血脈がある。さすれば、印明印信もあったことも想定され、従って、麗気灌頂伝授の法式は、南北朝期には既に完成していたことが分かる（ただし、仁和寺のごとく三重で構成されていたかは不明）。

伝授阿闍梨である儀海[9]とは、武蔵国高幡不動尊金剛寺中興開山で、関東における新義真言の扶植に尽力した人であった。彼は下野国小山金剛福寺の鏤海の資として、三宝院流・意教流（三宝院流の一流）慈猛方・三宝院御流・金剛王院流慈念方等を受法し、また頼瑜の教学（中性院流）に傾倒、しばしば紀州根来寺に赴き、その著作を書写した。その後、関東にあった頼瑜の法資頼縁の講筵に接し、三宝院流等を受法している。儀海の足跡は、右の金剛福寺や根来寺のほか、武蔵国由井郷横河の慈根寺、鎌倉の大仏谷、陸奥国小手保の甘露寺等に見出せる。彼が本拠としたのが、武蔵国高幡不動虚空蔵院で、その法流を虚空蔵院儀海法印方と称した。真福寺開山能信（一二九一～一三五四）は、嘉暦三年（一三二八）にその許で学び、『釈論開解抄』『大日経疏指心抄』『瑜祇経拾古抄』等の頼瑜の著作を書写している。[10]

宥恵[11]は、能信の弟子（或いは法弟）で、恐らく能信の意向を受けて、儀海の許に赴き、文和元年（一三五二）から同四年まで武蔵国高幡不動に住した。宥恵は文和元年二月三日に、真福寺において『結縁灌頂三昧耶戒作法』を書写しているから、その後間もなく関東に向かったらしい。彼は、高幡不動堂において、表1の典籍を書写している。[12]

彼が伝授を受けて書写した聖教は、その殆どが三宝院御流・意教流等の三宝院流の伝書である。これは嘉暦年中に、能信が儀海のもとで書写したものの多くが、頼瑜の著作だったことと、著しく対照を成している。能信が旧師のもとへ宥恵を派遣したのは、これら三宝院流系諸流を受法させ、その伝書を入手するためだったのだろう。宥恵が儀海から麗気印信を授与されたのは、この一連の伝授に伴ってのことと考えられる。

西田長男は「在伊勢古鈔本と在尾張古鈔本との関係に就て[13]」と題する論考のなかで、その架蔵にかかる『諸大事』（真福寺四世政祝撰）に、「二所皇太神宮麗気秘密灌頂印信」の血脈が収められていると報告している。それは政祝が三世任瑜より相承した「御流金剛福寺三宝院」の印信血脈で、次のようにあるという。

表1

年号	月日	書　名
文和元年	4月18日	秘蔵記勘文　上・中
	21日	秘鈔聞書　一
	23日	秘蔵記勘文　下
	5月7日	秘鈔聞書　三
	9日	秘鈔聞書　四
	11日	秘鈔聞書　五
	14日	秘鈔聞書　六
	16日	金剛界〈野決内次第諸尊通上〉
		胎蔵界〈野決内次第諸尊通上・下〉
	17日	秘鈔聞書　七
	18日	無名抄
	25日	秘鈔聞書　八
	28日	両言雑秘記
	6月5日	秘鈔聞書　九
	8日	秘鈔聞書　十
	13日	秘鈔聞書　十四
	18日	明月抄
	7月18日	秘鈔聞書　十一
	8月13日	秘鈔聞書　十三
	9月19日	大伝法灌頂注式
	10月26日	秘鈔聞書　十七
	10月	秘鈔聞書　十八
	11月8日	秘鈔異尊聞書　上
	24日	六月抄
	25日	秘鈔異尊聞書　下
	12月16日	結縁灌頂三昧耶戒作法
2年	4月21日	菩提心論鈔
3年	1月24日	三宝院伝法灌頂私記　上
	2月10日	灌頂作法〈口伝等・醍醐〉
	17日	醍醐正流三宝院灌頂私日記
	7月27日	醍醐口決
	閏10月27日	瑜祇経立印
4年	4月28日	観心月輪記
	8月11日	胎蔵界句義

大日如来—金剛サタ—龍猛菩薩—龍智菩薩—不空三蔵—恵果和尚—弘法大師—堅恵法師—聖宝僧正—観賢僧正—醍醐天皇—村上天皇—円融法皇—一条院—後一条院—性信二品親王—守覚二品親王—道法二品親王—道助二品親王—道深二品親王—法助准三后—性仁一品親王—頼位権少僧都—宏瑜権少僧都—鏤海大法師—儀海法印—宥恵律師—信瑜律師—任瑜法師—政祝僧都

まず、大日如来から空海に至る血脈が記される。一見金剛界の血脈のごとくだが、金剛智三蔵の名が欠ける（これについては後述）。空海以後は、真雅ではなく堅恵を経て小野流の祖聖宝へ、次いで観賢より醍醐—村上—円融—一条—後一条の天皇に継承される。これは歴代ではなく親子間の相承となっている。後一条の後に仁和寺大御室性信法親王（一〇〇五～八五）に受け継がれる。その後いきなり守覚法親王（北院御室、一一五〇～一二〇二）に飛び、以後道法（後高野御室、一一六六～一二一四）—道助（光台院御室、一一九六～一二四九）—道深（金剛定院御室、一二〇九～四九）—法助（開田御室、一二二七～八四）—性仁（高雄御室、一二六七～一三〇四）と、歴代御室に相承され、頼位—宏瑜—鏤海を経て儀海に至っている。

西田所蔵『諸大事』については、原本の確認が不可能なのであるが、現在真福寺には端裏に「麗気血脈」と題する、宥恵から真福寺二世信瑜に授与された血脈印信一通がある。この印信こそ、真福寺蔵『二所皇太神宮麗気灌頂印信』と一具のものとして、宥恵より信瑜に伝授されたもので、以後任瑜—政祝と相承されたものだったと考えられる。そこには、

大日如来—金剛薩埵—龍猛菩薩—龍智菩薩—不空三蔵—恵果和尚—弘法大師—堅恵法師—聖宝僧正—観賢僧正—醍醐天皇—村上天皇—円融法皇—一条院—後一条院—性信二品親王—寛助大僧正—覚法二品親王—覚性二品親王—守覚二品親王—道法二品親王—道助二品親王—道深二品親王—法助准三后—性仁一品親王—頼位権少僧都—宏瑜権少僧都—鏤海大法師—儀海法印—宥恵律師—信瑜律師

の相承が認められる。これを『諸大事』と比較すると、性信と守覚とを結ぶ寛助（成就院僧正、一〇五二～一一二五）・覚法（高野御室、一〇九一～一一五三）・覚性（紫金台寺御室、一一二九～六九）の名が記されているから、これが本来のものだったことが分かる。西田本には脱漏があったのだろう。

右の血脈により、宥恵が儀海から受けた麗気灌頂は、前半部分に関しては神道の秘説相承独特なものであるが、性信以降は仁和寺御流の相承が主張されていたと知れる。ただ、実際の儀海への相承は、三宝院御流の法脈に沿って相承されたと思われる。なぜなら、『麗気血脈』における儀海へ至る相承は、左に示すごとく、三宝院御流のそれと一致するからである。

○政祝『諸流灌頂秘蔵鈔』三宝院御流

勝賢　守覚二品親王　道法二品―　道助二品―　道深二品―　法助准三后　性仁一品―　頼位権少僧都　宏瑜権律師　鑁海　儀海　宥恵　信瑜　任瑜　政祝

○正法院（知多市）蔵『清流血脈』□流三宝院

（勝賢）―守覚―道法―道助―道深―法助―性仁―頼位―宏瑜―鑁海―儀海―宥恵―信瑜―禅海

『麗気血脈』には、金剛智の名がないことを先に指摘したが、『諸流灌頂秘蔵鈔』によれば、三宝院御流において、金剛智を除くことを「深秘」のこととしており、同血脈にその名が見えぬのは、本来『麗気血脈』が三宝院御流の相承にならうものだったことを示唆するものであろう。

三　宏瑜・頼位と麗気相承

しかしながら、『麗気記』の成立が鎌倉中期以前には下り得ないと推測されることから見て、歴代御室による相承は仮託と見て差し支えなく、実際の伝授は頼位・宏瑜以降のことと考えられる。この宏瑜・頼位については、

表2

	宝菩提院本	仁和寺本	真福寺本	河野本
1	大日如来	大日如来	大日如来	大日如来
2	金剛薩埵	金剛薩埵	金剛薩埵	金剛薩埵
3	龍猛	龍猛菩薩	龍猛	龍猛
4	龍智	龍智菩薩	龍智	龍智
5	金剛智	金剛智三蔵	×	金剛智
6	不空	不空三蔵	不空	不空
7	恵果	恵果和尚	恵果	恵果
8	弘法	弘法大師	弘法	弘法
9	真雅 貞観寺僧正	真雅	真雅	真雅 貞観寺僧正
10	源仁 南池院僧都	源仁	源仁	源仁 南池院僧正
11	益信 円城寺僧正	益信	益信	益信 円城寺僧都
12	法皇 寛平空理	法皇	寛平	法皇 寛平空理
13	寛空 蓮台寺僧正	寛空	寛空	寛空 遍照寺大僧正
14	寛朝 遍照寺大僧正	寛朝	寛朝	後寛朝 僧正
15	済信 北院大僧正	済信	済信	済信 北院大僧正
16	性信 長和親王	性信	性信	性信 長和親王
17	寛助 成就院大僧正	×	寛助	寛助 成就院大僧正
18	永厳 保寿院法印	×	永厳	永厳 保寿院大僧正
19	覚印 釈迦院阿闍梨	×	覚印	覚印 尺加院アサリ
20	心覚 常喜院阿闍梨	×	心覚	正覚 常寿院
21	顕覚 往生院阿闍梨	顕覚	顕覚	顕覚 往生院
22	宏教 権律師、本名禅遍	宏教	宏教	宏教 権律師、本名禅師
23	成遍 改名元瑜	成遍	盛遍	成偏 改名元瑜
24	宏瑜 檜村僧都	宏瑜	宏祐	宏瑜 僧都
25	秀円 杉野弁	秀円	秀円	秀円 牧野殿
26	慈詮	慈詮	慈詮	慈詮 律僧
27	祐範	祐範	祐範	祐範 改名明胤
28	永胤 刑部卿阿闍梨、本名明胤	通海	永胤	永胤 僧都
29	吽実	慶珍	賢真	賢鎮 律師
30	源賀	吽海	良範	賢範 理光院僧都
31	融源 勝尊、慶顕	隆光	賢智	栄憲 アサリ
32	阿闍梨隆賢	恵肝	芸胤	子慶 龍光院禅叟
33	阿闍梨賢存	猷重	融盛	祐日 律師宝生寺、改名観日
34	祝部良長	祐尊	秀尊	秀永 アサリ
35		憲豪	三不	安楽寺
36		最誉	宥□	尊海
37		行慶	堯瑜	祐塵 僧都
38		行与	道雅	尊恵 律師
39		(頼宥) ※別筆	空阿	宥賢
40		(実心) ※同	宥尊	清涼 僧都
41			快意	
42			快全	

以前拙稿「関白流神道について」(14)で論じたことがある。重複するところもあるが、前稿の訂正も含め再説してみたい。

室町以降の「麗気灌頂血脈」には、先の血脈と違った内容のものが見られる。管見に及んだ、東寺宝菩提院蔵『麗気記血脈』(明応六年〈一四九七〉)、仁和寺蔵『麗気水丁血脈』(永正一〇年〈一五一三〉)、真福寺蔵『麗気血脈』(室町後期)、國學院大學・河野省三記念文庫蔵『神道門前法則・三種神祇之事』(近世初期写)所収「麗気灌頂血脈事」の人名を、表2に列挙する(宝菩提院本、仁和寺本、真福寺本、河野本と略称)。

これらは、おのおの誤記・脱漏等はあるが、四本を比較・校合することにより、次のような相承が主張されていたことが分かる。

大日如来—金剛薩埵—龍猛—龍智—金剛智—不空—恵果—弘法—真雅—源仁—益信—法皇—寛空—寛朝—済信—寛助—永厳—覚印—心覚—顕覚—宏教(禅遍)—成遍(元瑜)—宏瑜—秀円—慈詮—祐範

—永胤…
—通海(仁和寺本のみ)…

右は保寿院流金玉方の血脈と一致する。保寿院流は広沢流の一流で、仁和寺院家保寿院開祖である永厳(一〇七五~一一五一)より発する。付法に覚成(一一二六~九八)・覚印(一〇九七~一一六四)があり、覚印より心覚(一一一七~八〇)を経て付法した顕覚(生没年未詳)に発する流れを金玉方と称する。顕覚の資宏教(一一八四~一二五五)は、元久元年(一二〇四)、高野山往生院にて、顕覚より保寿院流の伝法灌頂を受け、次いで仁和寺慈尊院の最寛(一一三一~一二一〇)に入室、建永二年(一二〇七)西院流の秘密灌頂を伝受される。寛元元年(一二四三)鎌倉に下向、甘縄無量寿院に住し、晩年『西院八結』『異水』『金玉七結』を編纂した。保寿院流・西院流の関東への移植は、宏教より発する。次の成遍(元瑜、一二二八~一三一九)は、建長四年(一二五二)無量寿院において宏教より保寿院流の伝法灌頂を受け、同七年には、同じく宏教より西院流の伝法灌頂を重受した。更に良瑜より安祥寺流、頼助（一二四六～九七）より御流・醍醐流を受けている。つまり、右の麗気血脈は、関東における保寿院流金玉方の法脈を示しているのである。(15)

しかしながら、先の御流系の麗気血脈の場合と同様に、この血脈がどの段階から実際の相承を反映しているか吟味の必要がある。その際に注目されるのが、二つの血脈ともに名が見える宏瑜の存在である。宏瑜が、元瑜より受法していることは、『血脈類集記』十二の元瑜付法の条に、

大輔
宏瑜年　戒　　于時律師
（乾元）
同二年五月二十日丁丑觜宿土曜於佐々目住房、許西院重授了。先年雖授保寿院印可。当流職位為多年宿望。頻述心憤可捨身命之由申之間不黙止者也。

とあり、乾元元年（一三〇二）に保寿院流、同二年には西院流の印可を受けていることが確認できる。また、彼が三宝院流御流を鑁海に伝え、さらに儀海・宥恵に相承されたことは、次の真福寺蔵『大伝法灌頂注式』の奥書により明らかである（『真福寺善本目録　続輯』）。

正和二年癸丑正月九日書写功訖。御流三宝院重書本抄三巻師伝本、先年所奉為相伝也。彼未書十巻、手自染愚筆書写了。是鑁海上人懇志也。為後日印璽也。
権律師宏瑜
文保三年四月十一日、於下野小山金剛福寺、賜師主鑁―御本、書写功了。
権律師儀海
観応三年九月十九日、武州於高幡不動堂、書写了。
金剛仏子宥恵

宏瑜が、保寿院流を受けたのは元瑜からであったが、いっぽう三宝院御流は、前節に引いた血脈が示すごとく、頼位から受けたものだった。この頼位については、『血脈類集記』十二の開田院御室法助の付法条に、以下のような記事が見える。(16)

頼位少輔律師。上野右衛門入道子。于時阿闍梨。二十五
同(建治)三年五月一日己丑参宿木曜於同院(秘密荘厳院)授之。色衆十口。

右によれば、建治三年（一二七七）五月一日、仁和寺秘密荘厳院において、「頼位」なる者が、法助より伝法している。「上野右衛門入道」の子で、時に二五歳であるとしている。逆算すれば、生年は建長五年（一二五三）である。この人物はその後関東に下向している。すなわち、元瑜が筆記した明王院蔵『異国降伏御祈禱記』によれば、弘安四年（一二八一）鎌倉において、頼助（一二四六～九六）を導師として蒙古調伏の祈禱が行われたとき、「少輔頼位」が伴僧として参加しているのである。彼はその後も関東に住したらしい。それを示すのは「仁安元年八月十五日、沙門守覚、我大師自勝賢伝之」との識語を持つ金沢文庫蔵『鑁阿抄』で、その書写奥書（『金沢文庫古文書』一九七八）に、

右秘書者、当流三宝院源底也。此流良印上人払底故、奉度之了矣。
嘉元二年正月廿一日　　頼位〈花押〉

とあり、嘉元二年（一三〇四）に、良印房亮順に同書を伝授している。また、覚成が守覚に授けた『沢見』の頼位手沢本も金沢文庫に伝えられている（『金沢文庫古文書』六九五一「不完聖教書目」）。この「頼位」を、三宝院御流血脈に見えた人物と同一人物とすると、頼位は御流を法助より受け、三宝院御流は性仁より受法したことになる。ただ、性仁が法助より付法したのは弘安六年のことであり（『血脈類集記』十二）、「頼位」より十数歳も若年である。

頼位の事蹟に関する以上の資料からは、麗気相承との接点は見いだすことができない。ところが彼が度会行忠[18]より『中臣祓訓解』の伝授を受けたとの指摘が、牟禮仁[17]によって為されている。『中臣祓訓解』版本奥書によると、

写本云、

此秘書者、当家伝承文也。依レ有二両本一於二一本一者、為二衆生利益一奉レ授之状如レ件。

本云、

嘉元元年癸卯九月十二日丑時、以二三位僧都頼任号客在判房所持本一書写畢。此本者、伊勢神宮于レ時第二禰宜所持本也。依二師檀契約一、於二伊勢太神宮一所レ奉レ授二彼上人一也。尤可レ為二証本一而已。

とあり、また、無窮会蔵神習文庫本奥書には、

此秘書者相伝文也。依レ有二両本一、於レ志為二衆生利益一奉レ授二三位僧都頼位一状如レ件。乾元元年正月十二日、

禰宜度会行忠　在判

とある。このふたつの奥書の内容を整理した岡田荘司[19]は、乾元二年（一三〇三）正月一二日、度会行忠が頼任＝頼位に、所持する『訓解』の一本を伝授し、同年九月一二日、某人によって、頼任＝頼位所持本を底本として書写がされたと解する。ここで問題となるのは、行忠より『訓解』を伝授されたのが、頼任、頼位の何れが正しいかということである。岡田は頼任と解するのに対し、牟禮は頼位であろうとし、いままで述べてきた頼位と同一人物であると推断する。さらに牟禮は、神宮文庫・久邇宮家下賜本『麗気記』巻五「天照皇太神宮鎮座次第」奥にある附記（本稿の冒頭に掲げたもの）の後に、「筆師依落之私注之恐存者也　金剛仏子頼位裏判[20]」とあることに注目し、頼位が『麗気記』の伝写に関与しており、同書も行忠より伝授されたのではないかとしている。

　牟禮のいうように、この頼位がさきに同名人物とおなじである可能性は大いにあると思われる。ただ現段階においては、頼位の事蹟は不明の点がおおく、鎌倉に在った頼位と度会行忠とが結びつく背景についても分からない。今後のさらなる関連資料の発掘が待望されるところであるが、現時点で明らかになった範囲から推測すると次のようになろう。

まず、頼位が神宮において『麗気記』を伝授されたのだとすれば、「麗気血脈」の御室相承は全くの捏造であり、頼位自身が自らが受けた三宝院御流の法脈に麗気血脈を挿入したということになる。

また、保寿院流相承の『麗気血脈』には頼位の名は見えないが、実際には、

頼位―宏瑜―鑁海―儀海―宥恵…
　　　　　└秀円―慈詮―祐範―通海…

と相承されたと考えられる。ふたつの流れのうち、鑁海相承分は儀海を経由して真福寺に伝えられた。いっぽう秀円よりの流れは、或る段階から保寿院流の相承が主張されるようになった結果、頼位の名が脱落して元瑜に接ぎ木されたのではなかったろうか。このことを示唆するものとして、関白流の血脈が挙げられる。同流は室町以降に成立したと思われる神道流派であるが、その血脈には次のように見える。

○『神道関白流修軌』相伝次第血脈

……関白殿下　実雄　国久中将二条殿左大臣　頼位僧都　宏瑜僧都　秀円　牧野弁公僧　慈詮　祐範　通海

……

○高野山大学図書館蔵『日本記一流之大事』（永正七年〈一五一〇〉書写）

日本記相伝

二条殿　実雄左大臣　国久之中将　頼位僧都　荘瑜僧都　又大輔僧々又僧都秀円　牧野弁僧　慈詮律僧也

祐範　通海　慶珍　幸井僧都　教範僧都　法印隆弼　僧都秀光　祥運　祥金　弘宣　乗慶

誤記と思われる箇所もあるが、頼位―宏瑜―秀円―慈詮―祐範―通海―慶珍の相承が確認されよう。これは先の保寿院流系の麗気血脈とほぼ重なる。しかも、同血脈には見えない「頼位僧都」の名が見えることが重要である。関白流の相承自体は後世の仮託であろうが、少なくとも、これが参照した「頼位―宏瑜―秀円…」と続く相承が

あった筈だからである。

以上のように麗気相承の血脈は二重・三重にわたる仮託・捏造を繰り返しながら形成されていったのである。

四　麗気灌頂の由緒と血脈

ほんらい麗気灌頂は、『麗気記』というテキストの相承に伴うはずなのだが、血脈に示される麗気灌頂の相承は、『麗気記』自体の由緒と齟齬を来している。すなわち、冒頭に述べたごとく『麗気記』は醍醐天皇の撰述とされるいっぽう、麗気血脈では大日如来以来の相伝が記される。これは血脈が『麗気記』本文ではなく、印明の相承を記しているからであるが、結果的に醍醐天皇の存在を甚だ曖昧なものにしてしまった。

このことは、初期の三宝院御流系の血脈において既に生じている。そこでは観賢より醍醐天皇に伝授されたことになっていたが、これは観賢が醍醐の同時代人であったから結びつけたに過ぎず、矛盾を糊塗しようとした結果と思われる。いっぽう保寿院系の血脈では、醍醐天皇の名前自体が登場しない。

南北朝期以降の麗気灌頂において、醍醐天皇に代わって言及されるようになるのが、嵯峨天皇である。その早い例として『麗気制作抄』の記事が挙げられる。同書「同書灌頂事」に拠ると、麗気灌頂について、

天照太神五代尊、自二神武天皇一以来、至二嵯峨天皇一五十二代王位御相承也。爰嵯峨天皇奉レ授二弘法大師一給也。神祇方ニハト部相承也。平野神主事也。

とあり、天照太神より地神五代を経て、神武天皇以来代々の天皇に相承され、嵯峨天皇より空海に伝授されたとされる。また、神祇方には卜部氏（平野神主）によって相承されたとする。同様の記事は、猿投神社蔵『神祇口決私』[21]（本奥書応永一二年〈一四〇五〉、書写識語同二六年）にも見え、

一、麗気汀事、神武天皇ヨリ至マテ二嵯峨天皇一ニ、五十二代ノ王位御相承也云云。嵯峨天皇ヨリ弘法大師ニ奉レ授。

神祇ノ方ハト部ノ相承也。平野ノ神主方ニモ彼印信有ト云云。

とある。これらに従うならば、『麗気記』を醍醐天皇が撰述する以前に、麗気灌頂の印明は歴代天皇に相伝し、空海への伝授すら行われていることになるのである。

後世の麗気血脈には、嵯峨天皇から空海への伝授を記すものがある。それは御流神道の印信集成である『八十通印信』所収「血脈図」（第七重―四）である（引用は名古屋大学図書館・皇学館文庫蔵『御流神道横印信集』を底本としたが、一部吉田文庫蔵『神道印信目録』により修正を加えた）。

大日本紀相承

国常立尊　天神七代如常　日神　地神五代如常　神武天皇乃至代々如常　桓武　平城

嵯峨┬淳和　仁明　文徳　清和　陽成　光孝　宇多　醍醐等帝々如常
　　└弘法　真雅　源仁　益信　寛平　寛空　元杲　仁海　成尊　秀海　実印　浄真　性遍

秀範　湛賢　弘賢　弘印　一吽　祐光　高海　円海　明海　祐尊　慶賢　良遍　宥尊

頼尊┬宥仟　良恵
　　└貞祐　阿厳　阿専　実吽　実盛　実音　実栄　英性　活斎　鑁啓　観海

大日　金剛薩埵　龍猛　龍智　金智　不空　恵果　弘法――嵯峨

麗気紀三国相承系図

右神祇水丁血脈相承如何

右は、天神七代・地神五代より歴代天皇を経て嵯峨天皇に至る「大日本紀相承」（日本紀灌頂血脈）と、大日如来より弘法に至る「麗気紀三国相承系図」（麗気灌頂血脈）が組み合わさっている。嵯峨は空海に日本紀相承の伝授を行い、空海は嵯峨に麗気伝授を行い、以後王家と東密双方が二つながら相承していくという構成になっている。ここでは嵯峨天皇から空海の伝授は麗気相承ではなく、日本紀相承となっているが、そのことにより麗気灌頂の大日相伝の由緒と整合する。この点で、先の『制作抄』などの説より発展したものといえよう。

如上の相互伝授の発想は、既に良遍『日本書紀私見聞』に見いだせる。

一、日本紀ノ血脈系図相承ノ事、示云、嵯峨天王時、伝教・弘法ノ両師、自二唐朝一将来之印明ヲ、各各帝王ニ奉レ授ヲ時ニ云、是ハ自レ本日本ニ所レ在神書ノ印明ニ替ル処無レ之云云。仍召二テ平野ノ神主一ヲ、伝教・弘法奉レ授レ之。然間東寺・山門・真言共ニ神書ノ相承在レ之。予カ所伝、弘法大師ヨリ下タル血脈也。

すなわち、空海・最澄が唐朝より将来した印明を、嵯峨天皇に授与したとき、それが神書（日本紀）の印明と全く一致することが分かり、両人に平野神主より神道印明が伝授され、以後東寺・山門に日本紀相承が行われるようになったという。右血脈は、この所伝に基づくものと見なすこともできよう。「大日本紀」「麗気紀」の名を冠するものの、この二つの血脈が『日本書紀』『麗気記』といったテキストではなく、印明の相承を意味していることは、両書が成立する以前の血脈が記されていることからも明らかである。

ちなみに、血脈中「良遍」の名が見える。これを『私見聞』の良遍と同定する材料はないが、右の記事よりみて充分に考慮されてよいかも知れない。

ところで右の血脈は、先にみた他の麗気血脈と登場する人名が全く違っているが、これは既に久保田収が指摘するごとく、御流神道系の相承血脈に基づいたものである。ここでは、同神道系血脈の例として、金沢文庫蔵『神祇灌頂血脈』を挙げておく。これは、剣阿の神道の師であった円海・秀範相伝の血脈で、天照大神に発し、地神四代を経て神武天皇に至り、以後歴代天皇の名が連なって嵯峨天皇に至り、次いで空海の名が現れる。空海以後の血脈は以下の通りである（『金沢文庫古文書』六七五四）。

弘法大師　真雅僧正　源仁僧正　益信僧正　寛平法王　寛空僧正　元杲僧正　仁海僧正　義範僧都　勝覚僧都　定海僧正　一海闍梨　房海　実印　浄真　覚賢　頼明　覚叫　実尊　性遍　円海　秀範

櫛田良洪が指摘するように、浄真までの血脈は、三宝院流の傍流たる松橋流の相承血脈を踏襲したものである。ただし、源仁以降元杲までを、通常の小野流血脈のように聖宝―観賢―淳祐―元杲とせず、広沢流の益信―寛平―寛空―元杲とするのは、神祇灌頂の相承血脈である関係上、寛平（宇多）法皇を入れるべきとの判断がはたらいているのだろう。また、右で仁海の後が義範となっているが、系統を同じくする他の血脈では成尊が入っているから、これは単なる脱漏とみるべきである。

右を先の「血脈図」と比較すると、「秀海」とは房海の誤記であり、その前にあるはずの義範・勝覚・定海・一海を欠き、円海と秀範の順序が逆になり、その間に複数の人名が攙入している。このことから考えると、円海以前の部分は、既存の血脈を機械的に組み込んだもので、麗気相承の実態を反映したものではない公算が高い。いっぽう、明海以降は実際の相承である可能性が大きい。なぜなら、同血脈と同じく『八十通印信』収められた「普門品大事」（第二重―五）附載の血脈には、

南岳大師　恵恩大師　天台大師　以下略之、廿八代　明海法印　祐尊法印　慶賢法印　良遍僧都　宥尊僧都　頼尊僧都　貞祐阿闍梨

とあり[22]、ここでも明海以降の名が列示されるからである。ただし、明海についての人物比定ができない現時点においては、これ以上の詮索はひかえたい。

ただ別の見方をすれば、「血脈図」は、麗気相承が円海・秀範に発すると称する御流神道のなかに取り込まれていく様相を示すともいえよう。「御流神道」の呼称の由来について、御流神道の談義本である『神祇秘記』（真

福寺文庫蔵）には、

此道場ヲハ、御流ト申候。其故ハ、昔劫々以前ノ始ヨリ、天神七代・地神五代ヲ越テ、神武天王ヨリ人王ニ渡リ、人王五十二代嵯峨帝皇ト弘法大師ハ、師檀ノ契リ御座スニ依テ、此秘法ヲ大師御相続有リ。其時弘法思召様ハ、カヽル神変難レ有法ヲ、故ヘ无ク捨置申サン事ハ如何ト思召、末世衆生ノ為ニ、他ヘ付属アルヘシトテ、弘法ヨリ以来、今世間ニ流布ト見テ候。

とあり、嵯峨天皇より空海への付法という由緒が、御流神道の根幹を成していた。(23) かかる由緒が円海・秀範の時代から存在したことは、先の金沢文庫本に見えた通りである。

麗気相承においても、前述の『麗気制作抄』のごとく、既に南北朝期には嵯峨天皇伝授説を受容する傾向も見られた。その結果として、当初からの『麗気記』の醍醐天皇仮託書としての性格と、その相承を示す麗気灌頂の系譜との矛盾は決定的なものとなった。『麗気記』の撰者を、空海とする異説が広く行われるようになるのも、このような矛盾の所産であろう。

おわりに

本稿では、各種の麗気灌頂の相承血脈を分析することを通じ、中世における神道相承の様相を具体的にあぶり出そうと試みてきた。その結果、麗気灌頂血脈は、当初御流（三宝院御流）の相承として登場するも、保寿院流血脈への改変が行われ、また御流神道に麗気灌頂が取り込まれると、またあらたな相承が作り出されたことが認められた。中世神道の所説・所論は、その多くが、極めて古い由緒を主張しているとしても、実際には鎌倉以降急速に作り上げられたものである。そのため、既存の法脈のなかに挿入することで、正統性を獲得しようとしたのであった。

中世神道の血脈を実態的に解明しようとする際に伴う困難は、それらが多分に虚構・作為の産物であることである。しかも、本稿で見たごとく、虚構の上にさらに虚構を重ねるという事例も多い。実際の相承の流れを析出する作業にとって、虚と実とを腑分けすることが是非とも必要なことはもちろんである。ただ、虚を虚として捨てることはできない。なぜなら中世神道それ自体が、虚実のあわいのなかで成立しているからで、しかもこれこそが、中世宗教の世界において、中世神道を独特な存在たらしめている所以なのである。

【使用テキスト】※左に記載のない文献は原本に拠る。
『麗気記』→神道大系『真言神道（上）』、『麗気聞書』→同、『神代巻私見聞』→神道大系『天台神道（上）』、『麗気制作抄』→神道大系『真言神道（上）』、『二所皇太神宮麗気灌頂印信』→真福寺善本叢刊6『両部神道集』、『諸流灌頂秘蔵鈔』→『真言宗全書』二七、『清流血脈』→『稲沢市史　資料編七』、東寺宝菩提院蔵『麗気記血脈』→櫛田良洪『続真言密教成立過程の研究』、仁和寺蔵『麗気水丁血脈』→『仁和寺資料【神道篇】神道灌頂印信』、『血脈類集記』→『真言宗全書』三九、『異国降伏御祈禱記』→『鎌倉市史　資料篇』、『日本記一流之大事』→神道大系『真言神道（下）』

(1)『麗気記』に関する研究としては、大山公淳『神仏交渉史』（高野山大学、一九四四年）、久保田収「麗気記の基礎的考察」（『密教文化』四三・四四、一九五九年、のち久保田『中世神道の研究』神道史学会、一九五九年）、後藤剛「高山寺本麗気記解題」（『高山寺典籍文書の研究』東京大学出版会、一九八〇年）、伊藤聡「『麗気記』について」（『国文学　解釈と教材の研究』四五―一二、二〇〇〇年）、「平成十二年度大会パネルセッション・『麗気記』にみる中世」（『日本思想史学』三三、二〇〇一年）、三橋正「『麗気記』の構成と言説」（『金沢工業大学日本学研究所日本学研究』四、二〇〇一年）、神仏習合研究会編『校注解説・現代語訳　麗気記』（法蔵館、二〇〇一年）等がある。

(2)『麗気記』注釈の全体については、原克昭「『麗気記』と〈註釈〉」（『日本思想史学』三三、二〇〇一年）、同「中世における『麗気記』註釈」（前出『校注解説・現代語訳　麗気記』所収）参照のこと。

(3)『麗気記』の撰者に関しては、空海(寛文十二年版本)、聖徳太子(貞舜『天台名目類聚鈔』、伝一条兼良『榻鴫暁筆』)、役行者・空海・最澄・醍醐帝共編(『麗気私鈔』)と諸説があるが、醍醐天皇を撰者とするのが成立当初のものである。

(4)良遍の注釈については、岩橋小彌太「御流神道」(『京畿社寺考』雄山閣、一九二六年)、久保田収「良遍の神道」(『神道史研究』四—三、一九五六年、のち前出『中世神道の研究』)、阿部泰郎「良遍『日本書紀』注釈の様相—学問の言談から物語としての〈日本紀〉へ」(『国語と国文学』七一—一一、一九九四年)、中原祥徳「高照院良遍の神道書」(『高野山大学大学院紀要』二、一九九八年)、原克昭「良遍による神代紀註釈とその諸本—講述文献をめぐる基礎的考証」(『論叢アジアの文化と思想』七、一九九八年)参照。

(5)小川豊生「中世神話のメチエ—変成する日本紀と『麗気記』《天札巻》」(三谷邦明・小峯和明編『中世の知と学—〈注釈〉を読む』森話社、一九九七年)。

(6)その一端は、伊藤聡「『麗気記』について」(注1前掲)でも論究した。

(7)『神宮方神仏一致抄』(伝本:天理大学吉田文庫本〈二本〉、松平文庫本)は、中世神道に関する複数の記事を類聚した著作で、その内容構成は、①神宮社官方注之者歟。一見之次写之(識語天正十三年〈一五八五〉)②神祇部神道与密教一致事 抜書、③神書秘抄、④麗気汀事、⑤麗気第一、⑥麗気制作抄、⑦三世明了口伝、⑧一、沙門具妻無子細云事、である。このうち④⑤⑥が『麗気記』に関するもので、⑥は『麗気制作抄』と同文、⑤は独自の『麗気記』注である。ここで解説したのは④である。

(8)この関係資料については、伊藤聡・原克昭・松尾恒一『仁和寺資料【神道篇】神道灌頂印信』(『名古屋大学比較人文学研究年報』二、二〇〇〇年)参照。

(9)近藤喜博「中世の高幡不動—儀海上人を中心として」(『東京史談』一七—四、一九四九年)、細谷勘資「儀海の布教活動と中世多摩地方」(『八王子の歴史と文化』一、一九八九年)、藤田定興「小手保川俣の真言教学普及と儀海」(『福島史学研究』五二、一九九〇年)、川澄祐勝「儀海上人と高幡不動尊金剛寺」(『多摩のあゆみ』一〇四、二〇〇一年)。

(10)平岡定海「真福寺の成立について」(御遠忌記念出版編纂委員会編『弘法大師と現代』筑摩書房、一九八四年、のち平岡『日本寺院史の研究 中世・近世編』法藏館、一九八八年)。

(11) 真福寺善本叢刊1『真福寺古目録集』(臨川書店、一九九九年)所収山崎誠解題、同「寺院の文献資料」(『国文学　解釈と教材の研究』四五―一二、二〇〇〇年)。
(12) 表は『真福寺善本目録　続輯』より作成した。
(13) 『古典研究』三―一〇(一九二八年)所収。後に西田『神道史の研究　第二』(理想社、一九五七年)再収。
(14) 『金沢文庫研究』三〇三(一九九九年)所収。
(15) 真鍋俊照「禅遍宏教の動向―金剛峯寺・慈尊院・鎌倉下向」(『金沢文庫研究』二六五・六六、一九八一年)、大森順雄『覚園寺と鎌倉律宗の研究』(有隣堂、一九九一年)、『【特別展】仁和寺御流の聖教―京・鎌倉の交流』(県立金沢文庫、一九九六年)福島金治解説、同「仁和寺御流の鎌倉伝播―鎌倉佐々目遺身院とその役割」(『守覚法親王と仁和寺御流の文献学的研究　論文篇』勉誠社、一九九八年)、伊藤一美「弘安四年「異国降伏祈禱記」の歴史的意義」(『鎌倉』九一、二〇〇〇年)。
(16) 注14前掲論文において、この頼位と弘安五年に元瑜より付法している「頼伊」を同一人物と述べたが、それが別人であることを、右掲伊藤一美論文より指摘を受けた。ここに訂正したい。
(17) 牟禮仁「度会行忠と仏法(下)」(『神道宗教』一七〇、一九九八年、のち牟禮『中世神道説形成論考』皇學館大學出版部、二〇〇〇年)。
(18) 以下の『中臣祓訓解』の二つの奥書の引用は、神道大系『中臣祓註釈』岡田莊司解題に拠る。
(19) 右掲岡田解題。
(20) 近藤喜博「道祥の学統―その資料」(『神道史研究』一二―一、一九六四年)所引。
(21) 西田長男「猿投神社の両部神道」(『國學院雜誌』六七―八、一九六六年)所引。
(22) 皇学館文庫本の当該箇所は人名の脱落があるので、引用は同系統の天理図書館・吉田文庫蔵『神道印信目録』に拠った。
(23) 原克昭「中世神道と縁起―〈嵯峨天皇日本紀再治説〉にまつわる覚書」(『国文学　解釈と鑑賞』六三―一二、一九九八年)。

合身する人丸——和歌秘説と王権——

大谷節子

はじめに

宇治の宝蔵、鳥羽の宝蔵、蓮華王院の宝蔵。室生寺の山中秘所。いずれも、秘物が納められる聖なる空間である。「王にたいする祈りの力を与え、自宗の正統を象徴する宝物でもある」大師招来の舎利や、「中世の王権において、舎利とともに、或いはより基調で深秘な意味と機能を与えられていた」(1)宝珠もこの空間に納められていた。宝蔵という空間は、強力な磁場のように宝物を引き寄せていく。この世に絶えてはならぬもの、他に渡っては存続を脅かす脅威にさえなるものは、この空間に納められたと観念することによって、永遠の存在が保証される。この聖なる宝蔵に納められたと記されるものの一つに、かの『古今和歌集』がある。

私云、貫之ガ人丸ノ化身ナリト。語云、末代ニ古今集可レ撰レ之云々。即貫之人丸歟。私云、古今者天下重宝ト思食ケルニコソ、被レ籠二一本宇治ノ宝蔵一ニタリシヲ、隠岐院御宇ニ召出、件本ハ宝蔵ニ無レ之云々。

（陽明文庫蔵『他流切紙』人丸相伝事(2)）

和歌の秘事を書き留めた「切紙」が構想する観念世界では、古今集もまた、「天下の重宝」であるが故に、一旦は宇治の宝蔵へと納められなければならなかったのである。この場合の「天下の重宝」とは、

此古今集ハ、種々ノ奇特アリ。延喜ノ聖主有テ、撰ジ給ヒテ後、我朝ノ守リ宝タルベキ間、万葉集ヲ左トシテ上十五日此ヲ賞シ、古今集ヲ右トシテ下十五日翫ブ也。国王以テ重宝トス。輙ク外土ニ不レ可二流布一ス。穴賢々々。此集ヲカロシメン輩ハ、人丸赤人ノ意ヲ破ノミニアラズ。国王ノ御意ヲカロシムル也。努々カロシメ玉フベカラズ。

（永禄八年奥書　京都大学附属図書館中院文庫蔵『古今秘密抄』神頭風伝集）(3)

右、中院本『古今秘密抄』（内題「古今秘密灌頂」）所収「神頭風伝集」の言に拠れば、「国王以テ重宝トス」る「我朝ノ守リ宝」であった。古今集という、勅撰の名の下に編まれた一つの和歌集が「我朝ノ守リ宝」と認識されていく背景には、古今伝授へと収束していく、膨大な歌学による秘説の集積がある。小稿は、古今集が「我朝ノ守リ宝」へと変貌した仕組みを、人丸秘説に読み解こうとする試みである。

一　人丸秘説「神頭風伝」

先に引用した「神頭風伝集」の名は、能基『古今和歌集序聞書』（以下、片桐洋一氏によって付された通称『三流抄』を用いる）の冒頭で、源経信（一〇一六～一〇九七）が住吉明神の化現である老翁から授かったと語られる二書の内の一つ、「鳥風問答神頭風伝」に由来する。

古今ニ三ノ流アリ。一ニ定家、二ニ家隆、三ニ行家。

問、家隆ハ俊成ノ弟子、俊成ハ定家ノ父。何ゾ家隆ノ流トテ別ニ可レ有哉。

答、俊成没後ニ定家・家隆ハ左右ノ翅。雖レ然、家隆ハ定家ノ末ヲ受タルニ依テ一義ヲ成スル事不レ能。爰ニ、帥源大納言経信卿住吉へ参籠有テ大明神ニ和歌ノ不審ヲ祈請ス。三七日満ズル夜、住ノ江ノ月隈ナカリ

ケル夜、老翁出現シテ経信ニ向テ「何事ヲ祈請シ給フゾ」と問玉。答テ云、「吾ニ鳥羽ノ帝ヨリ、哥ニ七ノ大事ト云事ヲ尋サセ給フ。是諸家ノ人ニ非レ可レ尋。仍テ、大明神ニ此事ヲ祈請ス」ト申サル。翁ノ云、「何程ノ大事カ承リ給ラン」ト云。経信一々ニ不審ヲ申ス。翁聞テ「安キ理ノ事也。明神ノ御託宣ヲ待ニ不レ及」トテ七夜ガホドニ不審ヲ開キ聞カス。是ヲ経信註シテ十二帖ニシテ書付。六巻ヲバ鳥風問答神頭風伝ト云。今六巻ヲバ知顕ト名ヅク。今此翁ハ明神ノ化現也。

（『三流抄』(4)）

経信は、鳥羽天皇から和歌の「七ノ大事」を問われ、住吉明神に祈請して授けられた内容を一二帖に書き著わし、二分して「鳥風問答神頭風伝」と「知顕」と名付けたという。「知顕」は、鎌倉末期成立の『伊勢物語』の注釈書『和歌知顕集』を指すと考えられており、今一つの「鳥風問答神頭風伝」ついては、これまで該当する書が知られておらず、「知顕」同様に『伊勢物語』の注釈書の一つであろうと推測されてきた(5)。

しかし、古今伝授の秘事を集成した陽明文庫蔵『古今伝授口決書』（江戸中期写一巻）「合身口伝」の中で、

合身口伝

君モ人モ身ヲモ合スト云事ナリ。君トハ聖武帝、人ト云ハ人丸也。実ヲ合スト云。ツネノ儀也。歌ノマコトヲ合ト云心也。サレドモ、マコトヲカクサンガタメニ云也。住吉ノ神頭風伝ニ云ク。聖武天皇ト云ハ、住吉大明神ノ化身也。世ノ政ヲセントテゲンジ、聖武トナレリ。亦、歌之道ハ日本国ノミノリナルガ故ニ、此道ヲヒロメンガ為ニ大明神現ジテ人丸トナレリ。サレバ本地ハ住吉、化身聖武人丸ノ二身ヲ現ズル故ニ同身ナル故ニ、身ヲ合スト云也。此事ハ当家一大事因縁ニシテ余家ニ不レ知所也。仍、家ノ秘事ト云ル也。穴賢々々。

右、切紙別而秘密必外見不レ可レ有レ之者也。

「住吉ノ神頭風伝」からの引用として示されている内容は、聖武天皇と人丸とを同じく住吉明神を本地として説

く、聖武・人丸同一体説である。(6)

また、「神頭風伝」と類似の書名を持つ「社頭風伝集」（神宮文庫蔵『古今和歌集阿古根伝』所収）が、古今集羇旅部に入る人丸詠歌(7)「ほのぼのと明石の浦の朝霧に島隠れ行く舟をしぞ思ふ」（以下「ほのぼのと」歌）を冒頭に掲げ、本地を住吉明神とする人丸と持統天皇との同一体説を説いており、

　　社頭風伝集

　若々与明石之浦之朝霧尓島隠行船惜ソ思フ

（中略）一、実ニハ、歌ノ灌頂ト申ハ、人丸ノ御事能以レ知申也。或人云、是ハ持統天皇ノ御諱、天竺ニテ新蛮（注：他流切紙は「聖」）翁、唐ニテハ東方朔ト云。（中略）人丸、本地住吉明神也。其故ハ弘法大師入唐ノ（注：他流切紙は「弘法入堂シテ」、高松宮本『切紙集』は「弘法入道して」）法施ヲ参セ給フ時、神ト顕レ給ヒテ示現有テ、我ハ本覚ノ古仏也。人丸ガ身、只我ナリト有ケレバ、御門ニ奏シ給フ。然レバ人丸ノ影ヲ内裏清涼殿ニ被レ懸タリケレバ、五位ニテ有ケルヲ三位ニ叙スト云ヘリ。上哥毎日七返詠スレバ、此道可二成就一云々。

（岡見正雄編『室町ごころ　中世文学資料集』角川書店、一九七八年）

これが陽明文庫蔵『他流切紙』等に「人丸本地」として纏められる内容の一部であることからも、「神頭風伝」とは、人丸に関する秘説を記したものではなかったろうか。(8)

先に引用した京都大学附属図書館中院文庫蔵『古今秘密抄』所収の「神頭風伝集」（永禄八年識語。内題「古今秘密灌頂」）は、正しく、人丸と「ほのぼのと」歌をめぐる秘説の書である。この中院本『古今秘密抄』は、「神頭風伝集」「顕王本楽抄」「古今灌頂師資相承次第」「古今灌頂五輪書　和歌口決」「心中記」「□□□（虫損）ノ哥秘事」の計六篇から成り、「神頭風伝集」「顕王本楽抄」「古今灌頂師資相承次第」の三篇の後に永禄八年の書写奥書が記されている。「顕王本楽抄」は「神頭風伝集」に対応させる形で赤人に関する秘説を載せ、赤人詠歌「和歌の

浦塩みちくれはかたをなみ芦辺を指して鶴鳴きわたる」(以下「和歌の浦」歌)が「ほのぼのと」歌に同じく一首に六義を備えた秘歌であることを記したもので、この二篇に続いて「古今灌頂師資相承次第」の系図が付されている。さらに「灌頂以後可レ授」と注記された「心中記」も、「柿ノ本ノ大夫人丸ノ御筆記」「歌仙人丸御筆記」「柿下ノ御義筆」なる書を引用しながら説く和歌の秘伝書である。「□□□□ノ哥秘事」は冒頭数行のみの零本であるが、天理図書館蔵『ほの〳〵の抄』の如き、「ほのぼのと」歌をめぐる秘説の書と思しく、『古今秘密抄』全体が人丸(赤人)秘説を集成したものと言える。

神格化された「歌の聖」(古今集仮名序)人麿の像を礼拝し、和歌を詠じる人丸影供は、一二世紀に六条藤家の祖顕季より始まり、仏菩薩あるいは祖師を讃仰する儀式に則った人丸講式も同じ頃に執行されて、一三世紀、為顕流において和歌講式・秘説伝受の場に取り入れられたと言われている。相伝系図に為顕の名を掲げる陽明文庫及び三手文庫蔵の『和歌灌頂伝』(康永六年奥書)和歌灌頂作法では、「四海の水を取りて、太子の頂にそそぎ、国を継ぎ給ふべき位をさだむ」「立太子の灌頂」作法に則って歌仙が定められ、人丸を含む和歌の五仏(人丸・赤人・猿丸太夫・小町・業平)が安置され、同じく為顕流の『和歌古今灌頂巻』(神宮文庫蔵)によれば、八雲・難波と並んで「若々乃歌」(「ほのぼのと」歌)が「三首ノ本歌」として詠じられ、「日戸丸次第」などの秘事が授けられている。また、同じく為顕流の『玉伝深秘巻』の一本『金玉双義』(宮内庁書陵部本)に記される、経信に仮託された「和歌伝授灌頂私記」においても、歌壇中央には住吉、天照大神と並んで人丸像が掲げられ、最後には「ホノボノトアカシノ」が唱えられると記されている。(9)

歌の灌頂と申は人丸の事(神宮文庫蔵『古今秘歌集阿古根伝』「社頭風伝集」)

誠ニハ哥ノ灌頂ト申ハ人丸ノ御事ヲ知ルヲ以テ申也(陽明文庫蔵『他流切紙』人丸本地之事)

このように、人丸をめぐる秘説が歌道の最秘、奥義として位置付けられ、「ほのぼのと」歌が和歌の秘説伝受の場において特別な意味を持っていたことからも、経信が住吉明神から授けられた「神頭風伝」とは、中院本『古今秘密抄』所収「神頭風伝集」が示す如き、人丸とその詠歌「ほのぼのと」歌をめぐる秘説であったと想定し得るのである。

では、「人丸ノ御事ヲ知ル」事が、何故、和歌の最秘事として位置付けられているのであろうか。

二　秘説「合身伝」―人丸・聖武・住吉・業平・大日・天照大神―

先の「合身伝」とは、古今集仮名序の、

(歌は) 古へより、かく伝はる内にも、平城の御時よりぞ、広まりにける。かの御世や、歌の心を、知ろし召したりけむ。かの御時に、正三位、柿本人麿なむ、歌の仙なりける。これは、君も人も、身を合せたりと言ふなるべし。　(新日本古典文学大系『古今和歌集』)

「君も人も、身を合せたり」の部分の解釈をめぐって生まれた秘説であり、

条々の儀あれども、先、三義有。一つには聖武天皇と人丸と同心に此道をこのみたまふ故と云なり。二つには、身をあはせたりと云は、まことをあはすると云儀なり。歌をおなじやうに知たまふといふ儀也。三つには秘密口伝有。君とは聖武、臣とは人丸也。　(『古今集之秘事』天理図書館蔵)

右、『三流抄』の一本では、「秘密口伝」として扱われる、聖武・人丸同一体説である。

一、問云、君とは誰人ぞや。答へていはく、聖武天皇なり。問云、人とは誰ぞや。こたへていはく、人丸也。聖武また人丸と云々。しかれば明神化現し歌道を弘めたまふ。歌とは、我国の法なり。聖徳太子もすなはち住吉の化現なり。しかれば三人一躰なり。本地は薬師ともいへり。又は観音とも見えたり。自位を案ずるに、薬師は陀捨婦人、観音は宝応聖といへり。御子なり。されば薬師・観音は一躰なり。よつて二名をば出せる

歟。人丸と御門と身合するといへるは、本地一躰をいへり。秘すべし〳〵。

（『玉伝深秘巻』。引用は『中世古今集注釈書解題五』に拠る）

そして、このように、陽明文庫蔵『古今伝授口決書』と同じく住吉明神を共通の本地として聖武・人丸同一体説を説く『玉伝深秘巻』においては、聖武天皇は観音菩薩の夢告を受けて誕生した「神の御子」と説かれ、人丸の歌に云、

しきしまややまとしまねの大君を誰うみそめて人となすらむ

しきしまややまとしまねとは、日本の名なり。大君とは聖武天皇の御事なり。文武、第二の御子なり。母は不比等の女、彦火火出見太子・彦火火多見尊なり。母后観音菩薩の御腹の内に入り給ふと夢に御覧じて、胎むこともなくて三十三日に誕生し給ふ。然るに、神の御子にてましますが人となり給へることをあらはさんがために、人丸かくのごとくよみたまふ。

（『玉伝深秘巻』）

聖武・人丸の本地である住吉明神は、「百王の先祖」であり、天神七代と地神五代との、あるいは日神と月神との合体した存在として説かれている。

一、住吉大明神申奉る口伝にいはく、住吉の字、イ主と書けり。此神百王の先祖、万人の主なり。故に人の主と書くなり。吉は十一口と書けり。これは天神七代、地神五代、但、国常立と伊弉諾と一躰二名なり。故に略して十一といふ。しかれば天神地神の両神の口よりいづる所の世、しゆつせのはうを一つにとりあはせて住吉といへり。自性真如の都よりこの娑婆にいたるまで自在にしてすみよき義をあらはせり。大といふは礼智不昧の儀、万物一如の儀を具足する儀也。明といふは、日月二つ並べて天神地神と合して、この明神とするゆへなり。日神を前に置き、月神をば後に置きて明といへり。この義をもつて住吉を二神所変といへり。（中略）その名をば金剛輪妙多自在天神と書き、又は仙達御達足尊ともいへり。

（『玉伝深秘巻』）

人丸と聖武との一体を説くのは、古今集仮名序の「高砂住吉の松も相生のやうにおぼえ」の高砂を万葉集、住吉を古今集の暗喩として、

高砂トハ、上古ノ桓武・平城等ノ万葉ヲ撰ジ玉ヒテ、哥ノ道ヲ盛ンニセシメ玉フ事ヲ云。住ノ江トハ、今世ニ御座ス延喜ノ御門、躬恒・貫之等ヲ召テ、古今ヲ撰ジ、哥道ヲ盛ニシ玉フ事ヲ云也。松トハ、松ノ葉ノ久シキガ如ニ和歌ノ久シキヲ云。相生ノヤウニ覚ユトハ、彼上代ノ御時ト今ノ延喜ノ御門ノ御時ト此道ヲ賞スル事相同ジクオボユルト云義也。（『三流抄』）

万葉集が編まれた世が、古今集が編纂された延喜の聖代と同じく和歌が盛んであったことを讃えるにあたって、次に見るように、万葉集を聖武天皇勅撰とする理解[10]があったことと関わるであろう。

古ヘヨリカク伝ハル中ニモトハ、万葉ノ時ヨリ哥道ヒロマル事ヲ云。ナラノ御時トハ、聖武ノ御時、万葉ヲ撰ジ玉フ事ヲ云。（『三流抄』）

なお、人丸・赤人同一体説（『古今和歌集灌頂口伝』他）を経て、陽明文庫蔵『他流切紙』「古今集七ケ大事」第五山辺赤人事では、聖武天皇は赤人とも同一体であると説かれている。

さらに人丸は、古今集雑部の「みたりの翁」をめぐる「身足翁」伝（「三公伝」とも）の最秘口伝[11]の中では、住吉・業平と同一体として説かれるが、業平へは住吉明神から和歌の秘伝「阿古根伝」と「玉伝」が伝授されている。次に引用するのは、「玉伝」相伝の場面である。

玉伝は住吉明神の御作也。天安元年正月廿八日、在中将にこれを授けたまふ。業平、大神宮に進じ奉ると云々。大神宮より延喜の帝に進じ奉る云々。

今この玉伝、高貴大明神、在中将にさづけたまふ。業平、伊勢大神宮にさづけたてまつる。大神宮より延喜にさづけたまふ。（中略）そも〳〵、この玉伝、業平を御使として天安元年正月廿八日、住吉大明神より伊

勢大神宮に進じたてまつりたまへり。世道のまつりごとは、和歌の善悪によるべし。深義を知りて性をよみて諸仏菩薩ならびに三十一神等に法楽せしめ、歓喜納受をたれたまふ。世豊饒にして民姓たのしみ、治世美々天下直に衆生快楽なるべし。録して玉伝と号して大神宮へ進じたてまつる。おなじく阿古根の浦の義を汝に与ふるとて、業平に賜はる。同じく山田の原の豊受に進じたまへる御歌一首、

いにしへの男女の契りを忘れずは折々ごとにゆきて見ましを

おなじく二月五日に、この書をもちて伊勢太神宮へまいる。御前に七日通夜して御書をば御戸を開き籠めてけり。さて七日に満じける夜深更に及び少しまどろむかとおぼしきに、赤衣の童子枕上に立ちていはく、われは、これ太神の使ひなり。玉伝たしかに侍り。此道を守りて治世あるべしと云々。（『玉伝深秘巻』）

こうして住吉明神から業平に授けられた「阿古根の浦の口伝」と「玉伝」の二巻の内、「阿古根の浦の口伝」は業平より息男滋春へと伝えられ、「玉伝」の方は一旦伊勢大神宮に納められた後に、さらに醍醐天皇へと授けられるのである。『三流抄』は、この住吉明神から醍醐天皇への「玉伝」伝授こそが古今集編纂の直接的契機であると説く。注目されるのは、ここで、和歌の秘伝が天皇へと伝授されることの意味が示されている点である。右『玉伝深秘巻』の傍線部は、古今集仮名序の、

力をも入れずして、天地を動かし、目に見えぬ鬼神をも哀れと思はせ、男女の仲をも和らげ、猛き武人の心をも慰むるは、歌なり。

を敷衍して書かれたものであるが、ここには、和歌が治世の基であり、和歌の「善悪」が治世を決定するという和歌観が明示されている。和歌の神住吉から伊勢へと授けられた和歌の秘伝が、「此道を守りて治世あるべし」という神託と共に、さらに天皇へと授けられる伝授血脈にも、和歌の道を守ることが治世と同義であるという和歌観を看取することができよう。

ところで、次に引用する鎌倉末期写本『古今集註　坤』の説話は、「柿本人丸師資相承中山中納言基俊説」の「人丸実儀ノ事」からの引用として記されるものであるが、

柿本人丸卒シテノチ、平城天皇ノ御時、夢想ノ告ニヨテ、大同二年七月十三日ニ人丸ノ霊ヲ近江国竹生島ニ崇タテマツル。延喜ノ御門ノ御代ニ、夢想ノ告ニヨテ、延喜三年七月十八日ニ、人丸御霊内裏ニウツシタテマツリテ、竹ノ壺ニ崇タテマツル。今ノ御影《コエイ》ノ社トハ是ナリ。

白川院ノ御代ニ、中山中納言基俊卿、竹生島ニ渡給彼社ニマイリ給タリシ時、御宝前ニ念誦シテ御坐ケルニ、御戸ノスコシ開タリケルヨリカヒマミ給ケレバ、御神躰カトオモハレケルトコロニ、人丸エイザウ《影像》ノ御形ニテオガマレタマヘリ。身ノ毛竪覚ケルニ、即巫女《カムナギ》ニ託宣シテノタマハク。神妙ナリ〳〵。哥ノ道ヲヨクタヅヌル事アリガタシ。此哥コソ我本意ノ哥ナレ（トテ）、保能々々ノ哥ヲ巫女基俊ニ授ケリ。此時ニトモシ火ノ哥モイデキタリケルニヤ。其後ヨリシテ殊此哥ヲヨニモテハヤスト申伝タリ。

（天理図書館蔵『古今集註　坤』天理善本叢書『和歌物語古註集』所収）(12)

ここには、醍醐天皇自らが夢想を感得して、竹生島に納められていた人丸の御霊を内裏に移し、祀り崇めたという記述が見える。そして、この醍醐天皇が内裏に崇めた人丸は、『古今和歌集灌頂口伝』上「五種の人麿」第五「権現人丸事」では、

伝教大師住吉に詣て被レ祈申給し時は、大日の化身と云々。或人は文殊と云々。或人は観音云々。如レ此異説多けれども、当家には妙音の化身と云々。然ば、西天菩薩なれども、日本にしては天照太神とあらはれて百王の宝祚を守り、住吉明神と現じて武勇神と現じ異国の難を平げ、人丸と現じては我国のことわざをひろめ給へり。此心にて平城天子、人丸の真影をうつし温明殿に納め奉給しよりこのかた、新帝の御即位には、左には天照太神、右には人丸を奉レ懸。住吉の神主は邑老の祭をし、伊勢の神主七瀬の水にて御頂にそゝぐ

也。七瀬水とは、伊勢、出雲、住吉、松尾、叡山、南都也。人丸の御誓には「寅卯方の水を汲て我影に備て、「ほの〴〵」の哥を、もしは七日、もしは三七日乃至百日勤ば、我徳うつすべし。このこと人丸の御誓也と云々。

（『古今和歌集灌頂口伝』上）

本地妙音菩薩の化身であり、「百王の宝祚を守」る天照大神と、「武勇神」住吉明神と同一体の、「我国のことわざを広め」るための分身として位置付けられている。「我国のことわざを広め」るとは、次の『阿古根浦口伝』に記すように、

我左の神をば、一挙の神と云。是は情なく色をしらずして、歌をそしらむものをうたしめむため也。我右の神をば劔山の神と云。是は、国のまつりごとを乱さず、異国のさはりをのぞかむ為に、八つるぎを影はたる神也。されば、我は国を治め、世を守る故に、歌をば五行を乱さず、出離のはかりとを期し、人倫の情色をすゝめむとて、此道の高祖といはれ、代々の御門にことわざをしめせるなるべし。

（宮内庁書陵部蔵『阿古根浦口伝』日本歌学大系四）

直接には和歌を詠むという行為である。和歌の守護神である住吉明神は、一面、軍神でもあった。この神が和歌を護る事と、「国のまつりごとを乱さず、異国のさはりをのぞ」くために八剣を揮い「国を治め、世を守る」事とは、同根同義のこととして説かれている。先の『古今和歌集灌頂口伝』「権化人丸事」は、人丸の異相を語ることによって、天皇が統治すべき対象の中に和歌が含まれ、且つ、和歌の統治によって天皇の存在が支えられているという理解を示し、和歌を詠む事と、「百王の宝祚を守」るという行為と、「異国の難を平げ」る行為とを三位一体とする認識を明示しているのである。

さらに「権化人丸事」では、神鏡を安置する内侍所のある温明殿に平城天皇が奉納した人丸の真影は、以後、新帝即位の折に天照大神と共に左右に懸けられる、灌頂の儀式の一具となったことが説かれている。古今集仮名

序は、延喜の治世と和歌の隆盛とを言祝ぎ、その継承を願うものであるが、貫之の意図のままに、後世、延喜の治世は聖代と仰がれ、古今集並びにその序は和歌の聖典となる。そして、仮名序や真名序を繰り返し咀嚼して記される和歌集の序文や判詞には、鎌倉期以降、次のように、

やまとうたは、（中略）その流れいまに絶ゆることなくして、色にふけり、心をのぶるなかだちとし、世をおさめ、民をやはらぐる道とせり。（『新古今和歌集』仮名序）

おほよそ大和歌は、古も今も人の心より出て、世のことはりをあらはし、神のおしへにしたがひて、君のまつりごとをたすくるにも、此道いちしるかるべきをや。此故に神代の始より今にたへざるなるべし。（『宝治歌合』為家判詞）

大和歌は、天地開けはじまれるよりこのかた豊芦原の国の風として、菅の根の長き代につたはり瑞垣の久しき跡にとどまれり。凡歌の道、国を治め民を和らぐる媒なれば、世世の賢き帝これを翫び給ふゆゑに、勅撰は筑波山の陰よりもしげくあつむる歌は浜の真砂の数よりも多し。かるがゆゑに上道を好む時は下これを学ぶ。（『菊葉和歌集』序）

和歌の繁栄と治世とを一体のものとする理解が顕著に見られるようになる。(13) 古今集仮名序の注釈は、これを一層押し進め、和歌を「我国の法」（『玉伝深秘巻』）とし、叙上の如き王権に関わる秘説を紡ぎだしていったのである。

人丸像が内裏温明殿に安置され、即位灌頂の一具となるという秘説が、鎌倉後期の伏見天皇即位の時が初見とされる(14)即位灌頂の儀式の実態を反映したものであるか否かについては確認することができないが、前述のように、為顕流の『和歌灌頂伝』（康永六年奥書）にも、秘書の伝授が立太子の灌頂作法によって行われることが記述されており、これらは、即位灌頂を理念的に実修、継承したものと把えられよう。秘説は、実際の即位灌頂の儀式に関わる秘儀として説かれることによって、神秘性と信憑性とを高め、秘説の度を深めていった。

人丸は時間と空間を超えて合身する。聖武天皇に、住吉明神に、赤人に、貫之に、業平に、大日如来に、天照大神に。この他、種々の菩薩や観音、素盞烏尊、吉備真備、聖徳太子、東方朔、白楽天、天神(架蔵『天神秘伝抄』「天神天之字秘伝」)にさえ。叙上のような変化の相を語ることによって、人丸と「ほのぼのと」歌は、和歌と治世の一体化を象徴する機能を果たしていったのである。

朱雀院ノ御宇ニ、藤原ノ大臣中務ト云女付給テ御託宣アリケルハ、身ヲ全シテ世ヲ治ント思ハン者ハ、ホノ〴〵ノ歌ヲ毎朝講ジ奉ベシト教ヘテケリ。

(伊藤正義氏蔵『古今集秘事阿古根浦口伝』)

三　秘説の血脈

中院本『古今秘密抄』の「古今灌頂師資相承次第」は、貫之から延喜天皇、村上天皇、円融天皇、一乗院、後一乗院、後朱雀院、後冷泉院を経て後三条院までの天皇間の相承血脈の後、その母陽明門院を経て経信、俊頼、俊忠、家隆へと続き、以後、安嘉門院法印、円照桑門、俊承法侶、空堅桑門、妙観桑門、神海桑門等の僧名が交じる。川平ひとし氏が紹介、翻刻された東京大学史料編纂所蔵正親町家本『冷泉切紙』『永禄切紙』[15]や初雁文庫本『古今和歌集藤沢相伝』の相伝血脈とは、後三条院までの相伝系図を同じくするが、この内、『永禄切紙』の「古今和哥集相伝血脈次第」は、これを貫之自筆の古今集清書本の相伝系図としている。

同書の記述を要約すると、貫之自筆の古今集清書本二本の内、一本は醍醐天皇に奉られて朱点が施され(以下、「醍醐御本」)、今一本は貫之の猶子淑望に相伝され、紫点が施された(以下、「淑望本」)。醍醐天皇は帝の位を第一御子の朱雀院に譲り、醍醐御本古今集を第四御子の村上天皇に相伝した。朱雀院が降位した後、村上天皇は淑望より淑望本を召し出し、ここに貫之自筆の古今集清書本は二本とも「帝の御たから」となる。村上天皇は、冷泉院に位を譲り、「淑望本」を相伝し、第五御子の円融院に「醍醐御本」を相伝する。「淑望本」はその後、花山院、三条院へと伝えられ、外祖である兼家を経て、関白道長が所持し、「天下の御宝」として宇治の宝蔵に籠められるが、承久の乱で行方知れずとなる。一方の「醍醐御本」が、円融院の後、一条院、後一条院、後朱雀院、後冷泉院を経て、後三条院に伝えられていた時、その母陽明門院は帥大納言経信に写本を作るよう命じた。経信は二本の写本を作り、一本を女院に奉り（以下、「陽明本院御本」）、もう一本を手許に残した。この「経信本」は、俊頼、俊恵、寂蓮を経て、家隆へ伝えられた。「陽明門院御本」は基俊、俊成、定家を経て為家へと相伝され、以後、「まち〳〵の本」が出来したという（『袋草紙』によれば、「陽明門院御本」は公信のもとで焼失）。

ところが、この『永禄切紙』に見える「古今和哥集相伝血脈次第」と同様の系図を載せる『冷泉家切紙』や『古今和歌集藤沢相伝』では、この系図は「古今和歌集三ケ口伝血脈図」であると記されている。そして、この「古今和歌集三ケ口伝」とは『冷泉家切紙』や『藤沢相伝』に見える次のようなものである。

先、御即位四要品之大事。帝道者理世撫民之鳴徴、賞心楽事之亀鑑者也。治国安民之所、全有二仏法一。
因レ茲御授禅者此四要文奉レ授。

方便品智拳印　東方頭領。
十方仏土中　唯有一乗法。此二句、仏徳無上、人王無上、相対意。
安楽行品無所不至印　南方頭領。
観一切法　空如実相。此二句、得二実相一大智可レ持レ国所表。
寿量品塔印　西方頭領。
仏語実不虚　如医善方便。此二句、綸言如レ汗出二度不レ返所表。
普門品引導印　北方頭領。
慈眼視衆生　福聚海無量。此二句、是上従二万乗一下至二万民一可レ垂二慈悲一所表。

又、太神宮秘印有レ之。帝、十指合掌伝授之時十指者開結二経合十巻。左手之十四節者、迹門十四品也。右手十四節者、本門十四品也。秘印之躰、未敷蓮花、我等心中之八分内團是当躰法華経也。重秘之印明、有二口伝一云々。中央頭陵我此土安穏天人常充満。天照大神御正躰者此秘文也。可二信受一云々。（中略）是呪、国王御身護法也。

三字秘密是也。

タ　釈迦　キ大日　ニ　多宝

持国福徳　除災難徳　開栄花徳也。

右はそのほぼ全文であるが、これは、帝王が即位の際に受けるべき要文と印明を示した口訣である。[16]『冷泉家切紙』や『古今和歌集藤沢相伝』『永禄切紙』の系図が、陽明門院から基俊、俊成、定家、為家を経て、為相以後を詳しく記し、この切紙が冷泉家所伝であることを示すものであることからも、これは本来貫之自筆の古今集の伝授血脈として記されたものが、後にこの「三ケ口伝」の相伝血脈に流用されたと考えるのが自然であろう。

ところで、『冷泉家切紙』や『古今和歌集藤沢相伝』『永禄切紙』が記す相伝血脈が、このように「陽明門院御本」の相伝血脈であるのに対して、中院本『古今秘密抄』の「古今灌頂師資相承次第」は、右の『永禄切紙』「古今和哥集相伝血脈次第」にいう「経信本」の相伝血脈に符合する。つまり、貫之より後三条院まで伝わった「醍醐御本」を写した二本の内、書写者である経信から俊頼、俊恵（『古今秘密抄』では「俊忠」）、家隆へと伝わる相伝血脈である。『冷泉家切紙』の相伝血脈（『古今和歌集藤沢相伝』『永禄切紙』も同様）では、「経信本」は家隆を経た後、隆祐（隆佐）で終わっているが、中院本『古今秘密抄』「古今灌頂師資相承次第」は、この章の冒頭に記したように、家隆以後の血脈を記している。中院本『古今秘密抄』「古今灌頂師資相承次第」は、それが「古今集」の「相承次第」ではないことからも、古今「灌頂」という秘説伝授の相伝血脈という理解の上で掲出されていると思われ、この場合直接には、人丸と「ほのぼのと」歌についての秘説「神頭風伝集」と、赤人と「和歌の浦」歌についての秘説「顯王本楽抄」を指すと理解されるが、これら「古今ノ大事ハ秘カ中ノ最頂也。今ノ両哥ニアリ（「顯王本楽抄」）」という秘説の伝授血脈は、貫之自筆の「醍醐御本」古今集という「帝の御宝」の伝授血脈と重ねられることによって、秘説は「帝の御宝」の一部であろうとする。「醍醐御本」と共に伝えられたと仮構される時、秘説は揺るぎなく本来的なものへと化身するのである。

貫之がその血脈の最初に位置することは、『永禄切紙』のようにそれが貫之自筆の古今集の伝来系図として読まれるのであれば、当然のことであるが、中院本『古今秘密抄』の「神頭風伝集」では、古今集の撰者貫之をも人丸の再誕であると説くことによって、その聖性が貫かれている。[17]

> 人丸ノ記語ニ云、我崩ノ後、末ノ代ニ及テ、古今集ト云物可レ被レ撰。其時我レ又出世シテ、可レ撰レ之ヲ云々。貫之是ナルベシ。（真）ニ此古今集ハ、種々ノ奇特アリ。延喜ノ聖主有テ、撰ジ給ヒテ後、我朝ノ守リ宝タルベキ間、万葉集ヲ左トシテ上十五日此ヲ賞シ、古今集ヲ右トシテ下十五日翫ブ也。国王以テ重宝トス。輙ク外土ニ不レ可二流布一ス。穴賢々々。此集ヲカロシメン輩ハ、人丸赤人ノ意ヲ破ノミニアラズ。国王ノ御意ヲカロシムル也。努々カロシメ玉フベカラズ。

こうして冒頭に述べたように、古今集は「我朝の守り宝」となり、「外土」への流布が禁じられ、古今集への冒瀆は「国王」への冒瀆と同義であるとして、その尊崇が説かれていく。

この、貫之（人丸）から醍醐天皇以下、歴代の天皇を経て後三条院へと伝えられ、その母陽明門院の後に世に伝えられる秘説の相伝血脈が、『冷泉家切紙』「古今和歌集三ケ口伝」においては、即位灌頂に関わる口伝の血脈として用いられていることは、極めて興味深い事象といえる。現実には、御所伝授が行われるようになる江戸時代にあっても、古今伝授が直接即位儀礼の一環となることはなかったが、[18]これまで見てきたような和歌の秘事口伝が構築した仮想世界は、即位という最も深く秘せられた儀式の中枢へと、人丸像と「ほのぼのと」歌を組み込んでいく。古今集の秘説は、治国安民と一体となった和歌解釈へと収斂していく過程で、理念上の相伝者として最も相応しい存在として、天皇を想定していったのである。[19]

常光院流と宗祇流の古今伝授では、ついに古今集の三木、すなわち、ヲガタマノ木・サガリ苔（メドニケヅリ花）・ワラビ（カハナ草）は、内侍所・神璽・宝剣という三種の神器に喩えられていくが、[20] それ以前にも、ヲガ玉ノ木の実義を「内侍所」とし、河名草の実義を「帝ノ御守」である「宝剣」とする説は既に説かれており、今一つのサガリ苔についても、「帝ノ宝」を収める「菊箱」と呼ばれる箱のこととした上で、「他家」の儀として、松脂が落下して沙の中で三年経て玉となったものという説が併記されている。

一、物名山河実義本名事、是ハ三種宝也。ヲガ玉ノ木、内侍所ノ御事也。（中略）一、河名草実義本名事、九佐南幾剣也。サレバ帝ノ御守也。宝剣是也。（中略）一、サガリ苔ノ実義本名事、記ノ箱ノ事也。菊箱ト云也。是ハ帝ノ宝ヲ被二出入一箱也。宝トハ神代ノ巻、神代ノ記、即神代ノ絵図等、即国王ノ御守ト成ガ故ニ、御身ハナレヌ也。或儀ニ云、松ヤニノサガリテ、玉ノ様ニ成テ落タルガ沙ニ交テ、三年ヲ経テ玉ト成也。ソレヲサガリ苔ト云事モアリ。常ニハ玉エウト、歌ニヨマル、モ久シキ事也云也。沙ノ中ニ千歳マデユラサレバ、ユラト云。サレバ物ニ久ク忘ム、絶ザル事ダニモ、是ハ他家ノ儀也。

（大東急記念文庫本『古今集灌頂』[21]）

古今集が「我朝ノ守リ宝」（中院本『古今秘密抄』「神頭風伝集」）として、代々の天皇に相伝される仮想の血脈を持った時、既に古今集とその秘説は、王位が継承する宝物《レガリア》と化していたのである。

結びに

京都大学附属図書館中院文庫蔵『古今秘密抄』に収められる六篇の一つ「古今灌頂五輪書　和歌口決」は、おおよそが常光院流の「和歌観心明若寿風口決」(22)と一致するが、常光院流「和歌観心明若寿風口決」にない説話を含んでいる。その一つは、人丸・赤人一体説に関わる次のようなものである。

一、人丸ハ舒明天皇ノ第二ノ御女、天智天皇ノ御妹也。孝徳天皇ノツカヒシメノ思ヒ后也。赤人トハ孝徳天皇ヲ申也。山辺ハ御姓ニハ非ズ。大和国山辺ト云処ニ宮造シテ御座キ。サレドモ古今ニ王ノ御名ヲ奉レ書事有レ恐間、赤人ト申。今此王ノミ非、□王ニハ加様ノ御名アル也。人丸ト孝徳天皇トハ夫婦ニテ御座ス。此人丸ヲバ間人皇女ト（申）。御母皇后天王也。□□トシテ衆生ヲ度セン為ニ人間ニ受レ生以二哥道一為ニレ勧二メ入レンガ仏道一天然ニ達者ト成給□。人丸赤人ハ一体ト申事ハ、夫婦タルニ依也。何故ニカク人丸ト付給ゾヤ。天武天皇之御時、御ツカヱ所ノ別当ニアイトツギ給タリケル程ニ、其科ニ播磨明石ヘ流サレ給ケリ。是態ト彼浦ニ住給ハム為也。有時、夜□□□忍テ都エ入セ給テ、御ニヱ所ノ別当ト□□テ行給ヒケル程ニ、赤人行合テアヤシ□給ケル程ニ、彼別当ノキタルヒキ入ヱボシヲ取テ打キ給テ、上ナル装束取テ打カケ給リ。アレハ誰ト問ケレバ、人□ト答給キ。人トハ誰ト云タレバ、丸ヨト答給キ。丸ト答給事ハ、王ノ御身近クサブラハセ給テ、常ハ王ノ御言ヲ聞ニツケサセ給テ、カク仰ラレケリ。丸トハ王ノ名乗也。此事世間ニキコヘケレバ、其ヨリシテ人丸ト申付ケリ。柿本ハ御姓ニハアラズ。御所ニ柿木一本生タリ。サテ柿本トハ申也。サレバ絵ニ人丸ヲ奉レ書、烏帽子ノ手ノ出タルハ、俄ニ取テキ給ヘル故也。

人丸の本地は盧遮那仏であり、歌道を以て衆生を仏道に導くために、舒明天皇第二皇女、間人皇女の姿を借りてこの世に現れ、孝徳天皇の后となった。古今集の中には、天皇が自らの名を憚って仮の名で記されることがあり、赤人とは実は孝徳天皇のことであり、人丸・赤人一体とは、間人皇女と孝徳天皇が夫婦であることをいう。間人皇女が人丸と名付けられた理由は、間人皇女が御つかえ所の別当と通じて明石へ流された後、秘かに都に上り、別当を訪ねた夜半に、皇女の姿を赤人が咎め、「アレハ誰《タソ》」と問い糺すと、「人ヨ」と返答があり、「人トハ誰」と重ねて問われて、王の名乗りの如く「丸ヨト」答えたためという。人丸と赤人の関係をめぐっては諸説あるが、[23]同話を記す書は管見に入っていない。

しかし、北畠親房の『職原抄』の「麻呂」の注には、右の説話を踏まえたと思われる話が「或記」の引用として書き留められており、

或記云、麻呂ノ大事ト云事有。丸ノ字ハ真ノ丸也。麻呂ノ字ハ仮名麿也。臣下ノ麻呂、総ジテ二字也。[24]和読ニハ一字也。天子ノ丸トハ朕ガト云心也。麿ハ童子之美称也。言ハ廿歳ヨリ内美才アルヲ何麿ト云也。仲麿、清麿、或頼朝ノ五郎麿等、是也。人丸ノ時ハ、上《王也》隔壁問給フ。而ルニ人ト答フ。上、丸カトノ玉フ。故ニ人丸ト名也。　（東山御文庫蔵『職原聞書』）

ここでは、「麻呂」の表記を「臣下ノ麻呂」、一方「丸」の表記を「天子ノ丸」として両者を峻別し、「丸」の表記を「朕」に同じ天子の自称としている。東洋文庫蔵『庭訓之抄』二月返状の「和歌雖仰人丸赤人之古風」に付された次の注では、

此人丸ハ在レ位故望二王位一即、被レ流二明石浦一。持統天皇ノ云、対レ丸者ハ誰ソ問給。人丸答テ曰、人也。依レ其人丸云也。唐ニハ、王、指二我身一曰レ朕ト。日本ニハ指二我身一曰レ丸。

「誰そ」と問われて「人」と答えるという、先の「古今灌頂五輪書　和歌口決」の話を不完全な形で引用し、やはり、「丸」が日本の王の自称であることを述べる。

『古今和歌集灌頂口伝』「五種人麿事」第三や毘沙門堂本『古今集注』等では、人丸が文武天皇（聖武天皇とも）

后と密通して上総国山辺郡に流罪となり、万葉集編纂のために召し返されて山辺赤人と号したと述べて、人丸・赤人同一体が説かれている。先の「古今灌頂五輪書　和歌口決」では、人丸は后自身となって、密通を犯すのであるが、『三流抄』に「名ヲ人丸ト云事、別ニ口伝アリ」という口伝は、いずれにせよ、右の如き后の密通に関わる秘説だったのではないだろうか。「望二王位一」という『庭訓之抄』の記述は、后の密通という、王の権威への最大の蹂躙から連想されたものであろうか。

今一つ、「古今灌頂五輪書　和歌口決」は、業平と人丸との同一体を説いて次のような説話を載せている。

業平死去後、京中ノ哥人集リテ謂ク、人丸死去ノ後、一称南無ノ詞ヲ□ス共、業平遷去ノ後モ行末ヲ不レ知。墓ハ河内国クサカノ郡ニアリ。延喜ノ御時尋行テ掘テ見ニ、皮肉ハクチテ損スト云トモ、頭骨皆ツヾキナレリ。不思議ト思処ニ、虫ノ食タル様ニテ左右ノ肩ニ文字アリ。見ニレ之、左ノ肩ニハ遮那ノ仏弘願、右ノ肩ニハ柿本人丸トアリ。是ヲアヤシミテ狩衣ノ袖ニツヽミテ京ニ上テ時ノ帝延喜御門ニ奏聞シケレバ、御泪ヲ流シマシ〳〵テ、柿木ニテ人丸ノ像ヲ作リ、其中ニ業平ノ頭骨ヲヲサム。内裏ニハ人丸ノ帳ノ内トテ今ニ不二絶セ一。不思議ノ事也。像ニ付テ儀式アリ。有大臣□□□十一面ノ観音ノ体ヲ作リ、供養シ□事、三年ニ成。又、有大臣ハ阿弥陀仏ノ形ヲ作リ奉二供養一事、同ク三年ニ成キ。有時、此両大臣南庭ニテ行合給ケル折節、彼人丸ノ帳ヲ開タレバ、此両大臣拝給ニ、阿弥陀仏ヲ作大臣ニハ阿弥陀ト現ジ、観音ヲ作ル大臣ニハ観音ト現ジ給ケルホドニ、両大臣互ニ語テ感涙ヲ押給テ我願成就シツト宣ケリ。御門ニ此由ヲ被□□レバ、拝給ニ本ノ人丸ニテマシマシキ。不□議也トテ、此大臣ノ後ニ見給フニ、観音阿弥陀ノ二仏ト現ジ給ケリ。為ニレ随ン二衆生一機一体トシテ、種ニ現ジ玉ヒケリ。夫ヨリ後、哥道弥繁盛シテ、万葉集ヨリ暫ク絶テ雖二久ク成ト一、延喜ノ御代ヨリ古今ヲ始トシテ、撰集今ニ絶ル事ナシ。目出カリシ不思議也。此等ノ口伝、縦施トモ二千金一、能々守テ二其機一可レ教。穴賢々々。口外ニ不レ可レ出。哥道灌頂何事カ過レ之乎。若是ヲ等閑ニセバ、哥道廃ハテ、、本尊□罰不レ可レ有レ疑。可秘々々。穴賢々々。一、口伝云、今モ不レ可レ得レ之哥人アラバ、頭骨ヲ取リ、人丸ヲ柿木ニテ作リ、中ニヲサムベシ。其ニモ様々ニ口伝アリ。（中略）口伝云、彼業平ノ頭骨収メラレタル人丸ノ形ヲ只今現ズル処、男ナレバトテ正三位ニフシ給ヘリ。内裏ニハツカサナキ人ヲバヲカレネバ贈官シ給リ。

業平の墓を延喜帝が尋ね掘らせたところ、頭骨の左肩には「遮那ノ仏弘願」、右肩ニハ「柿本人丸」の文字があった。延喜帝は、業平が人丸の再誕であったことを知って感涙に咽び、柿の木で作らせた人丸の木像に業平の頭骨を収め、正三位を贈官し、内裏の「人丸の帳」の内に安置した。この人丸像を拝むに、観音を信仰する大臣には観音と現じ、阿弥陀を信仰する者には阿弥陀仏の姿で現じた、というものである。

　これは、『冷泉家流伊勢物語抄』の末尾に付される以下の如き「中将墓所の事」の類話であるが、

業平の墓を尋て、ほりあげて見ければ、肉なしといへども骨連て、努々生じし時にかはらず。然に契あやしき事有けり。項額の左右に、人丸と云文字あり。取レ是洗流に不レ落。さて其よりして、彼人は人丸の化身にて御座けりと知也。人丸は則ち千手の化身。千手は大日の化身也。業平は大日化身と申す也。清涼殿には、此骨を安置して本尊とする也。(25)

ここでは、業平すなわち人丸は大日如来の化身として内裏に安置され、清涼殿の「本尊」となっている。

　右の二つの話が常光院流（堯恵流）の切紙に混入している現象を、これが切紙に記されない「口伝」であるのか、あるいは、切紙が集成される段階で新たに付されたものであるのか、俄かに判断は難しい。しかし、興味深いのは、この説話が他ならぬ常光院流の切紙に関わっていることである。曼殊院蔵『和歌師資相承相伝血脈譜』(26)によれば、堯恵は御柏原天皇に古今伝授を授けているが、これは、三条西実隆が御奈良天皇へ、あるいは三条西公條が正親町天皇へ相伝した古今伝授の時期を遡るものであり、幽斎から智仁親王を経て、後水尾天皇院から始

まる御所伝授に先駆けて行われた天皇への古今伝授の初例となる。堯恵の師堯孝は、二十一番目の勅撰和歌集『新続古今和歌集』の和歌所開闔でもあった。古今集以来、天皇勅撰の名の下、その世々の繁栄の象徴として連綿と編集された勅撰和歌集は、この『新続古今和歌集』を以て終息する。和歌と治世の繁栄が一体であることを示し続けた勅撰和歌集が終結する頃、常光院流は三木を三種神器と説き、「天下国家の平安を願う天皇と、それを助ける臣下との一体となる相」（三輪正胤氏前掲書）を明確にしていったことになる。

業平の頭骨を納めた人丸の木像は、もはや生み出されることのない勅撰和歌集に代わるものとして、「内裏の人丸の帳」の奥深くに在り続けたのである。

（1）宇治の宝蔵、鳥羽の宝蔵等の実在を超えた機能については、森正人「宇治―伝承的「平等院宝蔵目録」」（矢野貫一編『日本文学発掘』象山社、一九八五年）、竹居明男「鳥羽宝蔵納物覚書」（『国書逸文研究』二二、一九八九年）、「後白河院と文化の諸相　蓮華王院の宝蔵―納物・年代記・絵巻―」（古代学協会編『後白河院』吉川弘文館、一九九三年）他、多くの論考があるが、括弧内に引用した阿部泰郎「宝珠と王権」（『岩波講座　東洋思想』一六巻所収、一九八九年）がことに王権の象徴としての機能について詳述する。

（2）京都大学国語国文資料叢書四十『古今切紙集　宮内庁書陵部蔵』所収（臨川書店、一九八三年）。引用には、私に濁点、返り点等を付す。以下同。なお、『古今著聞集』五は、清輔が伝えていた人丸影を白河院が召し上げ、勝明院の宝蔵（鳥羽の宝蔵）に納めたという説話を載せる。類話は『古今和歌集灌頂口伝』にも見える。

（3）この書の成立は、常光院流切紙や他流切紙等との関係が指摘できることからも、諸流の秘説が集成されていく室町中期以降にまで下るものと一応は考えられる。「神頭風伝集」という書名を、編纂時に『三流抄』の冒頭説話を基に付されたものと考え、本書を一種の「偽書」として把握することもできようが、その別紙口伝・灌頂口伝的性格を考えるに、個々の所説の存立はそれ以前に遡り得る可能性もある。拙稿「京都大学中院文庫蔵『古今秘密抄』翻刻・解題」（『磯馴帖　村雨編』和泉書院、二〇〇二年七月刊行予定）。

（4）片桐洋一『中世古今集注釈書解題二』所収（赤尾照文堂、一九七三年）。

（5）三輪正胤『歌学秘伝の研究』（風間書房、一九九四年）。

（6）陽明文庫蔵『古今伝授口決書』「合身口伝」とほぼ同文が愛知県立大学蔵『冷泉家和歌伝授』、東京大学史料編纂所正親町家本『冷泉家切紙』、国文学研究資料館蔵初雁文庫本『古今和歌集藤沢伝』（以下、両書の引用は川平ひとし「冷泉為和相伝の切紙ならびに古今和歌集藤沢伝について」、『跡見学園女子大学紀要』二四、一九九一年、に拠る）に見える。この他、聖武・人丸同一体を説くものとしては、内閣文庫蔵『灌頂唯授一子之大事』（外題『古今口伝抄』）、東北大学図書館本『古今深秘抄』が知られている（佐伯真一「『平家打聞』と古今集注釈―「玉泉坊」と「人丸本地」―」、『日本古典の眺望』桜楓社、一九九一年）。

（7）『古今和歌集』本文は「ほのぼのと」歌の作者名を欠いているが、左注に「この歌は、ある人の曰く、柿本人麿が歌なり」と記され、序に付された古注もこの歌を人麿の詠としており、「ほのぼのと」歌は、中世には人丸詠歌として理解されていた。但し、『今昔物語』はこれを小野篁の詠とし、賀茂真淵や本居宣長も篁説を尊重する。

（8）この他、「神頭風伝集」に類似する書名を持つものに、三手文庫本『古今和歌集注』付載「古今和歌集深秘口伝目録之事」中の「神通風伝」、陽明文庫蔵『他流切紙』中の「神通風伝集」がある。これは、和歌が実相真如の妙躰であるという誓いに不審を抱いた者に、住吉明神が翁の姿で現れ、やはり人丸と業平の事を語るというもので、『三流抄』冒頭の記述に対応する。『他流切紙』の「神通風伝集」は「和謌秘密知顕集」「四病八病次第之事」と共に一紙に記されている。

（9）人丸影供、和歌灌頂伝、古今灌頂、あるいは「ほのぼのと」歌については、山田昭全「柿本人麿影供の成立と展開―仏教文学との接触に視点を置いて―」（『大正大学研究紀要』五一、一九六六年）、片野達郎「「人丸影供」の変遷と和歌史的意義」（『東北大学教養部紀要』四、一九六六年。『日本文芸と絵画の相関性の研究』笠間書院、一九七五年に収録）、井上宗雄『中世歌壇史の研究　南北朝期〔改訂新版〕』（明治書院、一九八七年）、三輪正胤氏前掲書、佐々木孝浩「人麿影供年譜稿―鎌倉時代篇―」（『三田国文』一二、一九八九年）、「人麿を夢想する者―兼房の夢想説話をめぐって―」（『日本文学』四八、一九九九年）、浅田徹「六条家―承安～元暦頃を中心に―」（和歌文学論集六『平安後期の和歌』風間書房、一九九四年）、石神秀美「古今灌頂解題稿」（『斯道文庫論集』二八、一九九三年）、山下啄巳「中世古今注所載〈五輪御仏和歌同体〉説―人丸歌「ほのぼのと」と〈胎内五位図〉―」（『東京成徳短期大学紀要』三三、二〇〇〇年）等、多くの先学の成果に負うところが多い。

(10)『三流抄』の他の箇所には「発起ヲ云ヘバ聖武ナルベシ。世ニ弘ムルニ付ハ、平城天皇ナルベシ」とも言う。古今集真名序は万葉集を平城天皇撰とする。聖武天皇撰者説は藤原清輔『袋草紙』に既に見える。

(11)「身足翁(三人翁)」に住吉・人丸・業平を宛てる説が最秘口伝であることは伊藤正義「謡曲杜若考」(『文林』二、一九六七年)に詳しい。他に「身足翁」には、文武・人丸・聖武、聖武・人丸・赤人、人丸・黒主・行平、忠仁公・黒主・言直、忠仁公・諸兄・家持、住吉三神のウハツツヲ・中ツツヲ・ソコツツヲ等を宛てる。業平が住吉から秘伝を授かる話は、『玉伝深秘巻』の他、『玉伝集和歌最頂』『三流抄』『新撰帝説集』『古今和歌集藤沢相伝』他多くの書に見えるが、『玉伝集和歌最頂』や『古今和歌集藤沢相伝』では、伝授は「玉伝」「九章」「阿古根伝」の三巻の書であり、『玉伝集和歌最頂』では「玉伝」は伊勢太神宮の「玉のみくら」に納められた後、延喜三年に中納言兼輔を勅使として醍醐天皇に授けられたとする。『三流抄』は『玉伝深秘巻』に同じく「阿古根浦」と「玉伝」の二巻とし、勅使を藤原兼隆とする。『新撰帝説集』も「玉伝集」「阿古根浦」の二書とするが、勅使の名は記されず、「帝説集」と名付けられて「帝王の御宝」となった由を説く。なお、同話は伊勢二字を巡る説へと繋がっていくが、これについては伊藤聡「伊勢二字を巡って—古今注・伊勢注と密教説・神道説の交渉—」(菅原信海編『神仏習合思想の展開』汲古書院、一九九六年)に詳しい。

(12)同話は『玉伝深秘巻』にも見えるが、延喜帝の話と白河院の話の順序が入れ替わり、延喜帝が夢告によって移した「御霊」は「御影」と記されている。『古今和歌集灌頂口伝』五種の人麿の第四「夢中の人麿事」では、白河院の頃、粟田隠岐守兼房が夢に人丸を感得し、絵師に書かせた御影を秘蔵して拝んだところ歌の道が上がり、これを白河院へ捧げたところ、院は秘蔵して鳥羽の宝蔵に納めたと記す。

(13)和歌ではないが、後白河法皇撰『梁塵秘抄口伝集』巻第一冒頭には、「古より今にいたるまで習ひ伝へたる歌あり。これを神楽・催馬楽・風俗といふ。(中略)みなこれ天地を動かし、荒ぶる神を和め、国を治め、民を恵むよたたてとす」とあり、『礼記』に基づく和歌を治政の一具とする理解は院政期に溯る。

(14)上川通夫「中世の即位儀礼と仏教」(岩井忠熊・岡田精司編『天皇代替り儀式の歴史的展開』柏書房、一九八九年)によれば、新帝の即位に灌頂の儀式が行われた初見は鎌倉後期の伏見天皇即位の時であり、後小松天皇以後恒例化し、幕末に至るという。氏は、即位灌頂の実修形態が大日如来の擬態であり、天皇が大日如来に変身する儀式であることを指摘する。『古今和歌集灌頂口伝』「五種の人麿」の第五「権現人丸事」で人丸を大日とする説を挙げるのも、こうした理解に通底するものであろう。

(15) 同書の引用は川平ひとし「資料紹介　正親町家本『永禄切紙』―藤沢における古今伝授関係資料について―」(『跡見学園女子大学紀要』二五、一九九二年)の翻刻に拠る。

(16) 三輪正胤氏前掲書は、天理図書館蔵『古今集藤沢伝』の「古今和歌集三ケ口伝」について、「内容としては神道的であるけれども、その儀式次第にはむしろ仏教色が濃厚である神道灌頂の特質を最もよく現した例」と言及する。

(17) 貫之が人丸の再誕であることは、「はじめに」に引用したように陽明文庫蔵『他流切紙』にもみえる。

(18) 赤瀬信吾「古今伝授の三木伝」(『国文学　解釈と鑑賞』一九九一年三月号)。

(19) 三輪正胤氏前掲書はその直接の影響として吉田神道を指摘する。宣賢の息で後奈良天皇の神道規範を勤めた吉田兼右は、永禄一〇年(一五六七)の『日本書紀』講釈で、『八雲神詠伝』を「是ハ天子一人ノ御相伝也」と述べている。但し、毘沙門堂本『古今集注』の「相伝系図」が「太上天皇――如願(秀能)――行念――上観――慶盛」と、後鳥羽上皇(片桐洋一『毘沙門堂本古今集注』解題　八木書店、一九九八年)の名を掲げるように、和歌秘説の相伝を王権に結び付ける萌芽は既に鎌倉期には認められよう。

(20) 各流の三木には出入りがある。詳細は新井栄蔵「『古秘抄　別本』の諸本とその三木三鳥の伝とについて―古今伝授史私稿―」(『和歌文学研究』一九七七年三月号)、「古今伝授の再検討」(『文学』一九七七年九月号)に詳しい。氏は後者の論文によって、宗祇流の教説が吉田神道の影響を受けているのに対して、堯恵流(常光院流)の教説は天台教学・山王神道の流れを汲むことを指摘する。なお、赤瀬信吾氏前掲稿は、宗祇流では内侍所・神璽・宝剣が正直・慈悲・刑罰の心を表すとする理解について、これが各々天皇・公家・武家に対応するものとみて、古代王権崩壊後の王権の認識の枠組みを表出したものとする見解を示されている。なお、東大本『和漢朗詠集和談鈔』(応永一二年成立)には、「ほのぼのと」歌の四句「島陰行」を「以㆓宝剣㆒、摧㆓破スル四魔軍陣㆒ヲ義也」とする解釈が見られる。

(21) 引用は古典文庫『中世神仏説話　続』に拠る。本書は石神秀美氏前掲稿によれば、「古今灌頂」第三類第一系。

(22) 曼殊院蔵『堯恵授経厚受古今切紙』所収。首題「和歌口決」。

(23) 伊藤正義氏前掲稿参照。

(24) 内閣文庫本『職原抄聞書』は「捻ジテ」。

(25) 片桐洋一『伊勢物語の研究〔資料編〕』(明治書院、一九六九年)。

(26) 無表具、四紙。室町後期筆。後柏原院に「自明応三年甲寅四月十九日　翌年乙卯至九月廿九日　嫡流二条家古今集演説　切紙目録等拂玄渕奉相伝矣」と注記があり、これによると、勝仁親王時代の伝授である。『京都曼殊院蔵古今伝授関係資料』(文化庁文化財保護部美術工芸課編、一九七五年)に翻刻収載。

第四部　神道と天皇観

中世神道の天皇観

高橋美由紀

はじめに

中世という時代は、いうまでもなく、古代的公家政権が衰退するとともに、武家が全国的な支配権を手中に収めていく時代であった。その過程において古代的権威の中核にあった天皇の存在もまた大きな試練にさらされることになった。足利義満による王権簒奪の動きは、その最たるものと言えよう。[1]しかし、かかる存亡の危機を乗り越えて天皇の存在は生き続け今日に至っている。本稿は、中世の神道思想を手がかりとして、その秘密の一端に迫ろうとするものである。

ここで分析の対象にしようとする神道思想は、主として伊勢神道と吉田（卜部）神道である。前者は鎌倉から南北朝時代にかけて伊勢、とりわけ外宮祠官を中心に唱道されたものであり、後者は室町時代に朝廷の神祇祭祀を担っていた卜部氏により唱道されたものである。彼ら祠官等は、中世に生起してくる固有信仰としての神祇祭祀の教説化の動きの中核をなしている。その教説は神話や縁起を軸に、それと外来の諸思想を結び合わせることで、儒仏の教えに対峙するものとしての神道を構築せんとする試みであった。しかるに、『日本書紀』や『先代旧事本紀』、『古事記』などに綴られている神話は、大和国家の支配者としての天皇の正当性を語るものである。そして、神宮祠官にせよト部氏にせよ、いずれも古代以来の国家祭祀の担い手であった。その意味で、彼らによって教説化された神道思想の根幹に天皇の存在が関わっているだろうことは容易に見て取ることができよう。

しかし、同時に指摘しておかなければならないのは、これらの神祇祭祀の教説化の動きは、古代的な国家祭祀の衰退に即応するものであったことである。換言すれば、古代的なものの解体にいかに対応するかという時代の課題への対応であったということである。古代的なものは変容を余儀なくされる。それは、古代の神話に権威の正当性を置く天皇においてもそうであり、その古代神話を教説の基盤とする中世神道においてもそうである。逆に言えば、中世の神道思想が神話を基盤とするが故に、そこに描かれる天皇像を明らかにすることは、中世における天皇像の変容の解明に資するものと考えられるのである。

ところで、伊勢神道の名称や概念をめぐっては、近年、真言系仏家神道や天台系仏家神道と伊勢の神官の密接な交流が明らかにされつつあるところから、従来のような伊勢神道・両部神道・山王神道などの概念を再考すべきであるとの見解が出されている。(2) とはいえ、彼等伊勢の神官が、仏教や儒教に深い関心を抱いていたことは言うまでもないことであり、またその思想が仏家神道から大きな影響を受けていることもまた、早くから指摘されているところである。度会常昌や度会家行の著書にもその影響は明らかに見て取れる。彼等は神や神事をめぐって展開される仏教的・儒教的解釈を決して排除していたわけではない。むしろ、神や儀礼の意味をこれらの思想を媒介として捉え直していこうとしていたといえよう。しかし、彼等の足場はあくまでも神官たるところにあったのであり、具体的には神代巻や『旧事記』『古語拾遺』などの古典と、神事奉仕の儀礼的伝統が彼らの教説の基礎に据えられていたことは明白である。従って、仏家神道の思想を豊かに取り込んだ家行の『類聚神祇本源』

にしても、禁戒篇の中に「仏法を忌むこと」「僧尼を忌むこと」の二項を上げて関連する文章を引用しているのである。(3)

なお、このことと関連して伊勢神道書について付言しておきたい。『神皇実録』『神皇系図』は『類聚神祇本源』では「官家」の部のなかに引用されており、「社家」の部には入れられていない。確かに、行忠の『古老口実伝』では「神宮秘記数百巻内最極書」のなかに神皇実録が入れられているが、そこには『大宗秘府』『大和葛城宝山記』などの仏家神道書も入っている。これらのことから、家行が官家に分類したことには何らか根拠があったものと思われる。内容的にも縁起的性格が中心の伊勢神道書とは性格を異にしている。これと関連して、慈遍の著作においては、『神皇実録』と『神皇系図』に依拠するところが非常に大きいことも注意される。おそらく神宮祭主家や卜部家など朝廷の神祇官関係に独自の神道説が形成されており、伊勢神道や仏家神道を含む三者が相互に影響しあいながら、鎌倉から南北朝にかけての神道説は展開したのではないかと思われる。(4)しかし、本稿ではとりあえず従来の伊勢神道の枠組みに従い、これらの書物をもその中に含めて論じていくことにする。

一　伊勢神道の天皇観

1　皇御孫としての天皇と「事依さし」

先に述べたように、記紀神話の世界を教説の基礎に据えている伊勢神道においては、天皇像も同様に神話的世界の像を柱として語られる。天皇は天つ神の子孫であり、そこに王権の最大の根拠が求められることはいうまでもない。では、何故に皇御孫たることがこの国の王たることにつながるのか。伊勢神道はその理由を皇祖神の「事依さし」にありと説く。(5)

①当二神宝日出之時一天照大日孁貴与二止由気皇大神一予結二幽契一。永治二天下一以降、高天之原爾神留坐天、皇

親神漏岐・神漏美命以、八百万神等乎天之高市爾神集々給比、大葦原千五百秋瑞穂国波、吾子孫可レ主之地奈利。安国度平久我皇御孫之尊知食度事依奉比、以二八坂瓊之曲玉・八咫鏡、及草薙剣三種之神財一天、授二賜皇孫一、永為二天璽一。視二此宝鏡一、当レ猶レ視レ吾宣岐。（『御鎮座次第記』傍線筆者、以下同じ）

②天地開闢之初、神宝日出之時、御饌都神与二大日孁貴一予結二幽契一、永治二天下一。言寿宣、肆或為レ月為レ日、永懸而不レ落。或為レ神為レ皇、常以無レ窮。光華明彩、照二徹於六合之内一以降、高天之原爾神留座之皇親神漏岐・神漏美命以天、八百万神等乎、天之高市爾神集々給比、神議々給弖、大葦原千五百秋瑞穂国波、吾子孫可レ主之地奈利。安国止平久、我皇御孫之尊天降所知食登、事依奉岐。（『倭姫命世記』）

これらの文章は、『日本書紀』や『古語拾遺』にみえる、いわゆる天壌無窮の神勅と『延喜祝詞式』に収める「六月晦大祓」の祝詞をもとに構成されている。すなわち、『日本書紀』神代下第九段第一の一書の、

故天照大神、乃賜二天津彦彦火瓊瓊杵尊、八坂瓊曲玉及八咫鏡・草薙剣、三種宝物一。又以二中臣上祖天児屋命・忌部上祖太玉命・猨女上祖天鈿女命・鏡作上祖石凝姥命・玉作上祖玉屋命、凡五部神一、使二配侍一焉。因勅二皇孫一曰、葦原千五百秋之瑞穂国、是吾子孫可レ王之地也。宜爾皇孫、就而治焉。行矣。宝祚之隆、当与二天壌一無レ窮者矣。[6]

と、「六月晦大祓」の祝詞の、

高天原爾神留坐、皇親神漏岐・神漏美乃命以弖、八百万神等乎、神集集賜比、神議議賜弖、我皇御孫之命波、豊葦原乃水穂之国乎、安国止平久所レ知食止、事依奉岐。[7]

とを下敷きとして述作されている。その面のみを取り上げれば、伊勢神道の説くところと『日本書紀』や『延喜祝詞式』との間に観念の相違がないように見えるが、注目すべきは、伊勢神道書では「当二神宝日出之時一、天照大日孁貴与二止由気皇大神一、予結二幽契一。永治二天下一以降」「天地開闢之初、神宝日出之時、御饌都神与二大日孁

貴一、予結二幽契一、永治二天下一」などと地上世界の主宰者はあくまでも神であるとする点が強調されていることである。天皇は確かに皇祖神の子孫としてこの国土の統治を委任されてはいる。しかし、本質的にこの国土は神の支配下にあるのであり、この神の支配の強調に伊勢神道の力点が置かれているといってよい。『御鎮座次第記』が繰り返し、

古語曰、大海之中有二一物一、浮形如二葦牙一。其中神人化生、号二天御中主神一。亦名二国常立尊一。亦曰二大元神一。故号二豊葦原中国一。亦因以曰二天照止由気皇太神一也。与二大日孁貴天照太神一豫結二幽契一、永治二天上天下一給也。

と述べて、神による「天上天下」の統治を説いていることが、それを端的に物語っている。

この点に関連して思い起こされるのは、黒田俊雄氏が源頼朝の天下草創意識と神国思想との関連を論じるなかで、建久二年（一一九一）五月一五日源頼朝下知状に、「凡吾朝六十余州は、雖レ為二立針之地一伊勢太神宮の御領ならぬ所あるへからす」とある点に注目していることである(8)。伊勢神道の説く神の支配する国土の観念の背景に、かかる宗教的国土観の広がりが存在したことを示すものとして注目される。また、早くから中世の宗教的コスモロジーと支配イデオロギーとの関連の解明に取り組んできた佐藤弘夫氏は、鎌倉後期から天照太神日本国主観が広く認められるようになることを指摘した上で、それが本地垂迹のコスモロジーの産物であり、仏教的世界観・宇宙論の受容と不可分の関係にあるとの鋭い指摘を行っている(9)。その意味において伊勢神道のかかる言説は、コスモロジーの中世的変容という時代思潮の一端を示すものと見ることもできよう。

この国土が神の支配する世界であるとの観念は、いうまでもなくこの国土を神聖視することに他ならない。『神祇譜伝図記』が、その神統譜の記述において伊奘諾尊・伊奘冉尊二神の所生の神々のなかに大八洲国を併記しているのは、かかる国土の神聖観念が伊勢神道の成立において重要な意味を持っていたことを示すものである。

伊勢神道においては、この国土の主宰者として神の存在が前面に押し出されている。その結果、天皇は神の背

後へと後退を余儀なくされることになる。天皇の存在が「事依さし」という神のはからいの下に成立したことが強調されることになるのはそのためである。このように考えるならば、伊勢神道がいわゆる天壌無窮の神勅の存在を力説するのも、天皇の存在に対する神の主宰性を示さんがためであったとみなすことができる。たとえば、『御鎮座伝記』は、

以昔、天照太神・天御中主神、以二天之御量言一弖、賜二天津彦火瓊々杵尊。〈割注略〉八坂瓊曲玉・八咫鏡・草薙剣三種宝物一。亦以二大小神祇三十二神一使二配侍一焉。因勅二皇孫一曰、葦原千五百秋之弥図穂国、是吾子孫可レ王之地也。宜二爾皇孫就而治一焉。行矣。宝祚之隆、当下与二天壌一無上レ窮者也。

と説き、『御鎮座本紀』もまた、

天地初発之時、大海之中有二一物一。浮形如二葦牙一。其中神人化生、名号二天御中主神一。故号二豊葦原中国一。亦因以曰二豊受皇太神一也。与二天照大日孁尊一挙此、以二八坂瓊之曲玉・八咫鏡、及草薙剣三種之神財一、而授二賜皇孫一、為二天璽一。視二此宝鏡一、当レ猶レ視レ吾。可三与同レ床共レ殿以為二斎鏡一。宝祚之隆、当下与二天壌一無上レ窮、宣焉。

と神勅の存在を強調するのである。

2 儒教的天子としての天皇

伊勢神道の天皇観のもう一つの注目すべき点として、天皇を儒教的な天子の観念と重ね合わせて説く点があげられる。具体的には、為政者としての天皇の「徳」を強調する点、および神宮祭祀の儒教的祖先祭祀観による解釈などがそれである。

たとえば、『御鎮座次第記』では「皇御孫命」という言葉について、「凡徳合二天地一為レ皇。智合二神霊一為レ命」と解釈しており、『神皇実録』の神武天皇に関する記述のなかにも、「凡徳合二天地一、智合二神霊一称二皇帝一」

とほぼ同様の表現が認められる。皇孫たる天皇の要件として「徳」と「智」とを重視していることが、この解釈から窺われよう。

次に後者の儒教的祖先祭祀観の受容についてみると、たとえば『御鎮座伝記』では神宮を次のように意味づけしている。

故両宮者、天神地祇大宗、君臣上下元祖也。惟天下大廟也。国家社稷也。故尊レ祖敬レ宗、礼教為レ先。故天子親耕、以供二神明一。王后親蚕、以供二祭服一。而化レ陰化レ陽、有二四時祭一。徳合二神明一、乃与二天地一通也。徳与二天地一通、則君道明、而万民豊也。

この言葉は、『五部書説弁』によれば『礼記』祭統篇の「天子は親から南郊に耕して以て斎盛を共し、王后は北郊に蚕して以て純服を共す」による。[10]『礼記』のこの部分は儒教的な宗廟社稷の祭祀について記述したものであり、儒教的な天子の祭祀観が伊勢神道の祭祀観に取り込まれていることを示している。伊勢神道では、神宮を儒教的宗廟の観念と重ね合わせて理解しようとする傾向が顕著である。[11]このことは伊勢神道が天皇の存在を儒教的皇帝観念によって捉えようとしていることと連関するものである。

先に見たように、伊勢神道においては神が国土の支配者として前面に立ち現れ、天皇はその統治を委任された者として従属的な位置に置かれる。したがって、神の委任に値する天皇のあり方が重要視されることになった。そのことがここで述べたような儒教的天子観の強調、とりわけ「徳」の重視という形で現れていると考えられる。このことは見方を変えるならば、天皇が持つと見なされる固有の聖性の観念が後退していることを示すものと言えよう。

二　古代の天皇観

伊勢神道の天皇観の特質を明らかにするには、古代の天皇観がいかなるものであったかを見ておく必要がある。

1　神孫

記紀神話における天皇の権威の源泉は天照大神の子孫としての「皇孫」たるところにあった。天皇は天孫ニニギノミコトの子孫たる皇孫であり、それ故に神話の説く天照大神のニニギノミコトへのこの国土の統治の委任（ことよさし）を具現する役割を担うべきものとされた。文武天皇元年（六九七）八月の即位宣命の、

> 現御神止大八嶋国所知天皇大命良麻止詔大命乎。集侍皇子等王等百官人等。天下公民諸聞食止詔。高天原尓事始而遠　天皇祖御世御世中今至麻弖尓。天皇御子之阿礼坐牟弥継継尓大八嶋国将知次止。天都神乃御子随母天坐神之依之奉之随。聞看来此天津日嗣高御座之業止。現御神止大八嶋国所知倭根子　天皇命授賜比負賜布貴支高支広支厚支大命乎受賜利恐坐弖。此乃食国天下乎調賜比平賜比。天下乃公民乎恵賜比撫賜牟止奈母随レ神所思行佐久止　詔　天皇大命乎諸聞食止詔。[12]

というよく知られた一節はかかる天皇観を典型的に表すものである。

ところで、『令義解』儀制令の古記によると、天皇は皇御孫命（すめみまのみこと）とか「すめらみこと」と称されていた。[13]小林敏男氏によれば、スメ（スメラ）は漢字の「皇」に対応する言葉であり、神聖性や尊貴性の意味が籠められている。また、ミコトの語は、「高天原の天神（天照大御神）の御子（命）が司令神の天神の統治委任の大命をうけてこの地上に降臨してきたもの」を指す言葉である。したがって、「スメラミコトとはそうした『天神御子』の血脈をうけてこの地上に降りたった『現人神』」を意味するという。[14]天つ神の委任を受けてこの国土の統治に当たる神聖なる王、それが皇御孫命、スメラミコトたる天皇の本質であり、古代的天皇観の核をなす

観念であったと思われる

2 現つ御神

先に引いた文武天皇即位宣命には、その冒頭に「現御神止大八嶋国所知天皇」との発語があり、天皇を神そのものと見る観念が示されている。また、公式令によれば蕃国使に対する詔書では「明神御宇日本天皇」ないし「明神御宇天皇」と、朝廷の大事に関する詔書では「明神御二大八洲一天皇」と記すことになっていた。[15] また、柿本人麻呂の一連の天皇や皇子を歌った作品に定型的に現れる、「おほきみは神にしませば」との表現もかかる現神としての天皇観を示すものとして、古くから注目されているところである。

この明神観念について石井良助氏は、天皇を「明神」とする思想は、大化の改新以後のことでそれまでは一般的でない。大化の改新による天皇の全国直接統治体制の成立に伴い、天皇に威厳をそえて、天皇の下に国家の統一を強化するために加えられたものと考えられるとするが、[16] 現在ではかかる天皇明神思想は、天武による新王朝の樹立とそれに伴う天皇の権威の高まりが、神聖なる王という観念をさらに踏みだし、現つ御神、すなわち神としての天皇という観念を生み出すことになったものと考えられている。[17] 以後、この観念は宣命や詔書を通して古代的天皇観の重要な一側面を形成することになった。

3 儒教的皇帝

日本の古代国家は、中国の律令制をモデルとして国家体制を確立しようとした。そのため、古代の天皇には中国的な皇帝としての天皇、すなわち天命を受けて王となり徳による政治を行う儒教的王者としての天皇という観念が色濃く認められる。例えば、霊亀元年九月二日の元明天皇による氷高内親王（元正天皇）への譲位の詔の次のような一節などは、その一例といえよう。

朕君二臨天下一。撫二育黎元一。蒙二上天之保休一。頼二祖宗之遺慶一。海内晏静。区夏安寧。然而兢々之志。夙夜不レ怠。翼々之情。日慎㆓一日㆒。憂㆓労庶政㆒。九㆓載于茲㆒。今精華漸衰。耄期斯倦。深求㆓閑逸㆒高踏㆓風雲㆒。（中略）一品氷高内親王。早叶㆓祥符㆒。夙彰㆓徳音㆒。[18]

西嶋定生氏によれば、古代の日本は隋・唐の冊封体制に組み込まれることを拒否し、中国を中心とする世界秩序の外側に日本中心の独自の小冊封体制を形成しようとした。それが古代日本の律令的天皇制国家であるという。[19]つまり、日本は独自の小帝国を作り上げようとしたということである。そのことが、かかる儒教的王者としての天皇像の強調と密接に関わっていると見てよい。同時に注意しておかなければならないのは、儒教的王者観が説かれつつも、日本では不徳による放伐思想が語られることは無かったことである。そのことは、このような儒教的王者観は神孫為君思想に基づく皇御孫としての天皇を装飾する外皮であったことを物語るものと言えよう。

4 祭祀王

欽明紀十三年の条に、「我国家之、王㆓天下㆒者、恒以㆓天地社稷百八十神㆒、春夏秋冬、祭拝為㆑事」[20]とあるように、天皇は全国の神々の祭祀権を有する祭祀王でもある。この祭祀王としての天皇の役割は、律令制下の即位儀礼を通して代替わり毎に確認されることになる。水林彪氏によれば、令制における天皇即位儀礼は王臣関係形成儀式としての践祚・即位儀と大嘗祭、共同体形成儀式としての惣天神地祇祭から成り、後者の惣天神地祇祭こそが、特別に重要な祭祀と規定されていた。そのことは、神祇令に、「凡天皇即位。惣祭㆓天神地祇㆒。散斎一月、致斎三日」とあり、この一月の斎を伴う祭祀は大祀とされ、神祇令祭祀においても別格の高い祭祀とされていることからも明らかである。[21]中村英重氏によれば、この大祀たる惣天神地祇祭は公式令において天皇の裁可が必要とされる大祭祀に当たるのであり、それ故に「天神地祇の『惣祭』は天皇の大権に属する専任事項」であった。このことは、天皇のみが天神地祇を「惣祭」する固有の権利を持つことを示している。[22]

三　天皇観の変容と伊勢神道

以上、古代の天皇観には神孫・現神・儒教的皇帝・祭祀王という四つの側面があることを見てきた。このような古代的天皇像と先に見た伊勢神道に描かれる天皇像とを比較してみると、古代的天皇観の第二の側面、つまり神としての天皇という側面が後退し、それと対応する形で神の「事依さし」による統治者としての天皇像が中心となり、儒教的王者観が前面に出てくるということができる。

もちろん、古代においても日神を天下の主宰者とする思想がなかったわけではない。たとえば、『日本書紀』神代上第五段本書には、

既而伊弉諾尊・伊弉冉尊、共議曰、吾已生二大八洲国及山川草木一、何不レ生二天下之主者一歟。於是、共生二日神一。号二大日孁貴一。[23]

とある。ただ、ここでの「天下の主者」は天下を支配する存在というよりは、天下の中心という程度の意味あいであろう。古代においては、基本的には宣命の言葉に典型的に語られるように、この国土は神孫たる天皇の支配する世界なのであった。

ところが伊勢神道になると、「一書曰、日本国者、是大日孁貴始治国。故名号大日本矣」（『神祇譜伝図記』）とか、「日本云、謂大日孁貴治国也。故号二大日本国一也」（『神名秘書』）と言われ、神、とりわけ天照大神の支配が強調されている。そして、それと即応して天皇の徳がクローズアップされることになるのである。『神名秘書』の序の度会行忠の次のような言葉は、かかる伊勢神道の神と天皇の関係を最もよく表している。

夫日本者神胤也。日神増二光於億億之季葉一。天下者皇運也。天皇還二徳於万万之淳朴一。君被レ崇レ神之故通二三之位一無レ窮。神令レ護レ君之際、明一之化乃穏。神者君之内証、垂二慈悲一而同レ塵。君者神之外用、昭二倹

約㆓而治㆑国。神威莫㆑不㆓従助㆒。君徳莫㆑不㆓祗属㆒。

天皇は「神の外用」、すなわち神のはたらきをこの世に実現すべき存在であり、そのためには神を崇めるとともに、徳による政治をおこなうべきであるというのである。ここにはもはや、古代的な現つ御神としての侵すべからざる神聖な存在としての天皇観は認められない。

古代の天皇観と比較した場合に認められるこのような伊勢神道の天皇観の特質は、実は平安時代を通して進行した天皇観の変容を受けたものであった。早川庄八氏によれば、奈良時代の即位宣命と平安時代の即位宣命を比較してみると、桓武天皇の即位宣命以降では奈良時代に強調された「記紀の天孫降臨神話に基づく皇統一種の思想」すなわち「皇孫思想」による皇位の正統性と権威づけがみられなくなり、それに代わって天智天皇の定めた法に基づく前天皇からの譲位であることが強調されるとともに、臣下の補佐による政治の重要性が説かれるという。[24]

摂関期以降、皇孫としての天皇の血統意識は継承されるものの、奈良時代においてそれと不可分であった神聖性はますます希薄化していく。摂関政治によって治世の中心から排除され、神聖性を奪われた天皇は、単なる司祭者としての象徴的存在へと姿を変えていくのである。[25] 院政の開始はこの傾向に拍車をかけることになった。五味文彦氏は、院政の開始とともに古代の天皇が担っていた二つの機能、すなわち統治者としての側面と司祭者（朝廷の諸儀式や年中行事の執行）としての側面のうち、前者を院（治天の君）が分掌することによって、天皇は司祭者の役割のみを担うこととなった。それに伴い、天皇の性格も現つ御神から人への転化が起こるのであり、ここに中世的な天皇が誕生することになると見ている。[26] 伊勢神道の天皇像は、まさしくこのような中世的天皇像に対応するものと言えよう。

これまで見てきたように、天皇の本源的神聖性が希薄化するとき、支配者としての権威の正統性は皇孫たる王家の血脈の継承者であると同時に、儒教的な天子にふさわしい有徳者であることに求められることになる。その動きのなかで皇位のシンボルとしての三種神器に、徳のシンボルとしての意味づけがなされるようになる。

ところで、三種神器と徳との結合ということでは、北畠親房の『神皇正統記』の説く次のような神勅が、その先駆的なものとしてよく知られている。すなわち、天孫降臨に関する記述のなかで、親房はこう述べている。

> 先アラカジメ、皇孫ニ勅テ曰、「葦原千五百秋之瑞穂国是吾子孫可レ王之地也。宜二爾皇孫就而治一焉。行給矣。宝祚之隆当下与二天壌一無中窮上者矣。」又太神御手ニ宝鏡ヲモチ給、皇孫ニサヅケ祝テ、「吾児視二此宝鏡一当レ猶レ視レ吾。可下与同レ床共レ殿以為中斎鏡上。」トノ給。八坂瓊ノ曲玉・天ノ藂雲ノ剣ヲクワヘテ三種トス。又「此鏡ノ如ク分明ナルヲモテ、天下ニ照臨給へ。八坂瓊ノヒロガレルガ如ク曲妙ヲモテ天下ヲシロシメセ。神剣ヲヒキサゲテハ不レ順ルモノヲタイラゲ給。」ト勅マシマシケルトゾ。此国ノ神霊トシテ、皇統一種タダシクマシマス事、マコトニコレラノ勅ニミエタリ。[27]

元来、傍線部の神勅は天照大神の言葉ではなく、仲哀紀において筑後の豪族五十迹手《いとて》が天皇に奏した言葉であった。したがって、この神勅は、桜井好朗氏の言うように、中世神道家の創作と見ることができる。[28] しかるに、このいわゆる神勅は、すでに指摘されているように、『神皇実録』・『神皇系図』・『天口事書』など伊勢神道書において初めて神勅という形で説き出され、それが親房の思想に継承されたものである。[29] このような作為は、天皇の徳もまたその由来するところは神意にあるとするものであり、天皇が本源的に持つものというよりも、神によって示された外なる規範に基づくという観念を反映するものである。皇徳のシンボルとしての三種神器観は、天皇の聖性の喪失という天皇観の変質と表裏一体の関係にあるといえよう。

同時に指摘しておかなければならないことは、伊勢神道書における天皇の神性の希薄化は、神の超越的性格の強調（万物の本源としての神の強調）と連関しているということである。例えば、『御鎮座本紀』では、

蓋聞、天地未レ剖、陰陽不レ分以前、是名二混沌一。万物霊是封名二虚空神一。亦曰二大元神一。亦国常立神。亦名二倶生神一。希夷視聴之外、氤氳気象之中、虚而有レ霊、一而無レ体。

と説いて「大元」の神として国常立尊を位置づけ、その根源性と超越性を強調している。『神皇実録』においても「無名無状」の「大元」の神として国常立尊を措定し、万物の本源であり、かつ万物の本体として万物に内在する神と説かれている。このような神観念は、一方において神と人間存在としての天皇との乖離をもたらすとともに、その一方で、神を万物の根源として万物を万物たらしめ、万物に内在する霊性ととらえることによって、天下万民を神胤とする人間観を生み出すことになった。かくて古代的な天皇観が保持していた固有の神性は相対的に弱められることになる。このような神性の希薄化が、他方の徳の強調の要請として現れたものと考えられるのである。

四　吉田神道における神道と天皇

慈遍や親房の思想が、神胤たる皇位の万世一系と皇位を支えている儒教的な徳目に天皇の存在意義を求めることになるのは、彼らの思想に対する伊勢神道の思想的影響と見ることができる。いうまでもなく、両者はともに伊勢神道を自らの思想形成の重要な基盤としていたのである。しかし、それと同時に、彼らの思想において、神国思想が強調され、天皇による統治と固有の道たる神道の存在が力説されることに注意をはらう必要がある。彼らの思想において、道としての神道というものが明確に意識化されるに至ったからである。このような万世一系の天皇と神国思想を内実とする神道観の形成は、おそらく、両者が三国観、つまり世界の中で日本の存在を考えようとする発想形式を取っていることと連関しているであろう。玉懸博之氏は、慈遍の日本神国観を分析する場合、「慈遍に地上世界全体を視野に入れる独自の視点の存することに着目」すべきことを指摘している。(30)日本を三国観という世界全体の枠組みでとらえようとする視点は、親房の正統記においても同様に認められる。実はこのような視角、外国との関係のなかで日本を再検討するという視角、それが神国思想や神孫為君・万世一系の観念の再評価や強調を生み出す原動力となったものと思われる。

慈遍や親房による、このような思想的達成を継承し、儒仏に対峙する固有の道としての神道の教説を作り上げたのが、吉田兼倶である。彼の唱えた唯一神道の教理書である『唯一神道名法要集』において、聖徳太子の言葉を引用する形で、次のように主張している。

吾日本生㆓種子㆒、震旦現㆓枝葉㆒、天竺開㆓花実㆒、故仏教者、為㆓万法之花実㆒、儒教者、為㆓万法之枝葉㆒、神道者、為㆓万法之根本㆒、彼二教者、皆是神道之分化也。

有名な根本枝葉花実説である。神道こそはあらゆる教えの根本であり、儒教も仏教も根本の教えとしての神道の特殊的顕現であるというのである。この兼倶の思想は、慈遍の根葉花実論、及び日本の神国たることを重視し、「大元」の神のもとに儒仏を統合しようとする彼の思想を継承し発展させたものである。[31] ただし、慈遍や親房において「神道」とは基本的に天皇による治国安民の道であり、その意味できわめて政治的な性格を強く持つものであったのに対して、兼倶においての「神道」は宗教性をその本質とする点で大きな違いを有すると言える。

彼は『唯一神道名法要集』[32]の冒頭において、

問、神道者、有㆓幾分別子細㆒哉、

答、一者、本迹縁起神道、二者、両部習合神道、三者、元本宗源神道、。故是云㆓三種神道㆒

と述べて、従来の神道と自家の神道を弁別し、元本宗源神道と言挙げする。では、元本宗源神道と称する所以は何か。

問、元本宗源神道者、何哉、

答、元者、明二陰陽不測之元元一、本者、明二一念未生之本本一、故頌曰、

元レ々入二元初一　本レ々任二本心一

問、宗源者、何哉、

答、宗者、明二一気未分之元神一、故帰二万法純一之元初一、是云レ宗、源者、明二和光同塵之神化一、故開二一切利物之本基一、是云レ源、故頌曰、

宗　万法帰レ一　[33]（源）諸縁開レ基

吾国、開闢以来、唯一神道是也、

元、すなわち天地宇宙の根元と、本、すなわち小宇宙たる人間の心の本源を明らかにするとともに、宗、すなわち天地の万像は根元の神に収斂すること、源、すなわち天地の間の万物はこの根元の神の働きによることを説く教えであるが故に、元本宗源神道と言うのである。つまり、彼が元本宗源神道の名を自らの教説に冠したのは、その教えが人間を取り巻く天地の造化の真理と、それが根元の神の大いなるはたらきによるものであるという宗教的真実を明らかにするものであるとの意図を明示するためである。そこには、儒仏をも包含する神道の本源性を説こうとする兼倶の壮大な気宇を読みとることができる。

彼はまた、自らの神道を唯一神道とも称する。その書名にも冠せられているように、むしろこちらの称を兼倶は重視していた。そのことは、前掲の元本宗源神道の説明の末尾に見られる「吾国開闢以来、唯一神道是也」という記述をはじめとして、本書の中にこの言葉が散見することからも明らかである。では、この「唯一」という語にこめられた意味は奈辺にあるのであろうか。

問、唯一者、就レ此、亦可二分別一子細在レ之、

答、就レ此、設二三義之会尺一、一者、唯有一法而無二二法一、二者、唯受一流而無二二流一、三者、唯一天上而

有二証明一

これによれば、「唯一」の語には三つの意味がある。以下、本書の記述に従ってそれぞれの意味するところを見ていこう。まず、第一の「唯一法有りて二法無し」との意味については、次のように説明される。

吾神道者、一陰一陽不測之元、国常立尊以降、至二天照太神一、玄々妙々之相承也、天照太神授二賜天児屋命一、自レ爾以来、至二濁世末代之今日一、汲二一気之元水一、遂不レ嘗二三教之一滴一、故云二唯有一法一者乎、

つまり、天地の本源の神たる国常立尊から天照太神、天児屋命と相承された教えであり、儒仏道などの教えに依らない純粋無雑の教えだという意味である。次に「唯一流を受けて二流無し」については、

日本書紀神代下巻曰、天児屋命主二神事一之宗源者也、故俾下以二太占之卜事一而奉仕上、已上文、（中略）卜事者、神代以来之太業也、因レ茲、賜二姓卜部一、此後以二中臣藤原一、有二両度之改姓一、経二四代之朝廷一之後、改二藤原一、復二旧姓中臣一、此後亦送二十代之朝一、改二中臣一、賜二元氏卜部姓一、所謂当流者、受二宗源卜事之大業一、続二神代附属之正脈一、侍二神皇之師範一、為二一代不絶之名跡一、故卜部正統、唯受一流之唯一神家業者也、

と説明する。すなわち、唯一神道は、天児屋命以来、卜部氏が嫡々相承して今日に至ったものであり、神代以来の唯一正統にして他氏の介在を許さぬ教えであるということである。最後の「唯一天上にして証明有り」については、次のように語られる。

国者、是神国也、道者、是神道也、国主者、是神皇也、太祖者、是天照太神也、一神之威光、遍照二百億之世界一、一神之附属、永伝二万乗之王道一、天無二二日一、国無二二主一、故日神在レ天之時、月星不レ双レ光、唯一天上証明、是也、

ここで主張されているのは、「国は是れ神国也。道は是れ神道也。国主は是れ神皇也」という日本の有りようの固有性であり、それが日月星という天界の有り様によって絶対化されるということである。その核心は「一神の

附属、永く万乗の王道に伝ふ」とあるように、太祖天照大神以来の皇統の連綿性であり、それは天に二日無しという天界の秩序によって証明されるのだ、というのである。

以上のような、兼倶の自己の教説についての主張の要点は、第一に、神道は儒仏をも包含する根本の教えであること、第二に、この根源の道を家業として神代以来独占的に継承してきたのが卜部氏であること、第三に、この根源の道たる神道が国柄としての神国と神皇としての王として発現していること、にある。

ここで注目されるのは、卜部氏を「神皇の師範」なりと説いて、王権に対する神道の優位性、言い換えれば、王権の神道への従属性を主張していることである。宇宙を貫く根源の道として神道が説き出される以上、それは必然的な要請であったと言えよう。かかる王権と神道との関係についての理念は、神道伝授の確立や神道系図（唯受一流血脈）の作成という形で具体化されることになる。

中世以降展開する神道の教説化の動きの中で、はじめて神道伝授を組織的に確立したのは吉田神道が最初である。このことは吉田神道に至ってはじめて神道の教理や儀礼の体系化がなされたということの証明でもある。吉田神道の教理体系は、三部の本書、すなわち先代旧事本紀・古事記・日本書紀に基づいて「天地の開闢、神代の元由、王臣の系譜」を明らかにする顕露教と、三部の神経、すなわち天元神変神妙経・地元神通神妙経・人元神力神妙経という吉田神道独自の経典(34)に基づいて「三才の霊応、三妙の加持、三種の霊宝」を説く隠幽教という二つの柱から成る。この吉田神道の伝授について、出村勝明氏は、

唯一神道名法要集に於て兼倶は、（中略）唯一神道の密位授与の段階を、初重相伝分（浅略之位）、二重伝授分（深秘之位）、三重面授分（秘中之深秘位）、四重口决分（秘々中之深秘位）の四段階、更にこの上に相承分として、初分位影像相承、二分位光気相承、三分位向上相承、四分位底下相承の四段階、全てで八段階に定め、前半の四重は顕露・隠幽両教互具であり、後半の四位は唯密相承で隠幽教のみの密位であるとしてゐる。

この事は、名法要集の最後に付載せられる制戒八条からも推測し得る事である。即ち、この制戒は秘伝に関する心得を述べたものであるが、（中略）「面授以上は切紙伝授となり、暗誦し終れば件の切紙は本家（吉田家）に返納すべし、又、相伝・伝受の二重は白紙を用ゐるが、面授口決は水雲紙を以て書宛るべし。」と切紙に関する規定も定めてゐる。

と述べて、[35]『唯一神道名法要集』の記載から吉田兼倶の時代に吉田神道の秘伝組織も確立されていたことを指摘するとともに、この記載を裏付ける多数の伝授切紙の存在を明らかにして、史料の面からもそのことを証明している。そこで、氏の考証に基づいて、顕露教の伝授者と秘伝について整理すると次のようになる。[36]

文明　三年一二月　神祇伯資益王に「解除呪文并重位口決事」「解除呪文并重位口決事」を伝授。
文明　四年　五月　勘解由小路高清に「解除呪文并重位口決事」を伝授。
文明　四年　六月　前関白二条持通に「解除呪文并重位口決事」を伝授。
文明　四年　八月　大納言柳原資綱に「解除呪文并重位口決事」を伝授。
文明　五年　正月　白川忠富に「解除呪文并重位口決事」・「六神秘決」（顕露教第四重口決分の秘伝）を伝授。
文明　五年　四月　神祇伯に「身曽喜大事」（顕露教第四重口決分の秘伝）を伝授。
文明一二年一一月　後土御門天皇に「洗眼自身ヲ御加持ノ大事」「洗眼口決之大事」「日嗣之御大事」「白鏡口決之大事」（いずれも顕露教第四重口決分の秘伝）を伝授。
文明一二年一二月　後土御門天皇に「日曜月曜之日祭神法」、「御拝御口伝之事」（顕露教第四重口決分の秘伝）、「洗眼三神之大事」（顕露教第四重口決分の秘伝）、「洗眼三神ノ尊号之大事」（顕露教第四重口決分の秘伝）、「白鏡二神之大事」（顕露教第四重口決分の秘伝）を伝授する。
文明一三年　三月　勝仁親王に「大陽身曽貴大事・大陰身曽貴大事」（顕露教第四重口決分の秘伝）を伝授。

文明一三年　五月　神祇伯白川忠富に「八神殿大事」（顕露教第四重口决分の秘伝）を伝授。
文明一五年　六月　長男卜部兼致に「秡三ヶ大事」（顕露教第四重口决分の秘伝）を伝授。
文明一五年一一月　神祇権大副卜部兼昭に「秡三ヶ大事」（顕露教第四重口决分の秘伝）を伝授。
文明一六年一二月　中御門宣秀に「超大極秘之大事六ヶ・八雲神詠四妙之大事」（顕露教第四重口决分の秘伝）を伝授。
延徳　三年一〇月　神祇伯白川忠富に「天供太秡」（顕露教第三重面授分の秘伝）を伝授。
永正　二年　細川政元に「神代弓矢并羽之事」（顕露教第四重口决分の秘伝）を伝授。
永正　四年　三月　松明宗松に「神代弓矢并羽之事」（顕露教第四重口决分の秘伝）を伝授。

次に、隠幽教の秘伝についてであるが、この隠幽教の祭儀である三壇行事は「三元十八神道行事」「宗源神道行事」「唯神道大護摩行事」から成り、それぞれの行事はさらに多くの神事から成っていて、各々の神事が秘伝化され伝授されたようである。たとえば、「鳥居大事」や「護身神法」などの秘伝が永正二年（一五〇五）七月に「志自岐祢宜権大夫藤原伊貞」に伝授されており、「三才大秡」が文明一五年（一四八三）六月に吉田兼致に伝授されている。また、天文一五年（一五四六）八月には吉田兼右が後奈良天皇に「宗源行事次第」を伝授している。この他、残されている史料から永正五年八月に、兼倶は管領細川高国に「唯神道日拝大事」の伝授を行っていることが知られる。

以上のことから、吉田兼倶や吉田兼右は公家や武家、神主のみならず天皇にも神道伝授を行っていたことが知られる。ここには道としての神道は身分の枠を超えて、万人に受容さるべきとの考えが認められる。さらには、兼倶が天皇に神道を伝授する場合の両者の関係については、伝授の際の切紙の記述より知ることができる。たとえば、文明一二年一一月の後土御門天皇へ伝授された「洗眼口决之大事」には、次のように記されている。(37)

右伊奘諾伊奘冉ノ二神ヨリ天児屋命ニ御相伝、天児屋ヨリ天照太神ニ授申賜極秘中ノ深秘ナリ、深秘ノ中ノ極秘密ナリ、以二唯受一人之口決一謹奉レ授二今上皇帝一者、慎而莫レ怠矣

文明十二年十一月卅日　神祇長上卜部朝臣兼倶上

ここには神道が天地を貫く普遍的な教えである以上、天皇もまたその教えの下に存在すべきこと、そしてその教えの伝授者としての卜部氏こそ「神皇の師範」であることを、神話的に正当化する意図が見て取れる。つまり、天照太神への道の附属は天児屋命なりと主張することで、皇孫たる天皇の師範としての吉田家の存在を根拠づけようとしているのである。

かかる神道の道統の唯一の継承者であり、公武の道の師範たる卜部氏の立場を、より端的に明示したのが、『唯一神道名法要集』に掲載された「唯受一流ノ血脈」と題する神道系図である(38)(次頁以下、参照)。

一見して明らかなように、歴代天皇はもとより摂政関白など歴代の重臣、行基や最澄・空海などの高僧が歴代の卜部氏より神道の秘伝の伝授を受けていたことを示すのが、この系図の意図である。また、斎宮を含めているのは、神宮祭祀をも吉田神道のなかに取り込もうとの意図によるものである。

以上のような教理体系と伝授組織を確立することによって、吉田神道は道としての神道の下に聖俗両界を統合しようとしたものと見ることができる。ここに至って、天皇の王権は吉田神道の下に従属するとともに、逆に吉田神道によってその権威の源たる聖性を付与されることになったのである。

唯受一流ノ血脉

天兒屋尊

天津彦々火瓊々杵尊

天押雲命

彦波瀲武鸕鷀草葺不合尊

彦火々出見命

天種子命

神武天皇

宇佐津臣命

一陰者顕一事伝、

二陰者顕密二事伝、上加一陽者、灌頂三事伝、

綏靖天皇

大御食津臣命

安寧天皇

伊香津臣命

懿徳天皇

梨津臣命

開化

孝元

孝霊

孝安〻〻

孝照天皇

神聞勝命

崇神天皇

久志宇賀主命

豊鋤入姫命　斎宮始

垂仁天皇

国摩大鹿嶋《クニスリオホカシマノ》命

倭姫命　斎宮

景行天皇

巨狭山命

武口宿禰

成務天皇

日本武尊

雷大臣《イカツチノオホイマウチキミ》命

賜卜部姓当流

姓氏之元始也

（中　略）

- 安閑天皇
- 継体天皇
- 常磐大連公　改卜部姓　賜中臣氏
  - 欽明天皇
  - 宣化天皇
  - 加多能子大連公
    - 推古天皇
    - 崇峻天皇
    - 用明天皇
    - 敏達天皇
    - 御食子大連公
    - 厩戸皇子　聖徳太子
    - 菟道皇女　斎宮
    - 酢香手姫皇女　斎宮
  - 磐隈皇女　斎宮
- 豈角皇女　斎宮

- 孝徳天皇
- 皇極天皇
- 舒明天皇
- 推古天皇
- 大織冠　改中臣氏賜藤原姓
  - 天智天皇
  - 斉明天皇
  - 伊日麿　又云意美磨
    - 元明天皇
    - 元正天皇
    - 文武天皇
    - 持統天皇
    - 天武天皇
    - 清麿　加大字為大中臣
    - 不比等
  - 役優婆塞　二事
  - 阿倍仲丸　三事

- 光仁天皇
- 孝謙天皇
- 聖武天皇
- 諸魚
  - 嵯峨天皇
  - 平城天皇
  - 桓武天皇
  - 智治麿
    - 文徳天皇
    - 仁明天皇
    - 嵯峨天皇
    - 日良丸　又云平磨　改大中臣姓賜元氏卜部
      - 清和天皇
      - 文徳天皇
      - 仁明天皇
      - 豊宗
        - 宇多天皇
        - 光孝天皇
        - 陽成天皇
        - 好真
          - 朱雀院
          - 醍醐天皇
          - 法興院関白
          - 菅家
          - 時平公
          - 兼延　一条院被染宸筆　被下兼字
        - 基経公　昭宣公
        - 行教　石清水本願
      - 円仁　三　慈覚大師
      - 円珍　智証大師
      - 良房公　忠仁公
      - 良相公
      - 益信
      - （中　略）
    - 冬嗣公　三事　摂家祖
    - 最澄　三　伝教大師
    - 空海　三　弘法大師
  - 武智丸
  - 橘諸兄公
- 房前卿
- 行基菩薩
- 真吉備　大臣

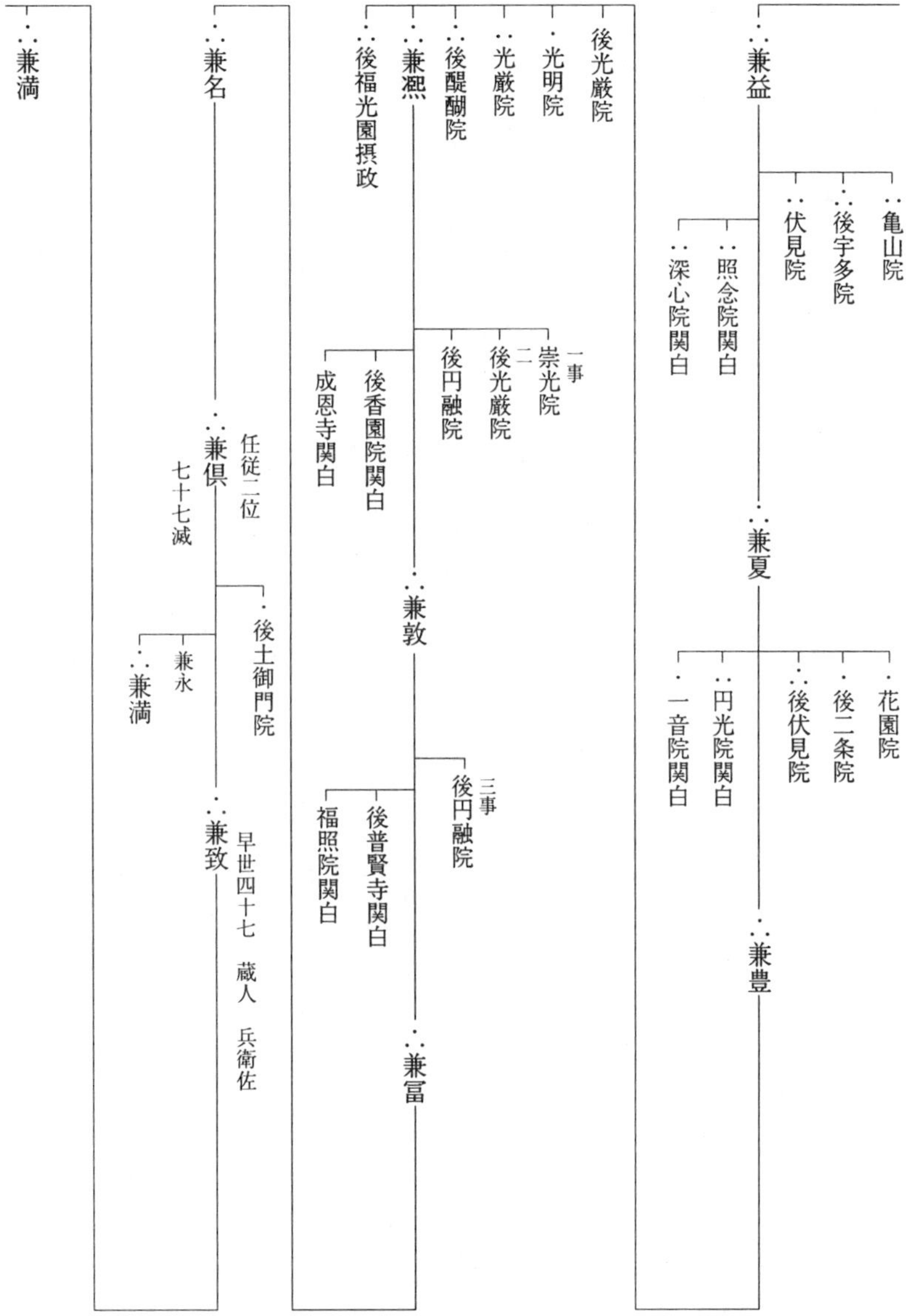
兼益
亀山院
後宇多院
伏見院
照念院関白
深心院関白
兼夏
花園院
後二条院
後伏見院
円光院関白
一音院関白
兼豊
後光厳院
光明院
光厳院
後醍醐院
兼凞
後福光園摂政
一事
崇光院
二
後光厳院
後円融院
後香園院関白
成恩寺関白
兼敦
三事
後円融院
後普賢寺関白
福照院関白
兼冨
兼名
兼倶
任従二位
七十七滅
後土御門院
兼永
兼満
兼致
早世四十七　蔵人　兵衛佐
兼満

おわりに

本稿は、伊勢神道と吉田神道における天皇観を探ることによって、中世という時代の王権のありようの一端を明らかにしようとしたものである。中世神道の幕明けを告げた伊勢神道は、社家の立場から縁起や神話、祭祀の伝統などを基礎に神道の教説化を試みた最初の動きであった。そこでの王としての天皇は神の委任を受けた存在であり、その存在にふさわしい儒教的な徳を身につけるべきものとされる。この世の真の支配者は神であり、王たる天皇はその委任を受けたものとされたのである。それ故に、支配者にふさわしい徳が強調されたと言えよう。伊勢神道の影響下に思想形成を遂げた北畠親房や慈遍によって、固有の道としての神道という観念が形成される。これらの動きを受けて戦国時代に神道の教理と儀礼の体系を樹立したのが吉田神道である。そこでは神道こそ天地の間を貫く普遍的な教えであり、儒仏はその個別特殊的顕現に過ぎないとされる。この根源的な道を唯一相承するのが卜部氏であり、「神皇の師範」たる卜部氏こそは聖俗両界の師なのである。天皇はこの唯一の道たる吉田神道の伝授を受けて始めて神国たる日本の王としての資格と聖性を付与されることになるのである。かくして王権は神道のもとに従属するに至ったと言えよう。

このような中世神道における神道と王権の関係の変遷過程は、平安時代以来の王権の世俗化過程の帰結であるとともに、儒仏に対峙する道としての神道の思想的確立が必然的に王権の神道への従属を要請することになったものと見ることができる。

だが、ここで忘れてならないことは、これら伊勢神道や吉田神道の思想を樹立した人々は古代以来の国家祭祀の担い手の家柄であったことである。彼らの思想の根底にあったものは、古代以来の朝廷を中心とする神祇祭祀の儀礼であり、王としての天皇の正統性を言説の中核とする『日本書紀』などの神話である。とりわけ卜部氏の場合、鎌倉時代以降、「日本紀の家」として家学を確立し、神話と儒仏道の思想を結び合わせることによって吉田神道を樹立した。したがって、吉田神道は教説の流布の重要な柱として公家や武家、そして僧侶などに『日本書紀』や『中臣祓』の講談を盛んに行っているのである。

確かに、吉田神道における道としての神道の確立は、神道への王権の従属という観念を生み出したが、同時にそのことによって逆に古代的な王権の神話が広く中世社会に共有され、天皇の神国たる日本の王としての正統性の意識が涵養されることにもなったことを忘れてはならない。吉田神道の流れは、近世に入り吉川神道、そして垂加神道を派生させていくことになるが、古代的神話を教説の基盤とし、その再解釈を通して道としての神道を樹立するというあり方も継承されていく。かくして、天皇の正統性の意識は時代を通して再生産されることになるのである。

武家による王権簒奪という現象が中世・近世を通して顕わに歴史の表面に現れることはなかった。その原因にはさまざまな政治的・社会的要因が考えられるであろうが、その一つの大きな要因として武家自体が古代的天皇の王権神話を相対化し得る独自の神話を生み出し得なかったことが上げられよう。武家自体が古代的王権神話の呪縛から脱却し得なかったのである。その呪縛が保持された原因として、中世における神道思想の流れを無視することはできない。

(1) 玉懸博之「室町政権の確立・完成と政治思想―足利義満治世期をめぐって―」(『日本思想史研究』八、一九七六年)、今谷明『室町の王権』(中公新書、一九九〇年)等参照。
(2) 佐藤眞人「神道五部書の教理をめぐる問題」(『国文学　解釈と鑑賞』六〇―一二、一九九五年)、門屋温「両部神道」(同上)。
(3) 神道大系『伊勢神道(上)』五四〇~五四一頁。

（4）この問題については、牟礼仁氏が『神皇実録』を神宮祭主家大中臣氏による神道説形成の産物であるとして、従来の伊勢神道の理解を再検討すべきことを指摘している（「神家神道発生考―祭主家大中臣氏の宗教的性格―」、國學院大學日本文化研究所編『大中臣祭主藤波家の研究』続群書類従完成会、二〇〇〇年）。

（5）以下、伊勢神道書からの引用は、神道大系『伊勢神道（上）』による。なお、傍線は筆者が付した。以下の引用文においても同様である。

（6）日本古典文学大系『日本書紀　上』一四七頁。

（7）日本古典文学大系『古事記・祝詞』四二二頁。

（8）「中世国家と神国思想」（『日本宗教史講座』第一巻、三一書房、一九五九年）。

（9）『アマテラスの変貌―中世神仏交渉史の視座―』（法蔵館、二〇〇〇年）。

（10）吉見幸和『五部書説弁』巻五、大神宮叢書『度会神道大成　後篇』三七二頁。

（11）拙稿「中世における神宮宗廟観の成立と展開」（源了圓・玉懸博之編『国家と宗教―日本思想史論集―』思文閣出版、一九九二年）。

（12）新訂増補国史大系『続日本紀』一頁。

（13）「天子」の条の義解に、「至㆓風俗所㆒称別。不㆑依㆓文字㆒。仮如。皇御孫命。及須明楽美御徳之類也」とある（新訂増補国史大系『令義解』二〇五頁）。

（14）『古代天皇制の基礎的研究』（校倉書房、一九九四年）六六～六七頁。

（15）新訂増補国史大系『令義解』二二七頁。

（16）『天皇―天皇の生成および不親政の伝統―』（山川出版社、一九八二年）一〇五～一〇六頁。

（17）神野志隆光「神と人―天皇即神の思想と表現―」（『柿本人麻呂研究』塙書房、一九九二年）。

（18）新訂増補国史大系『続日本紀』六一頁。

（19）「冊封体制と東アジア世界」（『邪馬台国と倭国―古代日本と東アジア―』吉川弘文館、一九九四年）。

（20）日本古典文学大系『日本書紀　下』一〇三頁。

（21）『記紀神話と王権の祭り』（岩波書店、一九九一年）二九〇～二九四頁。

（22）『古代祭祀論』（吉川弘文館、一九九九年）二〇三～二一〇頁。

(23) 日本古典文学大系『日本書紀　上』八七頁。
(24) 「律令国家・王朝国家における天皇」(『日本の社会史』第3巻、岩波書店、一九八七年)。
(25) 山折哲雄「天皇制の宗教的基礎構造」(『天皇の宗教的権威とは何か』河出書房新社、一九九〇年)。
(26) 「中世の権力と天皇」(『伝統と現代』四四、一九七七年)。
(27) 日本古典文学大系『神皇正統記・増鏡』六〇頁。
(28) 『祭儀と注釈』(吉川弘文館、一九九三年)二二六頁。
(29) 日本古典文学大系『神皇正統記・増鏡』六〇頁頭注四、二〇〇頁補注一二。
(30) 「中世神道における国家と宗教―慈遍の日本神国観をめぐって―」(源了圓・玉懸博之編『国家と宗教―日本思想史論集―』思文閣出版、一九九二年)。
(31) 慈遍の思想における根葉花実論の意義については、拙稿「慈遍の神道論―仏神論を中心として―」(玉懸博之編『日本思想史―その普遍と特殊―』ぺりかん社、一九九七年)を参照されたい。
(32) 以下、『唯一神道名法要集』からの引用は、神道大系『卜部神道(上)』に翻刻された兼俱自筆本による。
(33) 「源」の字は兼俱自筆本にない。同じく神道大系『卜部神道(上)』に翻刻されている梵舜書写本および版本により補った。
(34) この三部の神経と称される天元神変神妙経・地元神通神妙経・人元神力神妙経は、実際には存在しない。出村勝明氏によれば「神明三元五大伝神妙経」「三元神道三妙加持経」「三元五大伝神録」の三つの経典が、兼俱の言う三部の神経に当たるという(『吉田神道の基礎的研究』神道史学会、一九九七年、四四~四五頁)。
(35) 出村、前掲書、一七一~一七二頁。
(36) 以下の伝授年譜は、出村勝明氏の前掲書、第二章「吉田神道秘伝の成立について」によって作成した。
(37) 出村、前掲書、一九九頁。
(38) 神道大系『卜部神道(上)』七九~八七頁。ただし、一部割愛した所がある。

神国論形成に関する一考察

白山　芳太郎

はじめに

山田孝雄氏は、その著『神皇正統記述義』(1)に「わが国を神国たりとする思想は日本紀に既に見え、降りては貞観十一年に伊勢大神宮石清水八幡宮の二神宮に献られし告文にも見え、又長元四年八月の宣命にも見え、その他、大神宮諸雑事記、東大寺要録、平戸記、玉葉、玉蘂、吾妻鏡、平家物語等にも見えたれば、新らしきことにはあらず」として『神皇正統記』以前の神国論の存在を指摘している。

ただし『日本書紀』にみられる「神国」の記載の場合、これを「わが国を神国たりとする思想」とみてよいのかどうか疑問である。また『日本書紀』の神国の記載と、それ以降の平安時代になってからの文献にみられる神国の記載との間においても、分けて考えねばならない要素がある。

山田氏の場合はそういった問題への関心はあまりなく、平安時代から鎌倉時代にかけての文献に見られる神国の記載は「茫漠たるもの」であり「浅薄なるもの」と断ずるとともに、『神皇正統記』の神国論こそが「はじめて神国といふことの真意をさとる」にいたった神国論であるとする結論先行型の議論であった。

そこで、わが国は神の国であるとする論は、どのように発生し、どのように推移していったかということについて、明らかにしてみよう、というのが本稿の目的である。

一　鎌倉初期までの神国論

元来、わが国には自らの国を神国とみる思想は存在しなかった。なぜなら『古事記』『万葉集』『風土記』および後述する『日本書紀』神功紀での新羅王の言として伝えられた個所、つまり『日本書紀』によって外国人の発言とされている個所以外の奈良時代の史料で、日本人自身がわが国は神国であると発言した個所がみられないからである。

これは、神が国家の基を開くとか、神が国家を護るというような思想を、その頃以前に誕生せしめていなかった証拠である。当時の人びとにとって、国土を神が生むということについて、外国もそれぞれ、国土はその国においてその国の神が生むものと考えていたため、日本だけが特別に神によって生み出されたという思想を持ち得なかったのである。

この頃の外交で知り得ていた知識では、他の国も国の誕生は神のなせるわざであって、『古事記』や『日本書紀』にみられる神話によって国の誕生を考えていた当時の人びとにとって、日本列島だけが神の為せるわざであるという意識は芽ばえていなかった。当時の文献に、日本人の自発的発言としてわが国は神の国であるとする記載がないことが、その証拠である。神国という言説が、初めて日本にもたらされたのは、外国史料によってであった。

『日本書紀』の神功紀に、「新羅王曰く、吾聞く、東に神国有り。日本と謂ふ。亦聖王有り。天皇と謂ふ。必ず其の国の神兵ならむ」という記載がある。これを『日本書紀』に載せる際に、編者が創作したのであれば、『日本書紀』の神功紀以外の個所や、当時の他の文献のどこかに神国論があるはずであって、当時、日本にまだ神国思想が生まれていない以上、『日本書紀』編者の創作とは思われない。

同書編纂材料は、新羅王発言の一次的史料ではないながら、半島で書きとめられた記事に基づいていたと考えられる。周知の通り『日本書紀』は、その成立過程で、百済の史書が編纂材料として利用されている。

たとえば『百済記』が神功四七年紀、神功六二年紀、応神八年紀、応神二五年紀、雄略二〇年紀に利用されている。さらに『百済新撰』が雄略二年紀、雄略五年紀、武烈四年紀に利用されている。また『百済本記』が、継体三年紀、同七年紀、同九年紀、同二五年紀、欽明二年紀、同五年紀、同六年紀、同七年紀、同一一年紀、同一七年紀に利用されている。

百済は、新羅と国境を接し両国は絶えず争っていた。しかも『日本書紀』成立の少し前に滅亡したため、百済の王侯貴族たちは同盟関係にあった日本に亡命して来ていた。したがって『百済記』『百済新撰』『百済本記』は、そのとき百済の王侯貴族とともに日本にもたらされていたものと思われる。

前述の神功紀に引用された新羅王の言は、これら百済系の史書に採択され、『日本書紀』神功紀に引用されたものと思われる。『日本書紀』は本文として新羅王の言を記していて出典には触れていないが、史体から判断して、編年体風の『百済新撰』や月次・日次を明記する『百済本記』ではなく、物語風の『百済記』が出典であったように思われる。

『日本書紀』本文が「これらの逸史の文をほとんどそのまま採録している」ことは、これまでに指摘されていた（『日本書紀』日本古典文学大系本補注）ことであるが、この部分もそうであったろう。そこで、八世紀の日本人自身による他の文献や、『日本書紀』の他の巻に「神国」の記載が存在しないのであろう。『日本書紀』編者がこの新羅王の言を採録した後、『三代実録』が神国の記事を載せるまでの長きにわたって、日本人が自発的にわが国は神国であると述べたケースは存在しない。

新羅王が述べたのであって日本人の発言でないと記している『日本書紀』を信じるなら、日本人による神国論は『古事記』『日本書紀』『風土記』『万葉集』などの段階では発生しなかったと思われる。それが発生していたなら、あれほど「わが国は言霊のさきわう国」と強調した『万葉集』がそういう思想を詠んだ歌を載せないはずがないと思うからである。

平安時代になって新羅が博多湾に侵入し、それが一変する。新羅船が筑前国那珂郡を侵した貞観一一年（八六九）になると、日本人自身による神国の言説が登場する。この場合も、実は、わが国は神国であると唱えたものではない。

この事件を記録した『三代実録』貞観一一年一二月条によると、神功紀所載新羅王の言をふまえ、先方には日本を「所謂神国」と恐れ来たった来歴があるのに今回なぜ攻撃してきたのであろうかと述べていて、この時点でも神功紀の新羅王の言にみる神国論を日本人自身の着想とはみていず、半島に発生した論とみているのである。

当時、半島では、『三国史記』や『三国遺事』をもとに類推してみるに、「神祠」といえば神をまつる祠堂であり、伝説上の人物・桓雄天王が大白山に降臨し設けたという都市は「神市」と呼ばれていることから、日本の神々のような信仰対象があったものと思われる日本の神奈備山や神社に似た信仰対象が半島にも存在し「神国」「神兵」の語が飛び出したのであろう。

ただし、新羅王がそういう言葉を現実に発したかどうかというと定かではなく、むしろ新羅と対立していた百済の世相を反映し、日本におびえる新羅王像が百済で偽作された可能性はある。

しかし『日本書紀』垂仁紀に「意富加羅国」（『三国遺事』では「大伽耶」とある）の王子の言として「伝に日本

国に聖皇有すと聞く」とあり、また新羅の王子の言として「日本国に聖皇有すと聞く」とあるところからいえば、東方海上かなたに、そういう聖なる国がイメージされていた可能性がある。

とくに後者の場合、新羅の王子「天日槍」が言ったとあり、半島の百済ばかりでなく、加羅や新羅にも、そのような思想があった公算が高い。そのような聖なる国を日本とみるのは『日本書紀』編者の加筆であったかもしれない。

奈良時代の日本と新羅との関係は、文化的な交流を深めていた。ところが、平安初期の新羅船の侵入は、突然の脅威であった。

『三代実録』によると、伊勢神宮への祈りが捧げられた。その告文に「我朝を神国と畏怖れ来れる故実」が先方にあるのにどうして日本を攻めて来たのだろうと疑問視している。しかも「然るに我が日本朝は、所謂、神明之国なり。神明の助け護りたまはば、いづくの兵寇か近づき来たるべき」とあって「所謂」の二字を付して「神明之国」なのである。これは『日本書紀』の新羅王の言をふまえての「所謂」である。つまり、朝鮮半島において「畏怖」されているところの「所謂」神明の国であった。間接的表現ながら、日本人の口から発せられた現存最古の神国論である。

これ以後『春記』長暦四年（一〇四〇）八月条の「此の国は神国なり。本より厳戒せず。ただ神助を憑むによるなり」とする記事、(2)藤原伊通の『大槐秘抄』の「日本をば神国と申して、高麗のみならず、隣国の、みなおぢて思ひよらず候」という記事、(3)『平家物語』巻五の「それ我朝は神国なり。宗廟あひならんで神徳これあらたなり」とする記事、(4)文治二年（一一八六）の『東大寺衆徒参詣伊勢太神宮記』の「夫れ我が大日本国は神明擁護の国なり」という記事(5)などにみられる神国論を検討してみると、平安初期から鎌倉初期にいたるまで、そこにみられる神国の観念は、『日本書紀』における新羅王が我が国の兵を神国の兵にちがいないと恐れたという言説をふまえ、わが国はいわゆる神明の擁護する国なので近隣諸国は恐れている、とする考えで終始している。

いま少し、この間の史料をあげるならば『宇多天皇宸記』仁和四年（八八八）一〇月条、[6]『権記』長保二年（一〇〇〇）正月条、[7]『兵範記』仁安三年（一一六八）一〇月条、[8]『吾妻鏡』寿永三年（一一八四）二月条[9]などにおいて、わが国は神国であるから、神を敬わなければならない、あるいは、神国だから恒例の神事を懈怠なくつとめなければならない、と説くものが多い。『保元物語』の将軍塚鳴動の段になると「我朝はこれ神国なり。みもすそ河のながれ、忝なくもまします上、七十四代の天津日嗣たゆることなし」[10]とあるごとく、わが国は神国なので皇統が絶えることなく続くと説かれるようになっている。

このように、平安初期から鎌倉初期までの神国の概念は、近隣諸国での東方海上かなたを神聖視する考えを日本を畏怖するものと想定し、おそれているから諸外国は攻めてこないのであって、だから厳戒はいらないのであり、神を敬い、神事を重んじよと説くものであった。

二　神国論の限界

前節で述べたように鎌倉初期までの神国論は、わが国は神国だから諸外国は攻めてこないという希望的観測を前提にしたものであって、したがって、朝廷が興亡の危機に瀕した場合、この考えは試錬を迎える。

承久三年（一二二一）、後鳥羽上皇を中心として討幕の兵をあげた朝廷方公卿・武士は、北条政子・義時を中心に団結した幕府方に大敗し、幕府は、承久の三上皇（後鳥羽・順徳・土御門の三上皇）配流という処置をくだした。

この承久の三上皇配流事件は、当時の人びとに次のように感ぜられた。「我国もとより神国也……何によりてか三帝一時に遠流の恥ある」（『六代勝事記』貞応二年〈一二二三〉の条）、すなわち、わが国は神国なのに、なぜ神々は、三帝一時に配流されるというような恥ずかしい思いをいだかしめられたのであろうか、神々は帝王を擁護されないのであろうか、と考えたわけである。

『吾妻鏡』承久三年閏一〇月、土御門上皇が七月の二上皇配流のあとを追って配流された時点であるが、「天照大御神は豊秋津州の本主、皇帝の祖宗なり。而るに八十五代の今に至りて、何の故に、百皇鎮護の誓を改め、三帝両親王に配流の恥辱を懐かしめたまふや。もっともあやしむべし」と記されていて、未曽有の三上皇配流事件によって、神々は皇統を擁護されるという誓いをあらためられたのであろうか、と疑問を持ったのである。そのような世相のなかで、この状況をもっともよく説明する考えとして当時の人びとに受容された思想が、流行しつつあった末法思想であった。

これは、釈迦没後の世の中を、正法・像法・末法の三つの時代に区分し、正法の時代とは教・行・証、つまり釈迦の教説と、その実践と、その行による結果がそなわった時代であって、像法とは教と行のみ、末法とは教のみ、そして、さらに時代が経過するとすべて消滅する法滅期にはいると説くものであった。

この正・像・末三法の推移について、当時の慈円は『愚管抄』に「保元以後ノコトハ、ミナ乱世ニテ侍レバ、ワロキ事ニテノミアランズルヲハバカリテ、人モ申シオカヌニヤト、オロカニオボエテ、ヒトスヂニ世ノウツリカハリ、オトロヘクダルコトハリヒトスヂヲ申サバヤ」と思い、この本を著したと述べている。

三　神国論の変容

『愚管抄』は、仏説における末法化の過程と、保元の乱後における武家勢力中心化にともなう公家勢力軽視化の過程を、二重写しにして歴史の推移を説こうとしたものであった。このような説得力ある主張の展開を背景にしつつ、末法思想は、承久の三上皇配流事件を契機に、より現実的な広がりとなっていったこと、想像にかたくない。

末法思想が思想的に深い影響をおよぼしていた矢先、蒙古襲来、すなわち文永の役が勃発したのである。文永一一年（一二七四）一〇月五日に蒙古・高麗の軍が対馬に襲来したという急報が、現地より鎮西奉行に伝えられると、鎮西奉行はそれを鎌倉に急報している。『勘仲記』の同年一〇月一八日の条によると、「鎮西の使者、すでに関東に下向す」とあって、筆者（勘解由小路兼仲）の居住する京都の六波羅探題に通達のうえ、その使者は鎌倉に向かっていたことが知られる。

『勘仲記』同年一〇月二二日の条によると「去る十三日、対馬島に於いて筑紫少卿の代官、凶賊と合戦すと云々……我朝は神国なり。定めて宗廟の御冥助あるか」と述べていて、わが国は神国なので天照大神の目に見えない加護があるであろうと推断している。

文永の役に先立ってもたらされた蒙古の国書、すなわち蒙古によって服属か戦いかの二者択一を迫られたとわが国で解した国書に対し、返書が朝廷側で準備された。幕府の考えから実際には不発信に終わったが、その文案を記した菅原長成は「凡そ天照皇大神、天統を耀し給ひてより、日本の今の皇帝日嗣を受け給ふに至る」まで、この国は神々による国家鎮護の秩序が整然とした国であって「故に、皇土を以て、永く神国と号す」（『贈蒙古国中書省牒』）と記している。神国と号する理由は、神々による国家と皇統の鎮護が約束されているからだという判断であった。

文永の役が終わると、その報謝として、伊勢以下十六社への奉幣使が派遣されている。やがて、次の襲来に備えての異国調伏の祈禱が、山陵ならびに伊勢以下二十二社において行われる。

弘安四年（一二八一）の襲来が終わると、文永・弘安の両役が神明の加護によって終結したと信じられるようになり、とくに伊勢神宮の摂社「風社」に対し、社号を宮号に改めて「風宮」となし、官幣の列に加えられることとなった。これは、敵の敗走が、いわゆる「神風」によるものと信じられたためで、いよいよ、わが国は神明の加護する国だと説かれるようになる。

この蒙古襲来の朝野をあげての異国調伏の祈禱の過程において、神国論が変容する。『壬生官務日記』の弘安四年閏七月一一日の条に、異国の船が「大風」にあって「漂没」したのは、異国降伏の祈禱が宗廟に聞きいれられた結果「神力」が出されたためと記したのち「末代と雖も、猶、惑涙抑へ難き事也」とあって、この世は末代であるが日本は神の国なので例外だとする考えが生まれている。『勘仲記』同年閏七月一四日の条にも「大風」による敵船の「漂没」を伝えて「天下の大慶」と称え「末代と雖も、猶、止むごと無きなり。いよいよ神明・仏陀を尊崇すべきもの」と述べている。

異国調伏の祈禱の過程が進行するとともに、その効験と考えられた実体験、すなわち神明の加護によって敵の敗走や大風が実現したと信じられるという体験の加算に基づいて、神国論は新しい展開に向かったと考える。末代であるのにこの国は例外であって神仏の加護があると説くものであった。

このように、蒙古襲来の異国調伏の祈禱とその効験が現れたと人びとに信じられた状況の展開の過程で、末代観の克服化が進み、それと比例して神国観の実感化が展開した。

つまり、従来の神国論では、承久の三上皇配流を契機としてすでにささえきれない状況にあった。末法説流布過程で神国論の空文化が進み、三上皇配流事件で空文化は極限状態に達したが、その後、蒙古襲来を契機とする神々への祈禱と、その効験と信じられた実体験とによって神国論は再浮上していく。その再浮上過程で登場するのが北畠親房であった。

親房は『神皇正統記』蒙古襲来の段に、「辛巳ノ年（弘安四年ナリ）蒙古ノ軍、オホク船ソロヘテ我国ヲオカス。筑紫ニテ大ニ合戦アリ。神明、威ヲアラハシ、形ヲ現ジテ防ガレケリ。大風ニハカニオコリテ数十万艘ノ賊船、ミナ漂倒破滅シヌ。末世トイヘドモ神明ノ威徳不可思議ナリ」と述べている。末世であっても神明の不可思議な加護があるとして神国を強調するのも、蒙古襲来の克服という実体験の加算が基礎にあってのことであった。そこで同書は、現世について「代下レリトテ、自ラ賤ムベカラズ。天地ノ初ハ今日ヲ始トスル理アリ」と説く。代がくだったとして現世をいやしむべきでなく、今日を始めとすべきであるとするのである。

そのような書であることから、同書は「大日本ハ神国也」という言説で起筆する。それとともに、神の国であるとする理由付けを、冒頭で行っている。同書に記して「天祖ハジメテ基ヲヒラキ、日神ナガク統ヲ伝ヘ給フ。我国ノミ此事アリ。異朝ニハ其タグヒナシ。此故ニ神国ト云フ也」というのである。つまり、皇統の不変の継続がわが国において実現していることこそが、わが国が神の国として守られている証拠だという論へと展開していったのである。

以上、「わが国は神の国である」とする論は、どのように発生し、どのように推移していったかを考察してきた。その結果、現世を悲観的に見る末法説に支配されていた中世思想が、蒙古襲来の克服という実体験を契機として、今をいやしむべきでなく、今日を始めとしようという現世肯定的な思想へと展開していった、ということのアウトラインを描き出すことができたと思われる。

(1) 山田孝雄『神皇正統記述義』(民友社、一九三二年)七五八頁。
(2) 『春記』長暦四年(一〇四〇)八月二三日の条に「此国者是神国也。本自不㆓厳戒㆒、只依㆑憑㆓神助㆒也」と記されている。
(3) 『大槐秘抄』に「日本をば神国と申て、高麗のみにあらず隣国のみなおぢて思ひよらず候也」と記されている。
(4) 『平家物語』巻五、福原院宮の条に「夫我朝は神国也。宗廟あひならんで神徳是あらたなり」と記されている。

(5)『東大寺衆徒参詣伊勢大神宮記』文治二年（一一八六）四月の条に「夫我大日本国者、神明擁護之国也。和光影惟新、仏法流布之境也」と記されている。

(6)『宇多天皇宸記』仁和四年（八八八）一〇月一九日の条に「我国者神国也。毎朝敬拝二四方大中小天神地祇一」と記されている。

(7)『権記』長保二年（一〇〇〇）正月二八日の条に「我朝神国也。以二神事一可レ為レ先」と記されている。

(8)『兵範記』仁安三年（一一六八）一〇月二九日の条に「本朝者神国也。国之大事、莫レ過二祭祀一」と記されている。

(9)『吾妻鏡』寿永三年（一一八四）二月二五日の条に「我朝者神国也。……恒例神事守二式目一無二懈怠一可レ令二勤行一」と記されている。

(10)『保元物語』上、将軍塚鳴動の段に「我朝はこれ神国なり、みもすそ河のながれ忝もまします上、七十四代の天津日嗣たゆることなし。昔崇神天皇の御時、天津社、国津社を定をき給ひしより以来、神わざことしげくして、国のいとなみただ此事のみなり。是をおもへば夜の守、昼の守、なじかはをこたり給べき。……神明も我国をまぼり、三宝もいかでか捨てさせ給ふべき」と記されている。

「食国」の思想

――天皇の祭祀と「公民（オホミタカラ）統合」――

中村生雄

一　「王権と神祇」を問う視点

はじめに、今、日本における「王権と神祇」の問題を考えようとする場合の、視点と方法について一言しておかねばならない。

というのも、以下で取り扱う古代日本の天皇祭祀や即位儀礼をめぐる諸問題を、どういう視座に立って考察するかについて、現在、必ずしも自明な合意が存在するとは思えないからである。とりわけ、いわゆる「言語論的転回」以降の現象として、日本での歴史研究・思想史研究の分野においても、近代の諸制度や思想・イデオロギーをことごとく国民国家の成立の要因ないしは結果という文脈から説明する「国民国家論」のメタ理論化が際立っており、前近代に生起したもろもろの歴史的・思想史的な「事実」も、そのような国民国家形成に応じた知と学問の構成物にすぎないという面が強調されるからである。

なるほど、日本における「王権と神祇」という問題も、すぐれて近代的な社会編成のなかで想起され、新たに再構成された観念と制度なのであって、言うまでもなく、われわれの視点と方法がそのことからまったく自由であることはできない。言い換えると、近代以前における「王権と神祇」をめぐる問題構成そのものが、近代の側がみずから属する国民国家の要請によって新たに構築したものであるという側面を無視することはできないのである。

とはいえ、目下の「国民国家論」論者のなかには、近代と近代以前との断絶／非連続の面を不当に過大視し、近代以前のさまざまな現象は、近代の言説（discourse）や表象（representation）の所産としてしか扱うべきでないという極論を述べるものさえある。そして、そのように歴史における断絶／非連続を強調する見方は、往々にして、部分的な知見を絶対化し、本来分割されるはずのない時間の流れを強引に切断して、歴史の全体像に恣意的な境界線を持ち込むことになる。[1]

一例をあげれば、たとえばタカシ・フジタニは『天皇のページェント』のなかで、明治の初年に天皇がそれまで宮廷奥深くに籠っていた状態から一変し、全国各地を巡幸し、積極的にみずからを国民の視覚の対象たらしめ、また自分じしんを統治者として国民を見る主体へと転換させていった事実を指摘している。[2]つまり、「見える天皇／見る天皇」というありかたを近代国民国家に固有の性質であると理解し、その点に近代の天皇と前近代の天皇との断絶と非連続を見るのである。

だが、最近の古代史研究の成果によれば、古代律令期の天皇が、種々の政務の執行にあたって朝堂院に出御するとともに、居並ぶ群臣に向けて天皇のミコトノリが大臣や大夫によって読みあげられるようになったことが指摘されている。[3]こうして天皇は、みずからの最高統治者たる地位と権限を目に見えるかたちで官僚たちに示し、「見える天皇／見る天皇」を演出するようになっていたと言える。「見える天皇／見る天皇」という観点からする天皇の地位の歴史的画期は、何も明治におけるそれが唯一無二のものではないのである。天皇の視覚的支配という分析がもたらした明治期の断絶／非連続の論は、一例として、古代律令期における断絶／非連続の論と突き合わせ比較照合するのでなければ、文字どおり、「木を見て森を見ず」の論になるということなのだ。

同様の問題は、「国民国家論」の中心主題でもある「国民統合」のための思想・イデオロギー装置の創出としての、国史学・国文学の成立というテーマにおいても見出されるだろう。むろんそれが、八世紀の記紀や万葉のテクスト編纂と等価であったなどということはありえず、そこで必要とされた「国民（／公民）統合」の範囲や性質において大きな相違があることは当然のことなのだが、それにもかかわらず、国史学・国文学の領域における「国民（／公民）統合」が近代に唯一無二のものであったとする判断が近代至上主義的顚倒の結果にすぎないことは、繰り返し強調しておく必要がある。

以上のような例からも知られるように、天皇の祭祀や儀礼を日本の宗教と政治に深くかかわる現象として考えていく場合、決して問題は近代の「国民国家」の枠内におさまるものではない。また同時に、それを前近代、とくに古代の特定の時期に局限して論ずることにも慎重であらねばならない。

たとえば最近では、網野善彦が、「日本」の成立を日本という国号および天皇号の成立時期に厳密に一致させ、それ以前の列島上の政治的・文化的なまとまりを「日本」と呼んだり、そこに住んでいた人びとを「日本人」と呼ぶことを手厳しく拒絶しているのなども[4]、とかく「日本」の自明性・超歴史性をふりかざしがちなナショナリスティックな言説への警鐘ならともかく、その断絶／非連続の主張だけが絶対化されると、やはり歴史の歪曲と顚倒を生むことになるだろう。ことに近年の天皇祭祀や王権儀礼にかかわる研究動向に即して言えば、次節以降で見て行くとおり、網野が懸命に切断線を引こうとしている七世紀後半から八世紀初頭の画期をまたがるかたちで、種々の興味深い議論が展開されている。断絶／非連続の強調ではなく、時代横断的なもろもろの事象の比較対照と関連づけのほうに、より生産的で有効な議論の可能性がある。

そこで、以下の小論においては、上述のような理解に立った「国民(/公民)統合」の古代的な装置として、「食国(ヲスクニ)」の観念とそれにもとづく諸制度をとりあげる。そして当然のことながら、それは古代史の一時期にあらわれた唯一無二の出来事としてではなく、類似の「国民(/公民)統合」の試みとしての近代天皇制下の諸問題を検証するための重要な参照枠となるはずなのである。

二 「食国」とは何か

言うまでもなく、「食国《ヲスクニ》」とは、『古事記』や『万葉集』において「天皇が治める国」の意味でつかわれる古語であり、とりわけ八世紀の天皇即位のときの「宣命」には必ずと言っていいほど常用された古代天皇制に特有の性格を伝える語彙である。なかでも「宣命」の場合は、「食国天下の政」という定型句として登場する例が多く、そこに含意されている「食国」の神話的・古代的な観念を的確につかんでいるものとして、次の折口信夫の解説の右に出るものはないだろうと思う。

> 天子様が、すめらみこととしての為事は、此国の田の生《ナ》り物を、お作りになる事であつた。天つ神のまたしをお受けして、降臨なされて、田をお作りになり、秋になるとまつりをして、田の成り物を、天つ神のお目にかける。此が食国《ヲスクニ》のまつりごとである。[5](傍線、原文のまま)

折口の理解するところによれば、天皇は天つ神の命令(=「またし」[6])にもとづいて葦原中国の稲づくりに責任を負い、その命令に応えるかたちで、毎年々々、その年の稲づくりの成果を天つ神に報告するための祀りを行なうのであって、それが「食国のまつりごと」にほかならないと言うのである。ここには明らかに、地上の統治者たる天皇がその統治の根源を「天つ神のまたし」という超越的次元にもっており、その超越的次元の意思に由来するものとして、この国の「祭」＝「政」のまつりごとが正当なものとして実行されるという、折口学の理念的な古代像がしめされている。

もとより、そうした折口古代学の当否を論ずるのがここでの課題ではない。当面確認しておきたいのは、折口が理念として想定した古代天皇による「祭」＝「政」の内実とその儀礼的・制度的な意味合いのほうであり、そこでの「食国」の観念の役割如何である。

ただそのまえに、まずは具体的に、八世紀の天皇の即位時における宣命において、「食国」の語がどのようなコンテクストで使用されているかをつかんでおくのが便利である。

最初に、文武天皇即位の宣命（六九七年）を見てみると、(7)

現御神と大八嶋国知らしめす倭根子天皇命の、授け賜ひ負せ賜ふ貴き高き広き厚き大命を受け賜り恐み坐して、この食国天下を調へ賜ひ平げ賜ひ、（中略）是を以て、天皇が朝庭の敷き賜ひ行ひ賜へる百官人等、四方の食国を治め奉れと任け賜へる（以下略）

というように、「食国」の語は、まず最初は、即位する天皇にたいする天神からの「大命」の内容として使用され、そして次には、その「大命」を受けた天皇が臣下である百官人等に指示する実際的な政策内容としてもちいられていることが注意される。ここでの「食国」の語は、まず第一に、天つ神と天皇との関係を規定するものであり、第二に、天皇と臣下との関係を規定するものとして存在する。「食国」とは、そうしたいわば二重の関係概念として、宣命中に登場するのである。

そのような「食国」の語の二面性は、次の聖武天皇の場合（神亀元年〈七二四〉）においては次のようなかたちをとっている。そこでは、

高天原に神留まり坐す皇親神魯岐・神魯美命の、吾孫の知らさむ食国天下と、よさし奉りしまにまに、高天

原に事はじめて、四方の食国天下の政を、（中略）此食国天下は、掛けまくも畏き藤原宮に、天下知らしめしし、みましの父と坐す天皇の、みましに賜ひし天下の業と（以下略）

云々とあるように、皇孫として高天原のカムロキ・カムロミから「食国天下」の統治を委任されたニニギとそのあとを継ぐ代々の天皇が、途切れることなく順々に「四方《よも》の食国天下」の統治を引き継いでいくべき次第が述べられている。したがってここにおいても、「食国天下」は、天つ神と天皇、その天皇と次の天皇、というように二重の関係を規定するキータームとして機能していることがわかる。言い換えるなら、ここで天皇は、「食国天下の政」を天つ神から委譲され、それをさらに次の天皇へと受け渡すことを最大の任務としているのであり、天皇じしんはその「政」の内容に具体的に関与するというよりも、もっぱら、自分に委譲された任務を次の天皇に仲介する中継局の役割をになっていたと見るべきだろう。

ちなみに、このように天皇がみずからを「政」の行為主体とせず、「政」の執行が可能となるよう神の意向を伝達することを主たる役割にするという考えは、折口信夫がその「詔命伝達（ミコトモチ）論」で強調していたところである。[8] 折口の理解に引きつけて考えれば、宣命が記すところの「食国天下の政」は、もともと降臨する天孫であるニニギノミコトにたいして天つ神が委託命令したミコト（御言＝詔命）であるが、その命令はニニギの子孫である代々の天皇にそのつど受け持たれ、次いでまたその代々の天皇は、当初の天つ神の命令（ミコト）を臣下である国司や諸国の百姓に伝達して、稲づくりを行なわせるという形式になるのである。

あらためて念押しするまでもなく、降臨する天孫がニニギノミコトと名づけられ、その子孫である天皇がスメラミコトであるのは、彼らがいずれも天つ神からの詔命（ミコト）を受け持つ「ミコトモチ」だったからだというのが、折口のミコトモチ論のポイントなのである。そうであればなおさら、宣命にあらわれる「食国」の語の二面性は、彼が想定していた天つ神の詔命（ミコト）の具体例としてうってつけだったと言えるだろう。なお、ここで見られる「食国」の語の二面性は、「祭」＝「政」のまつりごとを主宰する天皇じしんの二重の性格と深いかかわりをもっているはずであり、それらの問題点については、和辻哲郎の宗教と祭祀の区分論との関連で、後段で再度言及する。

言い漏らしたが、先の聖武の即位宣命において、「食国天下」がとりわけ父・文武からの委譲であることが強調されていたのは、それに先立つ元明天皇の即位宣命（慶雲四年〈七〇七〉）において原則化された有名な「不改常典」の考えに影響されたものにほかならない。これ以降の即位の宣命で「食国天下」の語がくどいほどに何度も繰り返し唱えられるようになるのは、それがこのような皇位継承権の独占と密接にからんだ政治的概念となっていったことをもしめしている。元明即位時の宣命には、次のようにある。

此の食国天下の業を、日並所知皇太子の嫡子、今、御宇しつる天皇に授け賜ひて、（中略）是を以て、親王を始めて王臣・百官人等の、（中略）此の食国天下の政事は、平けく長く在らむとなも念し坐す。また、天地と共に長く遠く改るましじき常の典と立て賜へる食国の法も、（以下略）

ここでは、天武・持統朝以来の「食国天下の政」が日並所知皇太子（草壁皇子）の血筋を経由して永久につづくべきことが指令されており、そのような強固な権力意思の言わば受け皿として、「食国」の観念が利用されているのがわかる。したがってそれは、決して古びた神話的な表象として存在したのではなく、むしろこの時期の古代天皇制権力の基盤をなす実効性ある観念だったと言うべきだろう。

三　「食べる」ことの古代的感覚

では次に、そのような「食国」の観念がどんなところに由来するのかについて、簡単に確認しておきたい。

まず、「ヲス」は「治める」の意の尊敬語であり、したがって「食国」はもともと初穂を食する儀礼などに起源を有する語であると説明されている。(9) また、「ヲス」は本来「食う／飲む」の敬語であり、そこから「食国」は天皇がわが物として占有するものをさすことになったとも理解される。(10)

なお、歴史的には、次節以下でも見ていくように、大化前代の国造級首長が大王に食べものを献上することであらわされていた服属儀礼が、律令期以降の宮廷においても反復されていたことを背景として、「食国」の観念と儀礼が八世紀以降の「天皇の統治」を象徴する用語として継承されていったと理解される。そうした見方をもっとも明解に提示している例としては、日本思想大系本『古事記』の補注において、「食国」を、

> 天皇の食物を献上する国の意で、天皇の支配領域を意味する。ヲスは食う・飲むの敬語形。統治を意味する敬語という説もあるが当らない。（中略）食国の語は天皇の統治にかかわる場合にのみ用いられ、万葉でもほとんど儀礼的な歌にしか用いられない。（中略）律令以前の地方豪族の大王への従属は御贄（みにへ）の貢進を媒介とするもので、毎冬国造級首長によって食物の献上を象徴する服属儀礼が宮廷においてくりかえされたと推定できる。(11)

と説明しているのが参考になる。

なお、この「ヲス＝食べる」の古代的含意にかんしては、次のような本居宣長の著名な解説を素通りすることはできないだろう。宣長によれば、古代日本の天皇統治はこのような「食べる」ことだけでなく、他の身体的・感覚的な行為によっても表現されているところに特徴があり、そのことは『古事記伝』巻七のなかで、

> さて物を見《ミル》も聞《キク》も知《シル》も食《クフ》も、みな他物《ホカノモノ》を身に受入る、意同じき故に、見《ミス》とも聞《キコス》とも知《シラス》とも食《ヲス》とも、相通はして云こと多くして、君の御国を治め有ち坐すをも、知《シラス》とも食《ヲス》とも、聞看《キコシメス》とも申すなり、これ君の御国治め有ち坐すは、物を見るが如く、聞くが如く、知るが如く、食すが如く、御身に受入れ有《タモ》つ意あればなり。(12)

と述べられているとおりである。

宣長の見るところ、古代日本の天皇の「統治＝まつりごと」は主に「見る」「聞く」のような五官の感覚作用に直結した身体的行為として受けとめられていたのであり、そこでの「知らす（＝統治）」ことの中心は、法的・軍事的支配のそれとも、あるいは霊的・宗教的支配のそれとも異なっていたということになる。それを短兵急に身体的・感覚的支配であると言い切ってしまうのも問題ではあろうが、いずれにしても、そういう性格を濃厚にもった天皇の「統治＝まつりごと」が、とくに「食べる」という直接的な身体行為に即してイメージされていたことは、たとえば『万葉集』での、「日の皇子の、聞こし食す、御食《みけ》つ国、神風の、伊勢の国は、……」（巻一三・三二三四）のような表現を見ても明らかであろう。それと同時に、そこでイメージされている天皇の統治（知らす／食す）の対象が、「御食向かふ、淡路の島に、ただ向かふ、敏馬の浦の、……」（巻六・九四六）の例にも明白なように、伊勢や淡路という特定の領域に即して表現されている事実を見逃すことはできない。

「食国」の観念をささえているのがきわめてプリミティブな身体的・感覚的支配の記憶であった一方で、それと並んで、伊勢や淡路を「四方の食国」としてみずからの領域的支配の一部に組み込んでいく古代天皇制の実践的なイデオロギーでもあったことは、注意されていいのである。『万葉集』での「食国」の使用が天皇王権を公式の場で称える歌にのみ見られる事実も、先の「不改常典」の宣命での例と考え合わせれば、おのずから納得されるというものである。

四　「食国」の古代史

では、「食国」の観念と思想にもとづく具体的な祭祀や儀礼はどのようなものであったのか。

この点に関連しては、すでに岡田精司が、大化前代の降伏した部族の首長や地方の諸豪族が政治的従属の証として天皇（大王）に食物を供献する儀礼について注目していた。[13] 岡田によれば、それは農耕儀礼としての国見や国占めの呪術を土台にして服属儀礼化してきたものであり、大和政権の支配の確立とともに定例的な宮廷儀礼へと発展していったとされる。

岡田はこのように、大化前代からの食物供献をともなう服属儀礼と農耕民の収穫儀礼としての新嘗との重なりをさして「ニイナメ＝ヲスクニ儀礼」と呼び、それは五世紀後半からの大和政権が各地の国造層を支配下に組み入れて中央集権化をすすめた時期に形成されたものであると考えるのである。そのさい岡田は、そこでは食物の供献だけでなく国造の身内の巫女的女性が采女として天皇に貢上され、新嘗の日に天皇がその女性と性的関係をもつことで服属の証がさらに確実に表明されたと見なす。このことを根拠に、岡田の大嘗祭解釈は聖婚論的な色合いを強めていき、折口による天皇霊論的な大嘗祭解釈を排撃するだけでなく、「ニイナメ＝ヲスクニ儀礼」と後代の制度化された大嘗祭との関連も否定的に見ていくことになるが、むろん小論ではその種の議論は関心の外に置いている。ただし、「食国」の儀礼が聖婚儀礼という性的・身体的な要素と不可分の関係にあったという岡田の指摘は、以下の小論での「食国」の考察にとっても軽視できない論点となるはずである。

なお、岡田の見解のうちでもう一つ注意されていいのは、『古事記』応神天皇条においては「食国の政」が「山海の政」と対になる行政上の分担として規定されていると見る部分である。すなわち、この段階では、海の幸・山の幸の供献によって服属の誓いを行なう国々と、稲米での服属儀礼を行なう国々とが、観念的に区別されていたのではないかと言うのである。その指摘によっても、「ニイナメ＝ヲスクニ儀礼」をささえていたこのような国造制の段階と、国郡制にもとづく悠紀国・主基国からの初穂貢上を中心とする大嘗祭成立期との断絶／非連続が、とりわけ強調されることになる。

一方、最近の古代史研究における即位儀礼論の大勢では、大化前代に四方国《よもつくに》の多くの国造が服属奉仕の儀式に参加してきた事実を前提にして、大嘗祭は畿外の国造全体が天皇に服属することを象徴的に表現し、天皇の即位を保証する儀礼だと見る論が有力のようである。その代表的な例として、岡田による上記の「ニイナメ＝ヲスクニ儀礼」の論を受けて、大津透が次のように言っているのを参照しておこう。

食国とは、文字通りその土地でとれた食物を供して食べてもらうことであり、そこに内包される支配・服属関係を示している。天皇が畿外を「食国」として服属させるという関係を象徴する儀式が、大嘗祭である。（中略）大嘗祭は、畿外の国郡が悠紀・主基国に卜定されて新穀を天皇に献上して食べてもらい、まさに「食国」により服属奉仕を示す儀式であるが、大化前代には四方国の多くの国造が儀式に参加したと推測され、畿外の国造全体が天皇に服属することを象徴的に意味し、それにより天皇の即位が保証されたのである。(14)

このように、大嘗祭において悠紀国・主基国に卜定されるのが畿外の国であったのは、岡田の見方とは異なって、それが大化前代における畿外の国造が四方の食国の代表として天皇（大王）に新穀の献上を行なってみずからの服属を表明していたことの反復だったとするのである。岡田が五世紀後半以降の「ニイナメ＝ヲスクニ儀礼」の根本的な変化の結果として悠紀国・主基国からの稲米供献からなる大嘗祭を見るのに反して、大津はその二者のあいだに断絶よりも連続を見るのである。そのような連続性の観点からして、大津は、「『食国』の服属奉仕関係が、律令租税体系、換言すれば律令国家の地方支配の骨組となっている」という結論にいたる。古代律令国家の成立を政治支配の一大画期と見なすような旧来の解釈は驚くほどに影をひそめ、律令以前の土着的・伝統的支配の揺るぎない効力を再確認するのが、最近の古代史研究の主流であるようだ。

とりわけ、そのような連続性の観点は両時期の税の意味をめぐって顕著であり、律令税制における庸・調や雑徭もその起源は「食国」の服属儀礼であるツキ（調）・ニへ（贄）の貢上にもとめられる。言うまでもなく、これらの点についてはかつて石母田正が、ツキ・ニへの原型は支配領域内の民がその帰属関係を確認するために首長に初穂として差し出したものであると主張していたところではある。(15) ただ石母田の場合、それは「アジア的専制」における「最高の地主」にたいする特殊な「地代」というコンテクストでとらえられていたが、むろん今はそのような唯物史観的な枠組みから離れて、そこでの服属儀礼の歴史的性格が考察の対象となっている。

上述のツキ・ニヘについて言えば、それらが『古事記』『日本書紀』に記されるごとき、男の「弭《ゆはず》の調《みつぎ》」と女の「手末《たなすえ》の調」に淵源すると見るだけでなく、また同時に、『古語拾遺』では神祇祭祀のための貢納物であると説明されていたところにも注目して、天皇（朝廷）にたいする貢納品と神々にたいする供物は本来不可分のものであったことに強調点が移っていると見ていい。政治史的・社会経済史的関心の退潮、心性史的傾向を帯びた儀礼研究・祭祀研究にたいする関心の高まり、と言えよう。

さらに、そのような食物供献儀礼には、ニヘを供えるものと受け取るものとの共食の作法がともなうことが重要視され、その共食作法が律令期における地方支配の根幹をなしていたことも注目されている。すなわち、朝廷における服属儀礼的な共食や大極殿に出御した天皇を百官が遥拝するミカドオガミの行事と並行して、地方においても、「遠の朝廷」と呼ばれた各国庁で在地豪族である郡司らが国司に食事を供する服属儀礼が行なわれていたのである。(16) このように、中央・地方いずれの律令期の儀式においても、そこに大化前代の服属儀礼の要素が濃厚に保存されており、とりわけそれが「食国」の観念の基盤となる食物供献儀礼を核として構成されていることが知られるようになってきた。

同様な観点から、井上亘も「食国」の儀礼を古代王権祭儀の中心に位置するものとみとめ、そのさいとくに、天皇の食膳に供する贄である節料の貢進国の分布に着目している。それに関連して興味深いのは、通常の節料を供御するのは五畿のほか近江と志摩だけだが、正月三節ではとくに四方の国の贄が加わって、そこでの宴が国家支配としての「国食《を》し儀礼」の意味を誇示するものになっているとする点である。そしてそのことは、古くは天皇による「天ツ御食」が四方の国の奉仕によって行なわれたという伝承によっても確かめられるだろうとする。(17)

井上は、このように律令以前の天皇の祭儀と律令以降の王権儀礼とのつながりを綿密に精査したうえで、要所々々で折口語彙としての「マレビト／アルジ」などの概念を援用しつつ、律令以前／以後を通底する天皇祭祀の特質について一歩踏み込んだ見解を明らかにしていく。その一つの結論が、小論が先にもふれたミコトモチ論と天皇祭祀の密接な関連についての次のような見通しである。

> このように、律令国家の支配構造をミコトモチ、裏返せばマツリ（貢納・仕奉）という原理でとらえると、この構造を成り立たせる要所は国司にあると観察される。国司が機能しないと四方食国の支配は成立しないようにできている。当然のことを論じ立てているようだが、ここで注意したいのは、ミコトモチやマツリという原理が神と密接な関わりをもつという点なのである。ミコトモチの源泉は皇親男女神にあり、マツリは神への奉仕と一体である。祭りの原義にはさまざまな説があるが、本章のミアヘの考察からも、祭りはモノを奉るのが原義であり、これが内面化して神への仕奉の意に転じたとする説に左袒したい。首長は神を祭ってそのヨサシ（豊年・支配権）を受け、その支配権と富によって神を祭る。(18)（傍点、原文のまま）

ここでは、律令体制下の国家支配の構造が天皇と四方国とのあいだの儀礼的な関係をベースに成り立っていること、そしてその儀礼的関係は大化前代からつづくミアヘを基本にした天皇の祀りを通じて表現されていたことが指摘されている。言うまでもなく、ミアヘは飲食の饗応によって神や天皇をもてなすことが原義であり、そのミアヘの考えが、具体的には、神今食や新嘗祭での神饌親供のなかにも、あるいは、共食を基本とする豊明の宴のような宮廷行事のなかにも、表現されているということである。上記の井上は、こうしたミアヘにおける共食の意義をとりわけ強調していて、その原則は宮廷での天皇祭祀や畿内・畿外の神祇祭祀においてだけでなく、実際の「天皇―太政官という意思決定の各段階」において、共食を通じての政策上の合意形成が行なわれたことを特記したうえで、結論的に、祭事における神人の共食と、政事における上下の共食とは、まさに古代政治の特徴的なあり方を示していよう。[19]

と書いている。

これを私の観点からさらに敷衍して言えば、次のようになるだろうか。すなわち、「祭」と「政」がまつりごとという性格において共通するのは、そのおのおのが共食を必須の要件としているからであり、それを井上は「神人の共食」と「上下の共食」の対応関係として提示した。だが、折口理論に即して考えるなら、それらは「マレビトとアルジの共食」としてしごく当然の了解事項だったのだ、と。おそらく、「食国の政（まつりごと）」とは、そのような奥行きと広がりをもった観念として、古代日本の宗教と政治を規定していたはずなのである。

また、そのような観念の事後の歴史への影響という点については、たとえば原田信男の次のような指摘を視野に入れておくことが当然必要である。原田によれば、上述のような共食儀礼の宗教的／政治的意味は律令期日本の神祇祭祀や太政官制行政システムにのみ見られるだけでなく、平安貴族社会における大臣大饗から室町将軍の御成り、あるいは在地領主の饗宴にいたるまで、古代・中世には共食をとおして貴族社会・武家社会内部の紐帯意識と身分秩序の確認がひろく行なわれていたのである。[20] そして、その種の共食慣行のなかに社会秩序の確認儀礼としての意味を見出すことは、近世はむろん近・現代社会においてすら、おそらく不可能ではない。王室外交の晩餐会からビジネス世界でのワーキング・ランチなるものまで含め、その具体例をあげるのに事欠くことはないが、むろんそれらの詮索は小論の趣旨からははずれる問題である。

さて、話を元にもどして言えば、以上のような奥行きと広がりをもって行なわれていた古代日本の食物供献儀礼は、決して畿内の貴族社会や四方の国の地方豪族や百姓にたいしてだけ有効であったのではなく、遠く南九州や東北地方の辺境の異族にたいしても同様に浸透していったと見ていい。なぜなら、そうした様相は、屈服した陸奥の異族が、「望み請はくは、俘囚の名を除きて調庸の民とならむことを」（『続日本紀』神護景雲三年一一月二五日条）と願ったとあるように、調庸を納める民となることが朝廷に帰属する民（オホミタカラ）としての地位を公認されることであると考えられていたことからも推測される。辺境の異族にとって、たとえ調庸という天皇権力の収税対象下に組み入れられることであっても、そこに神話的・経済外的な「王化」の意義を重ね合わせ、「身は公民と為て長く調庸を貢る」（『日本後紀』弘仁二年閏一二月一五日条）ことに積極的な価値を見出したという一面があるのだろう。このように、列島上のほぼ全域にわたって、そこに住むものを「公民（オホミタカラ）」として統合しようとする政治的・イデオロギー的な圧力が確実に高まっていったのである。そしてまた、宗教的なレベルの問題としては、そうした調庸の貢納が律令国家祭祀をささえていたのはもとより当然だが、それは同時に、それまでの四方の国々の首長層による在地神の祭祀に天皇政権が介入していくことでもあって、その介入行動の一つが祈年祭等において畿外の諸社に班幣が行なわれることだったと見られている。(21) 祭祀面における「公民化」と言えばよかろうか。

いずれにしても、古代日本における「公民（オホミタカラ）統合」のための装置として、この時期、「食国」にまつわる観念と制度が総動員されていったことは、これまでの概観からしても疑いないと言える。しかもそれが、記紀・万葉といった文字テクストの次元ではなく、食物の供献と共食という身体的・感覚的次元においての「公民（オホミタカラ）統合」を意図していた点が、ことのほか示唆的であろう。そのことは、宣長が言ったように、古代王権の支配が「知らす（＝統治）」ことであり、その内容として「見る」「聞く」「食べる」のごとき身体行為が格別の重みをもっていたとする指摘をあらためて想起させる。そして、そうした身体的・感覚的な経験を介した共同意識の形成こそが、まさしく古代天皇制のもとでの「公民（オホミタカラ）統合」の核心にあったことをしめしているのである。

繰り返して言えば、以上のことから、食物供献をとおした「食国」儀礼の継続と再編が古代国家の列島全域支配にとって必須の要件であったこと、そしてその具体的な内容として、ツキ・ニへの貢納を通じての大化前代の政治的従属の象徴行為が調庸・雑徭の収奪と引き換えに行なわれる「公民（オホミタカラ）統合」へと連続的に移行していったことが、ほぼ明らかになった。

以上のような検討をへたうえで、やはり、服属儀礼における「食国」の観念と儀礼が即位儀礼としての大嘗祭の成立とどのような関係にあったのかについて、最小限ふれておかねばならない。

それはさしあたって、四方の国による新嘗祭奉仕の始めとして指摘される『日本書紀』天武二年条の、

大嘗に侍へ奉れる中臣・忌部及び神官の人等、并て播磨・丹波、二つの国の郡司、亦以下の人夫等に、悉に祿賜ふ。（一二月五日）

の記事について、これをどう解釈するかという問題に集約されるだろう。

先述のとおり、岡田精司はこれを在地首長層の権力が律令国郡制のもとに組み込まれ、大化前代の服属儀礼とは別種の王権儀礼が創出されたと見なした。しかしそれとは逆に、ここで悠紀国・主基国に卜定されたらしい播磨・丹波という畿外二国における斎田からの初穂貢上を、大化前代における四方の国による食物供献儀礼、すなわち「食国」の儀礼の流れに即して考えることも決して不可能ではない。井上亘は、これを「ヨモノクニの神の稲実が天皇＝主人を介して皇祖に供献されるということ」だと言い、そこに「大嘗祭の成立」を見ているが[22]、これまで小論がたどってきた「食国」の観念にもとづく共食儀礼の宗教的・政治的意義の大きさからしても、妥当な解釈だろうと思う。

そこでは、四方の国の稲米が天皇を介して皇祖神（＝国家神）に供献されることになり、地方勢力の服属という政治支配の実質と皇祖神の祭祀という天皇家内部の祖神崇拝とが、即位儀という一連の国家儀礼のなかで重ね

合わされる。またそこで、天皇みずからが祖神を饗応する御饗（ミアヘ）の行事が進行し、そうした食の饗応を通じて、「天つ神の御子」が「天に坐す神の依さし奉りしまにまに」地上の統治権を委譲され、その統治者たるスメラミコトとしての地位に就くことが承認されるのである。それは明らかに、中国的な「天命思想」とは異なる「日の皇子」の祭祀による支配の正統性創出行為にほかならない。

また、図式的に言うと、そこでは天つ神にたいする天皇の奉仕＝報賽（モノを奉ること）としてのマツリと、天皇にたいする百官百姓の奉仕＝報賽としてのマツリとが、卯の日から午の日までの一連の行事として遂行され、前者においては「祀り主」としての天皇が、後者においては「祀られる神」としての天皇が、それぞれに姿をあらわし、しかも両者が分かちがたく祭事のなかで統一されていくことになる。

もとよりそのときは、大嘗祭の行事次第のなかにセットされている「食国」の要素を詳細に検討していく作業が、前節までの議論を受けて展開される必要があるのだが、今はとりあえずそれを別稿の課題としておいて、(23)上述の大嘗祭における天皇の二つの役割をめぐるより一般的な思想史上の問題を、節をあらためて少し述べ、小論の締めくくりとしたい。

五　宗教と祭祀はどう関係するのか

言うまでもないことだが、今しがた一言した「祀り主」としての天皇と「祀られる神」としての天皇という二つのありかたは、和辻哲郎の議論を念頭に置いている。周知のように和辻哲郎は、このような天皇の二重の役割に天皇のみならず日本の神の本来的な特質を見出し、結局のところ日本においては、神々にせよ「現人神」と呼ばれる天皇にせよ、唯一絶対の神とはなりえず、あえて言えば「不定の神」であり、また「神命の通路」としての神であったことを強調したのである。それを和辻は、祭祀も祭祀を司どる者も、無限に深い神秘の発現しきたる通路として、神聖性を帯びてくる。そうしてその神聖性のゆえに神々として崇められたのである。しかし無限に深い神秘そのものは、決して限定せられることのない背後の力として、神々を神々たらしめつつもそれ自身ついに神とせられることがなかった。[24]（傍点、原文のまま）

と言っている。

しかし、このような「祀り主」であるとともに「祀られる神」でもある天皇の存在というものは、大日本帝国憲法下の「万世一系」の神聖君主というありかたにおいても、あるいはまた、昭和憲法の「象徴」としての天皇のありかたにおいても、正当に理解されてはこなかった。正当に理解されてこなかったと言うよりも、むしろ、不当に拡張解釈されたり、故意に無視されたりしたというのが実情であった。最近、八木公生は、『教育勅語』の厳密な思想史的検討を通じてそれらの問題をするどく抉り出しているが、[25]とりわけ小論がその締めくくりにあたって八木の指摘を参照しておきたいのは、そのうちの象徴天皇制のもとでの天皇の位置づけに関連してである。

八木の言うところによれば、戦後日本の社会と思想を根本のところで大きく蝕んでいるのは、現憲法の政教分離原則と和辻的な天皇理解とが齟齬したまま放置されてきている事実である。いまだに公正かつ抑制された総括と反省が行なわれていない戦争責任の問題を筆頭にして、戦後の日本が当然なしとげておかねばならなかった思想的な宿題は少なくないが、なかでもとくに意図的に忘却され回避されてきたと思われるものが、憲法条文における天皇の規定のありようだ、と八木は見る。詳細は八木の労作に直接あたってほしいが、私の考えに即して言えば、それは、象徴天皇制のもとでの天皇の権威の源泉についての十分な点検が、その問題の戦前戦後の連続／非連続を吟味することを含めて、極度に不足しているということであり、それゆえにまた、そのことを等閑視したままで、「政教分離」原則の達成を安易に信じる戦後日本人の知的な怠慢である。

ちなみに、上述の著書で八木は、和辻哲郎が戦後憲法のもとでの象徴天皇制について論じた文章（「国民全体性の表現者」〈全集一四巻〉）を参照し、そこで和辻が、この憲法は天皇が「国民の全体意志の表現者」であることを認めるものであり、またその「表現」の内実は天皇が祭祀者であること、しかもその場合の祭祀なるものが、いわゆる宗教、すなわち教義にもとづく特定の信仰といったものとは異なるものだと言っている部分に注意をうながす。もちろん、ここで和辻が言う祭祀は、彼が「不定の神」と呼んだものにたいする対しかたのことであって、それは「究極の神」へのかかわりである「宗教」とは別種のありかただというわけである。あらためて念押しするまでもないが、ここで想定されている「宗教」は、創造神としてのゴッドを崇拝する一神教のそれにほかならない。

ところが、和辻がこのような観点から区分した宗教と祭祀の別は、考えてみれば、じつはすでに明治政府の特異な宗教政策としての「神道非宗教説」によって実行に移されていたものであった。言い換えれば、和辻が自説として唱える宗教と祭祀の区分論は、「神道非宗教説」の和辻倫理学ヴァージョンという面があり、そうした区分論からする和辻の天皇理解、あるいは日本の宗教にたいする認識のありようにおいて、彼の戦前と戦後には何の相違もないのであった。しかし、神社を宗教にあらずとして、その主管部局を宗教局とは別立ての神社局にうつした内務省による「神道非宗教説」の実態が、逆に神道を徹底的に宗教化し、他の諸宗教とは隔絶した「超宗教」とするものであったことは周知の事実であろう。(26) とはいえ、和辻の立場からすれば、天皇の存在は「宗教」とは明確に相違する祭祀を通じて、祀り／祀られる「現人神」としてあらわれるものであった。が、実際のところその天皇は一方で、大元帥として『軍人勅諭』を下賜する天皇だったのであり、そのことで天皇の「現人神」性が他のどの宗教をも凌駕する宗教性を獲得したことは紛れもない事実なのであった。

思い切って単純化すると、宗教と祭祀の区分論は、和辻においてはこのような顚倒となってあらわれていた。

そして、看過できない問題として八木が強調するのが、このような宗教と祭祀の顚倒の歴史が、戦後憲法のもとで別のかたちで繰り返されているという点である。具体的には、いわゆる政教分離の原則に立って天皇の祭祀をすべて宗教活動と見なし、それらをことごとく条文上から排除しているのが現行憲法であり、それは八木の見るところ、宗教と祭祀を結果的に混同したかつての立憲政体主義の破産の因を、政教分離の原則の名のもとで繰り返していることになるからである。

こう考えてくると、八木が同書で試みている「憲法第零条」の問題は、天皇の祭祀行為を憲法の条文においてどのように規定するか/しないかにかかっていることが明らかになるだろう。そしてその問題は、当面は、近代日本が religion の翻訳語としてつくりあげた「宗教」概念の再検討を必須とし、またそれと並行して、アニミズム的な自然崇拝や先祖祭祀を習俗と見るか宗教と見るかといった古典的な争点や、現代日本人のマジョリティとしての「無宗教」なるものの内実をどうとらえるかといった最近の関心事をも、視野に入れるものとなるはずである。

しかしここで、小論の議論に引きつけて少々強引に言うとすれば、そういった近代日本・戦後日本の宗教と祭祀の顚倒の問題は、近代国民国家における憲法上の規定という以上に、より根本的には、「祭」=「政」のまつりごとの一致を標榜することで遂行された古代国家における「公民(オホミタカラ)統合」のありかたにまで遡る問題なのであろう。とりわけそれが、大化前代の食物供献の服属儀礼を原型とし、そのうえに律令的な「調庸の民」としての公民化を覆いかぶせていったものであるというところに、近・現代の顚倒の問題を考えるヒントがひそんでいるように思う。

すでにその課題を正面からとりあげる紙数は残されていない。が、少なくとも問題のポイントは、「食国」のまつりごとの位置づけにおいても明白となっていた上述の天皇の役割の二重性であり、また、その二重性を論理的にささえていた「ミコトモチ」の観念にあるのではないかと思う。というのも、和辻哲郎はその二重性を、日本の神と天皇における「祀り主」と「祀られる神」の重層として提示したが、じつのところ問題は、その二重性がたんに「祭」の場面においてだけでなく、「政」の場面において、「ミコトモチ」の二面性として機能していたはずだからである。あるいは、和辻はその問題を、「祭事の統一」としては提示したが、それが同時に「政事の統一」でもあったことを、意識的にか無意識的にかはともかく、特段考慮していないからである。先に井上亘の指摘に沿って述べておいたように、「公民（オホミタカラ）統合」の具体的な場面において「祭事の共食」と「政事の共食」は不可分の関係にあったのであって、そうした観点からしても、和辻による宗教／祭祀の関係についての認識は補正されるべき点を多々ふくんでいるのである。

それらの課題が、和辻の思想の批判的読み直しとして必須であることはもちろんだが、やはりより緊急のテーマとしては、象徴天皇という現憲法の初発の規定の問題性にとどまらず、この国の宗教と祭祀のかかわりを近代以前にまで遡行して検証することであり、それこそが、「戦後民主主義」の孕む真の思想上の問題が半世紀余のあいだ放置されたままの状態にたいして一石を投じることになるはずだと、今は思っている。

小論は、そのためのほんの小さな手がかりである。

（1）このような歴史認識、とりわけ「国民国家論」の近代至上主義的な顚倒の問題は、私見によれば、明治以降の日本の知識人が、西洋の「modern」を「われわれのmodern」ではなく「他者としてのmodern」としてしか受け入れることがなかったことに起因している（拙稿「日本の『近代』と『自己』について」、『日本学報』一九、二〇〇〇年、参照）。

（2）タカシ・フジタニ『天皇のページェント』（NHKブックス、一九九四年）。

（3）井上亘『日本古代の天皇と祭儀』（吉川弘文館、一九九八年）一六七―一六八頁。

(4) 網野善彦『「日本」とは何か』(『日本の歴史』00、講談社、二〇〇〇年)。
(5) 折口信夫「大嘗祭の本義」(『折口信夫全集』第三巻、中央公論社、一九九五年)一七一頁。
(6) 折口の解釈によれば、「またす」は通常理解されているような「人に物を奉る」ことではなく、「人をしてまつらしむる」ことだとされる。したがって、天つ神がみずからの意思を人(天皇)に命令して行なわせることが「またす」であり、人(天皇)の側から見るとそれを実行することが「まつり」となる。
(7) 以下の宣命の引用は、すべて新日本古典文学大系本『続日本紀』(岩波書店、一九八九~一九九五年)による。
(8) 折口信夫の「詔命伝達」の論についての私見は、拙著『折口信夫の戦後天皇論』(法藏館、一九九五年)二〇頁以下、を参照されたい。
(9)『続日本紀』第一巻(岩波書店、一九八九年)四頁、脚註。
(10) 西郷信綱『古事記注釈』第一巻(平凡社、一九七五年)二三五頁。ただし西郷は、『古事記注釈』第四巻(一九八九年)では、『万葉集』の「御食つ国」の用例を検討するなかで、「食国」の「ヲス」は「統治する」の敬語であろうと考えを修正している(同、一九頁)。
(11)『古事記』(岩波書店、一九八二年)三二八頁。
(12)『本居宣長全集』第九巻(筑摩書房、一九六八年)二九二頁。
(13) 岡田精司「大化前代の服属儀礼と新嘗」(『古代王権の祭祀と神話』塙書房、一九七〇年、所収)。
(14) 大津透『古代の天皇制』(岩波書店、一九九九年)六二―六三頁。
(15) 石母田正『日本の古代国家』(岩波書店、一九七一年)三〇二頁以下。
(16) 大津透『古代の天皇制』六四―六五頁。
(17) 井上亘『日本古代の天皇と祭儀』一三二頁以下、参照。
(18) 同上、一六五頁。なお、引用中で井上が左袒したいと言って注記している先行学説は、直接には倉林正次の古代祭祀論(『饗宴の研究』桜楓社、一九八七年)だが、もとより倉林が依拠しているのは折口説であり、そのことは、ここで井上が使用する折口語彙の多さによっても一目瞭然だろう。古代史研究者がこれほど大きく折口信夫固有の概念にもとづいて自説を述べるのは、管見によるかぎりあまり例がない。
(19) 同上、一三九頁。

(20) 原田信男「古代・中世における共食と身分」(『国立歴史民俗博物館研究報告』七一、一九九七年)。

(21) 大津透『古代の天皇制』一〇六頁以下、一一〇頁以下、参照。なお、祈年祭において七道諸国の国造を召集して幣帛をわかつ儀式の性格を、伝統的な服属儀礼の延長としてとらえることには異論もあるようだ。たとえば、班幣の主体は個々の天皇としてではなく「皇御孫の命」としての天皇の一元的な権威にもとづくのであり、その権威を諸国の祝部らにまで浸透させる装置として神祇官があったと言われる(丸山裕美子「天皇祭祀の変容」、『日本の歴史』08、講談社、二〇〇一年、所収)ように、事後の天皇の権威の根拠を神祇官制の整備や宣命・祝詞のイデオロギーにもとめる立場である。

(22) 井上亘『日本古代の天皇と祭儀』一七九頁。

(23) それらの点については、拙稿「即位儀礼―王の誕生と国家―」(岩波講座「天皇と王権を考える」の第五巻『王権と儀礼』に収録予定)で論ずる。

(24) 和辻哲郎『日本倫理思想史』(『和辻哲郎全集』第一二巻、岩波書店、一九六二年)六七頁。

(25) 八木公生『天皇と日本の近代(上下)』(講談社現代新書、二〇〇一年)。なお、同書全体についての私見のあらましは、書評というかたちですでに公けにしておいた(『日本思想史学』三三号、二〇〇一年)。以下で述べる論点もそれに重なるところが多い。

(26) 八木の言うところを勘案すれば、そのような「超宗教」はすでに「憲法・勅語」体系の成立とともに始まっていたのであり、そうした「超宗教」を基盤とする近代日本は「立憲宗教国家」にほかならないのであった(『天皇と日本の近代(下)』一八八頁以下、参照)。

あとがき

今谷　明

本書は、国際日本文化研究センター（日文研）において、平成一二年度に開催された「王権と神祇」をテーマとする共同研究会の報告書である。日文研では毎年度、主として外部の研究者が、内部の教官の補佐を得て行なう共同研究を公募しており、平成一〇年一一月に、編者と京都教育大学教授（当時）西山克氏との協議をもとに、広く研究者にも呼びかけて応募した共同研究が、幸いにセンターの御理解を得て採択され、平成一二年三月下旬を準備打合わせ会として発足した。応募時にセンターに提出した共同研究計画申請書は編者が申請者、センターの千田稔教授を補佐教官として作成されているが、準備段階では西山克氏が積極的にタッチされ、計画書に添付した「研究概要」の原案も氏の執筆にかかるものである。この点、氏が実質的な研究計画の作成者であったことをここに明記して、篤く御礼申上げたい。

また、中世の神祇史関係に疎い編者に対し、西山克氏はその面の研究者と多く交流があり、共同研究者の選定に当っても適切な助言と協力を惜しまれなかった。中世神祇史に関して第一線の優れた研究者を糾合できたのも、主として氏の力によるものである。また京都大学大学院教授の西山良平氏は、当初共同研究者のメンバーには入っていなかったが、採択直後にこの共同研究の内容を聴いて興味を示され、強く参加を希望されたので、編者と西山克氏とが協議の結果、補充メンバーとして共同研究に入って頂くことになった。氏の個人的な事情もあって、不幸にして本書への寄稿は実現しなかったが、隔月の割で日文研において開催された共同研究会では、毎会必ず熱心に出席され、且つ積極的に発言されて、適切な助言や批評を頂いた。この点も併せてここに明記して、謝意を表しておきたい。

さて、共同研究「王権と神祇」の計画意図について、私達の当時考えていた趣旨を概略御説明しておきたい。十余年前の、昭和~平成代替りの頃から、歴史学界では王権や天皇制の問題が、改めて注目を浴び、学説提起や天皇制存続の原因論について、研究が相次ぎ、またメディア、マスコミもそうした問題について学界に発言を求めることが多くなった。また宗教史学界に対しても、ことに大嘗祭が新憲法下の象徴天皇として執行されることの是非をめぐって、また大嘗祭の歴史的背景をめぐって、盛んに問題提起が行なわれ、議論も活発化した。しかしこのような状況下に明らかになったことは、天皇制なり大嘗祭なりに関して、実証的研究の蓄積が少なく、メディアの急需に対して学界の方から適切に対応し切れなかったという点についての反省である。一連の代替りの騒動が鎮静化したあと、編者らの胸に去来したことは、中世の実態面についての研究の必要性であった。

今一つ痛感させられていた点は、故黒田俊雄氏によって構築された権門体制論・顕密体制論（同氏著『日本中世の国家と宗教』岩波書店、一九七五年）の影響力の大きさであった。黒田氏のシェーマが余りに巨大化した結果、中世の神祇史に関してはややもすれば否定的契機が強調されることになり、またその後蓄積された国文学研究者による中世日本紀、神道書の研究等の位置付けが困難となったことも、問題を大きくしていた。いささか野心的な表現が許されるならば、黒田氏の顕密体制論を超克し、王権と宗教に関する新たな見取り図を準備したい、というのが西山克氏や編者らのねらいであった。

当初の計画には、壮大な一面があり、宗教学・仏教学・民俗学の方法論を糾合し、「それらすべてを東アジア世界にフィードバックし、なおかつ東アジア世界から発信する」(日文研に提出の「研究概要」)ため、中国・台湾・韓国の儒教・道教研究者の参加も目論んでいたが、予算や研究期間の制約もあって、この点は画餅に終ったのが残念である。本書はもとより、学界への問題提起という意味で、ほんの出発点に位置するにすぎないが、王権と宗教の関係について、およそ関心を抱かれる方面に少しでも読者を獲得することができれば幸甚である。

終りに、本研究の意義を認め、編集・出版を引き受けて下さった思文閣出版の林秀樹氏、および煩鎖な編集の事務に当って下さった同出版の中村美紀氏に篤く御礼を申上げたい。

〔共同研究会の記録〕

平成一二年（二〇〇〇）三月
共同研究員全メンバーの顔合せ、自己紹介、研究計画について討議、次年度の研究実施の打合せ等

平成一二年（二〇〇〇）六月
西山良平「古代天皇の不予と譲国」
伊藤聡「麗気灌頂について」（本書収録）
西山克「中世王権と怪異　I」（本書収録）

平成一二年（二〇〇〇）八月
阿部泰郎「東大寺衆徒の伊勢参詣」（本書収録）
松岡心平「金春禅竹の能楽論とその背景――中世神道説をめぐって」
大谷節子「和歌秘伝書と王権――京大中院文庫本『古今秘密抄』を中心に」（本書収録）
西岡芳文「軒廊御卜について」（本書収録）

平成一二年（二〇〇〇）十月

今谷明「神判と王権――足利義教の嗣立と神籤」（本書収録）

嵯峨井建「神社行幸について」（本書収録）

平成一二年（二〇〇〇）十二月　於奈良市

春日若宮御祭見学

岡田莊司「出雲と大和の神社神殿の創建」（本書収録）

中村生雄「贄と放生と王権――気多大社〔鵜祭〕を手がかりとして」

平成一三年（二〇〇一）三月

白山芳太郎「神国観の中世的変容」（本書収録）

西山克「中世王権と怪異　Ⅱ」（本書収録）

西宮秀紀「律令国家・王権と神祇――奉幣をめぐって」

論文集とりまとめ打合せ

阿部泰郎（あべ・やすろう）
1953年生．大谷大学大学院博士課程満期退学（中世宗教文芸）．名古屋大学大学院文学研究科教授．『湯屋の皇后―中世の性と聖なるもの―』（名古屋大学出版会，1998年）．『聖者の推参―中世の声とヲコなるもの―』（同，2001年）．『真福寺善本叢刊』全12巻（共編，臨川書店，1999～2000年）．

伊藤　聡（いとう・さとし）
1961年生．早稲田大学大学院東洋哲学専攻博士課程満期退学．茨城大学人文学部助教授．『ワードマップ　神道』（共著，新曜社，1998年）．真福寺善本叢刊『両部神道集』（翻刻・解題，臨川書店，1999年）．『日本史小百科　神道』（共編著，東京堂出版，2002年）．

大谷節子（おおたに・せつこ）
1960年生．京都大学大学院文学研究科国語学国文学専攻博士後期課程修了．神戸女子大学文学部助教授．「物狂能の意味」（『国語国文』56巻2号，1987年）．「「張良一巻書伝授譚」考―謡曲「鞍馬天狗」の背景―」（『室町藝文論攷』，三弥井書店，1991年）．「作品研究「井筒」上・下」（『観世』68巻10・11号，2001年）．

髙橋美由紀（たかはし・みゆき）
1947年生．東北大学大学院文学研究科日本思想史学専攻博士課程中退．博士(文学)：東北大学．東北福祉大学総合福祉学部教授．『伊勢神道の成立と展開』（大明堂，1994年）．神道大系・論説編『藤原惺窩・林羅山』（共著，神道大系編纂会，1988年）．『日本思想史―その普遍と特殊―』（共著，ぺりかん社，1997年）．

白山芳太郎（しらやま・よしたろう）
1950年生．皇学館大学大学院文学研究科博士課程修了（日本中世史専攻）．皇学館大学文学部教授．『海外視点日本の歴史(6)』（ぎょうせい，1986年）．『北畠親房の研究』（ぺりかん社，1991年）．神道大系『北畠親房(上)(下)』（神道大系編纂会，1990・1992年）．

中村生雄（なかむら・いくお）
1946年生．京都大学文学部卒業（宗教学専攻）．大阪大学大学院文学研究科教授．『日本の神と王権』（法蔵館，1994年）．『折口信夫の戦後天皇論』（法蔵館，1995年）．『祭祀と供犠』（法蔵館，2001年）．

（現職は2002年4月1日現在のもの）

執筆者一覧 (掲載順)

岡 田 莊 司 (おかだ・しょうじ)

1948年生．國學院大學大学院文学研究科神道学専攻修士課程．國學院大學神道文化学部教授．『大嘗の祭り』(学生社，1990年)．『平安時代の国家と祭祀』(続群書類従完成会，1994年)．『訳註日本史料・延喜式・上』(共著，集英社，2000年)．

ガデレワ　エミリア (Emilia Gadeleva)

1966年生．奈良女子大学大学院博士課程修了．文学博士．四国大学文学部講師．「神話からみた日本の農耕儀礼」(『寧楽史宛』42号，1997年)．「年末・年始の聖なる夜―西欧と日本の年末・年始の行事の比較研究―」(国際交流基金日文フォーラム，2000年)．“Susanoo - One of the Central Gods in Japanese Mythology” (“Japan Review”, 2000年)．

嵯峨井　建 (さがい・たつる)

1948年生．國學院大學神道学専攻科修了．賀茂御祖神社祢宜．『日吉大社と山王権現』(人文書院，1992年)．『満州の神社興亡史』(芙蓉書房出版，1998年)．『神主と神人の社会史』(共著，思文閣出版，1998年)．

西 岡 芳 文 (にしおか・よしふみ)

1957年生．慶應義塾大学大学院史学専攻博士後期課程中退．神奈川県立金沢文庫主任学芸員．『日本中世史研究事典』(共編，東京堂出版，1995年)．『蒙古襲来と鎌倉仏教』(展示目録，神奈川県立金沢文庫，2001年)．

西 山　克 (にしやま・まさる)

1951年生．京都大学大学院文学研究科博士課程単位取得 (日本史学専攻)．関西学院大学文学部教授．『道者と地下人』(吉川弘文館，1987年)．『聖地の想像力』(法蔵館，1998年)．

今 谷　明 (いまたに・あきら)

(奥付に別掲)

田 中 貴 子 (たなか・たかこ)

1960年生．広島大学大学院博士課程後期修了 (国文学)．京都精華大学人文学部助教授．『外法と愛法の中世』(砂子屋書房，1993年)．『性愛の日本中世』(洋泉社，1997年)．『室町お坊さん物語』(講談社，1999年)．

編者略歴

今谷　明（いまたに・あきら）

1942年生．京都大学大学院文学研究科博士課程退学（国史学）．文学博士．横浜市立大学国際文化学部教授．『室町幕府解体過程の研究』（岩波書店，1985年）．『中近世の宗教と国家』（共編，岩田書院，1998年）．『室町時代政治史論』（塙書房，2000年）．

王権《おうけん》と神祇《じんぎ》

2002（平成14）年 6 月15日　発行

定価：本体6,500円（税別）

編　者　今谷　明

発行者　田中周二

発行所　株式会社思文閣出版

〒606-8203 京都市左京区田中関田町2－7

電話 075－751－1781（代表）

印刷　同朋舎

製本　大日本製本紙工

ISBN4-7842-1110-1 C3021